neue frau
herausgegeben von
Angela Praesent

Mary Catherine Bateson

# Mit den Augen einer Tochter

## Meine Erinnerung an Margaret Mead und Gregory Bateson

Aus dem Amerikanischen von
Rosemarie Lester

rororo

Rowohlt

Die Originalausgabe erschien unter dem Titel
«With a Daughter's Eye. A Memoir of Margaret Mead and
Gregory Bateson»
Umschlagentwurf Isa Petrikat-Velonis
Foto von Margaret Mead und Gregory Bateson
auf der Umschlagvorderseite: Fred Roll
Foto der Autorin: Gabriel Cooney
Deutsche Erstausgabe

16.–19. Tausend Oktober 1988

Veröffentlicht im Rowohlt Taschenbuch Verlag GmbH,
Reinbek bei Hamburg, Dezember 1986

Satz Garamond, LibroSatz, Kriftel
Gesamtherstellung Clausen & Bosse, Leck
Printed in Germany
1080-ISBN 3 499 15904 X

*Für meine Tante Marie*

# Danksagung

Bevor ich denen danke, die direkt zu dieser Arbeit beigetragen haben, scheint es mir wichtig, jenen zu danken, die mir freudig geholfen hätten, wenn ich sie darum gebeten hätte – Familienmitglieder, Freunde und Kollegen meiner Eltern und die Archivisten, die in der Library of Congress und der Universität von Kalifornien mit ihrem schriftlichen Nachlaß gearbeitet haben. Es ist mir völlig klar, daß dies ein reichhaltigeres und ohne Zweifel genaueres Buch geworden wäre, wenn ich diesen Weg der Befragung und Archivforschung eingeschlagen hätte. Statt dessen habe ich mich auf meine eigenen Wahrnehmungen und Erfahrungen konzentriert; also sind auch die Fehler meine eigenen. Dennoch habe ich diese Entscheidung mit einem Gefühl der Dankbarkeit für Hilfe getroffen, die mir großzügig zuteil geworden wäre. Dankbar bin ich auch für gelegentliche aufschlußreiche Gespräche, die sicher noch weitergegangen wären, wenn ich es darauf angelegt hätte, besonders mit Lois Bateson, Geoffrey Gorer, Madeline Lee, Rhoda Metraus und, bevor er starb, Gespräche über das Projekt mit meinem Vater.

Der Mensch, an den ich mich während der Arbeit an dem Buch am häufigsten mit Fragen wandte, war Marie Eichelberger, die Ende 1983 in der Gewißheit starb, daß das Buch ihr gewidmet werden würde, aber ohne den Text gesehen zu haben. An einem besonders kritischen Punkt der Arbeit, als ich das Gefühl hatte, ich brauchte Reaktionen von Lesern, die der Generation meiner Eltern angehörten und ihnen ebenso nahestanden wie mir – persönlich und intellektuell –, da wandte ich mich an Erik und Joan Erikson und bat sie, als «Anwälte und Stellvertreter» zu lesen. Ich bin ihnen dankbar für ihre spezifischen Kommentare, vor allem aber dafür, daß sie emphatisch ihrer Überzeugung Ausdruck gaben, meine Eltern hätten es sich gewünscht, daß ich offen und ehrlich, mit eigener Stimme und aus meinen eigenen Gefühlen heraus spreche.

Orte und Institutionen waren von großer Bedeutung bei der Fertigstellung dieses Buches, das 1979 begonnen wurde. Die Zeit meiner intensivsten Produktivität war ein Monat, den ich im Sommer 1983 in Italien verbrachte, im Bellagio Conference and Study Center der Rockefeller-Stiftung.

Das akademische Jahr 1983–84 verbrachte ich als Stipendiatin am Mary Ingraham Bunting Institute, dem Forschungsinstitut für Frauen des Radcliffe College, und dort habe ich das Buch abgeschlossen.

Beide Orte waren so wichtig wegen der Gespräche, die dort mit anderen Wissenschaftlern stattfanden, wie auch wegen der Gastlichkeit und des ganzen Ambiente. Das Arbeitsjahr 1983–84 wurde möglich durch einen Urlaub, den mir das Amherst College gewährte. Während dieses Jahres haben zahlreiche Kollegen und Freunde mir wichtige Hilfestellung gegeben. In diesem Zusammenhang möchte ich Ellen Bassuk, Robert Bezucha, Deborah Gewertz, Linda Gordon, Barbara Kreiger, Alan Lelchuk, Linda Perry, Roy Rappaport und David Sofield danken. Dank schulde ich auch William Irwin Thompson, meiner Lektorin Pat Golbitz, Barbara und Frederick Roll und John Brockman. Die Fotografien in diesem Buch wurden weitgehend von Fotografen gemacht, die meinen Eltern freundschaftlich oder beruflich verbunden waren. Ganz besonders möchte ich dabei die folgenden nennen (in chronologischer Reihenfolge der verwendeten Bilder): Jane Belo, Karsten Stapelfeldt, Paul Byers, Ken Heyman und Frederick und Barbara Roll.

Vielleicht sollte man alle wesentlichen Einflüsse beim Namen nennen, selbst die negativen. So wäre dies Buch ohne die Revolution im Iran wahrscheinlich nicht geschrieben worden; ohne Amherst College wäre es eher geschrieben worden, auch friedlicher und vielleicht oberflächlicher; ohne Derek Freeman hätte mir die Würze des Zornes gefehlt, die einigen meiner Stellungnahmen mehr Kraft gegeben hat.

Der Mensch, der mir in jeder Phase dieser Arbeit am nächsten zur Seite stand, ist mein Mann, J. Barkev Kassarjian; sein Rat und seine

Unterstützung haben diese Arbeit zu einer der schöpferischen Freuden unserer Ehe gemacht. Unsere Tochter Vanni hat auch geholfen, vor allem dadurch, daß sie meine aus der eigenen Kindheit herrührende Überzeugung bestätigt hat: Weder Elternsein noch Tochtersein ist immer ein reines Vergnügen, geschweige denn einfach – aber beides bereitet tiefe Freude.

*Mary Catherine Bateson*

*The Mary Ingraham Bunting Institute*
*Cambridge, Massachusetts*
*Juni 1984*

I

# Prolog: Das Aquarium und der Globus

Meine Eltern, Gregory Bateson und Margaret Mead, waren Wissenschaftler und Lehrer, nicht nur in der größeren Gemeinschaft, in der sie arbeiteten und veröffentlichten und in der jeder von ihnen auf seine Weise berühmt wurde und das Leben vieler Menschen berührte, sondern auch im engeren Familien- und Freundeskreis. Für sie ließ sich das Intime auf die breiteste Leinwand projizieren, und umgekehrt wurde das Wissen aus weit entfernten Welten in die kleinen Entscheidungen des Alltags eingebracht. Geistig suchten beide nach Mustern der Vollständigkeit, Ganzheitlichkeit, und so dachten sie in ganzen Welten, gleichviel, ob diese Welten nun winzige Bilder mikroskopischen Lebens in einem Wassertropfen oder der in Wolken gehüllte Planet waren.

Sie dachten an Welten, in die sie mich einbezogen. Es gab Welten, die man bauen, und Welten, die man sich vorstellen mußte, Welten, die man sorgsam in beiden Händen hielt, und Welten abstrakter Argumente, in sphärischer Tautologie. Die kleinen primitiven Gesellschaften, in denen beide ethnographische Arbeit leisteten, waren abgeschlossene Gemeinschaften, eine Art von Welt, die man beschreiben und verstehen konnte, aber daneben gab es die Herausforderung, die Ganzheit einer Familie zu konstruieren und dafür verantwortlich zu sein, eine Welt, in der ein Kind aufwachsen konnte, eine Biosphäre, die zu beschützen war angesichts der Möglichkeit, daß die lichte Sphäre zerbrechen könnte. Erwachsen werden war ein langer Weg aus der kleinen Welt hinaus, eine Bewegung in konzentrischen Metaphern. Selbst im kleinsten der gemeinsam bewohnten Orte konnte eine Kamera oder ein Notizbuch eine mögliche Öffnung hin zum Makrokosmos bedeuten.

Schon mit den ersten Schritten bewegt sich ein Kind hinaus durch konzentrische Welten, aber ob diese Welten als Ganzes oder als Fragmente erlebt werden und ob sie ein Tor zu anderen Welten der Phantasie und Erfahrung öffnen, das hängt davon ab, wie sie präsentiert werden, wie die Aufmerksamkeit allmählich geformt wird und wie sich der Kosmos allmählich entfaltet.

In Holderness, New Hampshire, wo wir viele Sommer verbrachten, zieht sich ein langes Feld zum See hinunter. Unten, kurz vor den Gebüschen, die das Ufer abschirmen, liegt ein breiter, federnder Moosstreifen wie eine leuchtend grüne, unter den Bäumen ausgebreitete Daunendecke. Das war der Platz, den sich meine Mutter ausgesucht hatte, um mit mir allein zu sein, als Kontrapunkt zu dem großen Haushalt, in dem wir lebten. Da wanderten wir herum, eine Stunde oder so, besonders am frühen Morgen. Manchmal fanden wir Spinnweben, dicht über dem Moos zwischen herausragenden Grashalmen aufgespannt, auf denen noch Tautropfen glitzerten. Die nannte sie Elfentischdecken, Damast, von winzigen Fingern gesponnen, und darauf noch Kristallkelche und silberne Teller, denn die leichtfertigen Elfen, erklärte sie, legten sich im Morgengrauen schlafen, ohne aufzuräumen. Dann zeigte sie mir Flechten mit roten Spitzen, so klein wie Stecknadelköpfe – Elfenrosen –, und dann suchten wir auf der Erde und fanden ihre Schüsseln, die Ahornschälchen.

Meine Urgroßmutter hatte meiner Mutter beigebracht, alle Pflanzen ihrer Kindheit in Pennsylvania zu identifizieren und zu zeichnen, aber für mich hatten die Blumen alle volkstümliche Namen, die Phantasiebilder heraufbeschworen: «Indianischer Malerpinsel», «Schwarzäugige Susan», Milchkraut, «Jack-auf-der-Kanzel».

Mein Vater hatte die englische Angewohnheit, in den Wäldern oder im Garten lateinische Begriffe zu verwenden. Die Feinheiten, die er mir zwischen den Grashalmen zeigte, waren von anderer Art, vielleicht ein Käfer oder eine Motte, die ein ganz anderes Drama auslebten. Wenn ich das Feld mit seinen Augen betrachte, sehe ich es als eine Reihe komplexer Symmetrien und Beziehungen, in denen die Position des Spinngewebes über dem Moos die Wege räuberischer Insekten andeutet. Die Blütenblätter der Gänseblümchen können zum Zählen benützt werden – «er liebt mich, er liebt mich nicht» –, weil sie nicht eigentlich Blumenblätter, sondern Blümchen sind – sonst entspräche ihre Zahl der genauen Morphologie der blühenden Pflanzen.

«Es war einmal», erzählte meine Mutter, während die Sonne am Himmel höher stieg, «im Königreich zwischen den Grashalmen, da lebten ein König und eine Königin, die drei Töchter hatten. Die älteste war groß und goldhaarig und lachte immer, die zweite war kühn und hatte rabenschwarzes Haar. Aber die dritte war sanft und hatte graue Augen, ging für sich, verträumt.» Die Geschichte verändert sich, aber das Muster bleibt gleich, aus dem Wiesengras und den Ängsten und Sehnsüchten von Generationen gewebt. Denn dieses Königspaar lebte in keiner anarchischen Welt, sondern in einer Welt der Rhythmen und gerechten Symmetrien. Ihr Mühen, Streben und Lieben erwuchsen eins aus dem anderen mit der gleichen Eleganz, die alle Teile einer blühenden Pflanze und ihre Wachstumszyklen verbindet. An ihrem Hof, genau wie beim Bankett der Elfen, spiegelten Kristallkelche und höfische Etikette eine gesellschaftliche Ordnung wider. Prinz und Prinzessin finden zueinander in einer Welt, in der Gefahr, Herausforderung und ewiges Glück zu erwarten sind. Die Blume wird mit Blütenstaub befruchtet, Samenkörner formieren sich, werden ausgestreut, keimen. Schau! Die Seide in der Milchstrauchhülse – damit füllen die Elfen ihre Matratzen. Puste auf die Löwenzahndaunen und wünsch dir was, gleich trägt der Wind sie fort. Halt inne, mitten in den Phantasiegespinsten, und sieh die natürliche Welt, zerbrechlich und kostbar, ebenso bedroht wie zärtlich umfangen von menschlichen Träumen.

Welten können entdeckt werden von einem Kind und einem Erwachsenen, die sich zusammen hinunterbeugen und unter die Grashalme schauen oder auf die in einem Priel hin und her huschenden Taschenkrebse. Sie können aus dem Stoff der Phantasie oder der Tradition gesponnen werden. Und sie können berührt und verändert und im Kleinformat aus allen möglichen Arten von Material erschaffen werden. Auf einem Kaffeetisch in der Mitte unseres Wohnzimmers, der oft mit meinen Spielsachen und Projekten beladen war, konstruierte ich eine Reihe von Welten auf kleinen

Tabletts. Eine sollte eine Naturlandschaft darstellen, aus Steinen und Erde aufgehäuft, mit farbigem Sand und gefärbten Strohblumen versehen. Die Idee für eine zweite hatte ich aus einem Buch, das mein Vater mir vorgelesen hatte, in dem ein Kind eine Stadt aus Tassen, Tellern und Küchengeräten aufbaut und diese Stadt dann im Traum aufsucht. Zu dieser Zeit war meine Mutter fasziniert von dem Welt-Test der englischen Kinderanalytikerin Margaret Lowenfeld. Dieser projektive Test besteht aus einem Tablett mit feuchtem Sand und einer großen Auswahl von Miniaturen: Menschen und Tieren, Bäumen, Häusern und Fahrzeugen. Die Testperson modelliert den Sand, nimmt die Gegenstände in die Hand, arrangiert und verändert ihre Position und spinnt dann Erzählfäden innerhalb der Welt, die sie erschaffen hat, so daß die Kreation eines Mikrokosmos zum Ausdruck einer inneren, psychischen Welt wird, einer Welt, die Schmerz und Verwirrung ebenso einschließt wie Symmetrie.

Die andere Art Welt, die ich als Kind konstruierte, war in einer Reihe von Aquarien repräsentiert, die ich mit meinem Vater zusammen aufbaute. Ein Aquarium ist umgrenzt wie eine Stadt oder eine auf einem Tablett errichtete Landschaft, aber die Disziplin, die zu seinem Aufbau gehört, ist andersartig, denn es ist ja lebendig. In der Welt der Phantasie ist die Disziplin vorwiegend ästhetisch: Hier ist der Wald und hier das offene Tal; hier lauert der Drachen, und dort fließt der Fluß. In einem Aquarium ist es notwendig, die Bedürfnisse lebender Geschöpfe und ihrer Beziehungen zueinander auszubalancieren, die Zyklen von Wachstum und Atmung und Fäulnis. Hier, unter den dickeren Wasserpflanzen, suchen frisch gelaichte Schwertschwänze Schutz, damit sie nicht verschlungen werden. Die Schnecken, die sich so gelassen am Glas entlang bewegen, kontrollieren die Algen, und auf dem sandigen Grund stöbern ständig die Welse herum und reinigen ihn von der Verschmutzung des Lebens, die im Märchen nie vorkommt.

Es ist nicht leicht, einem Kind ein Gefühl für die Integrität der Biosphäre zu vermitteln. Selbst heute scheint es nur wenige Menschen zu geben, die sich selbst als Lebewesen innerhalb eines einzigen, mit allem anderen verbundenen Ganzen wahrnehmen, dem gegenüber sie auch verantwortlich sind. Als ganz kleines Kind nach meinen Weihnachtswünschen gefragt, soll ich einmal geantwortet haben, daß ich mir die Welt wünschte, und meine Eltern schenkten mir einen Globus. Ich weiß heute nicht, ob ich die hohle, bemalte Kugel damals für ein zufriedenstellendes Geschenk hielt. Ich sehe ihn noch, wie er jahrelang gleich neben dem Aquarium an einem Ende des langgestreckten Wohnzimmers stand, und doch bin ich sicher, daß damals keiner von uns die zwei als wechselseitige Metaphern wahrnahm, eine Metapher, die wir heutzutage leicht erstellen können – durch ein Bild der Erde, vom All aus gesehen.

Durch die Schriften meiner Mutter hallt die Frage: «Was für eine Welt können wir für unsere Kinder erbauen?» Sie dachte in Kategorien des Bauens. Sie machte sich daran, eine Gemeinschaft zu erschaffen, in der ich aufwachsen konnte, sie warf sich rückhaltlos in die Planung und Organisation meiner Grundschule, und sie baute um sich herum ein Netz von Beziehungen auf, das von ihr getragen wurde – als Schutzraum, in dem ich ruhte, und Muster ihrer Arbeit und Gedanken zugleich. Ganz anders mein Vater: Die wirklichen Welten, deren Bau er unternahm, waren nie komplexer als ein Aquarium oder ein Kongreß, zeitbegrenzte Konstellationen von Menschen, die kontrapunktisch zueinander denken lernen und sich dabei auf eine Einheit geistiger Prozesse hinbewegen. Er war weniger frei als meine Mutter im Aufbauen und im Vorstellungsvermögen, aber ich erinnere mich, daß er Momente gespannter Aufmerksamkeit schuf, wenn das Wunder eines regelmäßigen Musters an irgendwelchem wilden Ort oder in menschlichem Miteinander sichtbar wurde.

Die Morgenstunden der Phantasie mit meiner Mutter auf einer Wiese in New Hampshire, die Stunden, die ich mit meinem Vater beim Zusammenstellen eines Aquariums verbrachte – dies sind geteilte Augenblicke in der kleinen Welt, die nur so in meiner eigenen Erinnerung wiederholbar sind. Aber das Schreiben dieses Buches drückt meinen Glauben daran aus, daß vielfältige kleine Schalen von persönlichen Erfahrungen zugleich Echo und Motor von Ereignissen sind, die im breiteren Umkreis geteilt werden; es sind Bedeutungsträger einer Welt, in der wir jetzt erkennen, daß es keinen gänzlich separaten Mikrokosmos gibt, keinen Priel, keinen Wald, keine Familie, keine Nation für sich allein. In der Tat kann das aus dem Leben irgendeines Einzelorganismus oder einer Gemeinschaft oder der intimsten Erfahrung eines Individuums gewonnene Wissen sich als relevant für Entscheidungen erweisen, die die Gesundheit einer Stadt oder den Weltfrieden beeinflussen.

Dies ist kein Buch über Margaret Mead oder Gregory Bateson, das sich um Vollständigkeit und Objektivität bemüht und den Versuch unternimmt, den Stellenwert der einen oder des anderen in der größeren Welt zu definieren. Statt dessen geht es hier um die Momente und Modalitäten meiner Beziehung zu beiden, und gelegentlich darum (denn diese Beziehungen wurden davon geprägt), wie ich beide mit anderen zusammen und im größeren historischen und professionellen Kontext wahrnahm, von dem auch ich ein Teil war. Andere haben andere Geschichten zu erzählen. Nach der Scheidung von meiner Mutter hatte mein Vater noch weitere Kinder; meine Mutter hatte keine anderen Kinder, aber viele Patenkinder; beide hatten Studenten, die sie als Lehrende kannten. Als Erwachsene wurde ich selbst Anthropologin und damit Kollegin von beiden in ihrer wissenschaftlichen Arbeit, genau wie andere Kollegen und doch anders. Es wird genug Biographen geben, die versuchen werden, eine Synthese der vielfältigen Gesichtspunkte zustande zu bringen und durch die veröffentlichten und unveröffentlichten Dokumente zu waten, die diese Leben erhellen, Namen und Daten zu verfolgen, zu bewerten und kategorisieren, aber ich habe es weder gewollt noch gewagt, diese Aufgabe zu übernehmen. Die Ganzheit dieses Buches kommt allein aus meiner Erfahrung und dem Bemühen, die ersten Kapitel meines eigenen Lebens zu verstehen, unvollständig, ambivalent, nur zum Teil bewußt, eingebunden auch in andere Welten und Beziehungen, eine fortlaufende Odyssee durch Sphären von Liebe und Lernen.

## 2

# Babybilder

Beim Nachsinnen über Erinnerungen an meine Beziehungen zu meiner Mutter und meinem Vater und über ihre Beziehung zueinander, soweit ich darüber wissen konnte, ist mir immer deutlicher geworden, wie viele andere Leben mit diesen drei verbunden sind und wie die Fäden bis auf die Zeit vor meiner Geburt, 1939, zurückgehen und sich nach dem Tod meiner Eltern, 1978 und 1980, weiter verfolgen lassen.

Margarets Geschichte beginnt mit einer Reihe von Farmhäusern in New Jersey und Pennsylvania, wo ihre Eltern, beide Akademiker, sie und ihre jüngeren Geschwister, einen Bruder und zwei Schwestern, großzogen. Sie setzt sich fort in einem Collegejahr im Mittelwesten, danach im Überwechseln zum Barnard College. Für den Rest ihres Lebens war New York Margarets Basis, einschließlich der oberen Semester an der Columbia-Universität, wo sie unter Franz Boas Kulturanthropologie studierte, und einem Lehrauftrag am American Museum of Natural History, den sie bis zu ihrem Tod behielt. Als Margaret meinen Vater kennenlernte, war sie bereits durch ihre Arbeit in Samoa berühmt geworden, und sie hatte einen Arbeitsrhythmus entwickelt, nach dem sie regelmäßig Reisen machte, vor Ort Feldstudien betrieb und nach ihrer Rückkehr die Arbeitsresultate niederschrieb – nicht nur als sorgfältige Dokumentation exotischer Kulturen in Samoa, Neuguinea und Bali, sondern auch als Informationen, die für das Leben gewöhnlicher Amerikaner relevant waren, für ihre Entscheidungen in bezug auf Kindererziehung oder privater oder öffentlicher Lebensordnungen. Das hat sie in ihrer Autobiographie ‹*Brombeerblüte im Winter*› selbst dargestellt, in der sie einen Frühling mit einem Hauch von Schmerz andeutet, der die spätere Ernte erst ermöglicht.

Die Geschichte meines Vaters geht zurück auf drei Generationen englischer Akademiker, geformt von den Traditionen und Erwartungen der Universität Cambridge, und die wissenschaftlichen Verpflichtungen seines Vaters, eines berühmten Genetikers. Gregory war der jüngste von drei Söhnen, aber beide älteren Brüder starben, bevor er erwachsen war. Nur wenig jünger als Margaret, war Gregory in beruflicher Beziehung weit jünger als sie, befangen im Stil der akademischen Junggesellenschaft, hatte nur zwei magere Veröffentlichungen aufzuweisen und kein klares Konzept davon, was er als Anthropologe eigentlich wollte.

Als sich Margaret und Gregory kennenlernten, war Margaret bereits von ihrem ersten Mann, Luther Cressman, geschieden und in zweiter Ehe mit Reo Fortune, einem Anthropologen aus Neuseeland, verheiratet. Margaret und Reo lernten Gregory 1932 in Neuguinea kennen, als alle drei am Sepik-Fluß forschten, und 1935, nachdem Margaret von Reo geschieden war, heirateten sie und Gregory. Die besten Jahre ihrer Ehe waren die, in denen sie zusammen Feldstudien in Bali und Neuguinea machten, Jahre einer solchen Intensität, daß Margaret meinte, sie enthielten ein ganzes Leben, und als erste Nachkommen produzierten sie eine Familie von Büchern, an denen sie beide in unterschiedlicher Weise teilhatten.

Für mich ist dies alles Geschichte, ich weiß es nur aus zweiter Hand, bereits wiedergekäut von einer ganzen Serie von Biographen. Die ersten Jahre meines eigenen Lebens sind von meiner unmittelbaren Erfahrung ebensoweit entfernt, und doch bleiben sie, wenn auch vom Vergessen getrübt, zutiefst und unmittelbar gegenwärtig, das Substrat der Gefühle späterer Jahre. Bei dem Versuch, über meine Beziehung zu meinen Eltern zu schreiben, empfinde ich ein besonderes Bedürfnis, die Zeit nach meiner Geburt wieder aufleben zu lassen, denn nur in diesen Jahren, und auch dann nur für kurze Zeit, habe ich sie als Eltern zusammen erlebt, bevor der Krieg und ihre Entfremdung dazwischenkamen. Ich fülle meine Vorstellungswelt mit den Anekdoten und Erinnerungen, die man mir über meine eigene Kindheit erzählt hat, und mit fotografischen Bildern und schöpfe aus meinem Gefühl für das, was in meiner eigenen Persönlichkeit am tiefsten liegt, und aus den Erfahrungen, die mich als Mutter oft Entscheidungen treffen ließen, die sich von denen meiner Eltern sehr unterschieden.

In mancher Hinsicht sind die Aufzeichnungen außerordentlich reichhaltig. Margaret und Gregory sahen meine Kindheit im Kontext ihrer wichtigsten Forschungsaufgabe – die Unterschiede in der Entwicklung des Kindes und seiner Charakterbildung in unterschiedlichen kulturellen Umfeldern. Allen Gesellschaften, in denen sie Forschung geleistet hatten, war eines gemeinsam: Sie waren verhältnismäßig klein und homogen, aber sie unterschieden sich radikal im Personentypus, der jeweils zu Hause und produktiv war. In ihrer wichtigsten gemeinsamen Arbeit, auf Bali, hatten sie eng zusammengearbeitet – Margaret machte Notizen, und Gregory machte eine enorme Anzahl von Aufnahmen –, wobei die Betonung auf der Kongruenz zwischen den Erfahrungen des Kleinkindes in den ersten paar Jahren und der größeren Gesellschaftsstruktur lag, auf den Formen von Zusammenarbeit und Führung, den Formen der Phantasie im Ritual und in den Künsten.

Sie gingen an die Erfahrung der Elternschaft mit der Absicht heran, Formen aus ihrer eigenen jeweiligen Vorgeschichte in Frage zu stellen und Elemente der britischen Tradition, aus der Gregory kam, mit der alten amerikanischen Tradition, der Margaret entstammte, vorsichtig und differenziert zu kombinieren und dabei Neues zu schaffen. Das bedeutet, daß weiterhin Aufzeichnungen und fotografische Aufnahmen gemacht wurden, daß meine Kindheit dokumentiert und ihrem wachsenden Wissen einverleibt und später mit vielen anderen Menschen geteilt werden sollte. In meiner Familie wird nie einfach nur gelebt, sondern es wird ständig über unser Leben reflektiert; aber während ich auf diesem Hintergrund über meine Erfahrungen schreibe, erobere ich mir mein Leben wieder zurück.

Wie vermutlich jedes Kind aus einer geschiedenen Ehe beginne ich mit dem Bemühen, meine Eltern zusammen in Beziehung zu mir zu sehen, ihre getrennten Bilder zu einem zu machen. Die Zeiten, in denen ich sie beide sehen kann, sind nicht zahlreich: ein paar Jahre zu Beginn des Krieges, als ich noch ein Baby war, ein Jahr nach dem Krieg, vor ihrer Trennung, in den folgenden Jahren vorübergehende berufliche Tagungen. Zuletzt, als der Tod sich näherte, erlebten beide Krankheit und Verlust in einem Kontext, den sie teilten. Im letzten halben Jahr vor dem Tod meiner Mutter trafen sie sich häufig, gaben mir Augenblicke wieder, die den fragmentarischen Bildern glichen, die ich aus meiner Kindheit bewahrt hatte: Gregorys von Zärtlichkeit modifizierte Skepsis, Margarets dynamische Energie, noch einmal in einem winzigen Körper ausgedrückt, dessen Schwere der späteren Jahre nun verfallen war. Die Süße dieser Zusammenkünfte ließen Zeiten für mich wiederaufleben, in denen ich als Kind stundenlang am Rande intensiver Gespräche verharrte, und mir wurde klar, warum ich vor Abstraktion und abstruser Spekulation nicht den Rückzug antrat. Das Spiel des Intellekts war Träger von Gefühlen, die Gespräche eine Form der Liebe.

Man konnte sie nicht zusammen sehen, ohne an Kontraste zu denken, und das gleiche, scharfe Gefühl der Dissonanz überfällt mich, wenn ich alte Fotografien betrachte oder mir Erinnerungen wieder ins Gedächtnis rufe. Am auffälligsten waren die Unterschiede in Größe und in ihren Bewegungsstilen und -rhythmen. Meine Mutter, knapp 1,50 m groß, war kompakt und sparsam in ihren Bewegungen, sammelte alles, was sie brauchte, effizient um sich herum, die Arme vom Ellenbogen aus ausstreckend statt von der Schulter her. Gregory, 1,93 m groß, hatte einen Großteil seiner Jugend damit verbracht, seine Länge unter hängenden Schultern zu verbergen, und wußte nie so richtig, wohin mit seinen langen Gliedern. Ich sehe sie vor mir, wie sie draußen mit mir auf einer Decke auf der Erde sitzen. Gregorys Knie in spitzen Dreiecken angezogen, ein Ellenbogen auf ein Knie gestützt, ein eckiges *M* von einem schiefen *W* überdacht. Margaret sitzt auf einer Hüfte, mit angezogenen Füßen und sorgfältig arrangiertem Rock, wie eine Reiterin im Damensattel, die Hände im Schoß, aber in der Intensität des Gespräches nach vorne gebeugt. Ihre Kompaktheit bot Schutz: einen umfangenden Schoß, der stabil genug zum Draufsitzen war, in Armen, die einen umfingen oder einen ganz besonderen Platz zum Ankuscheln auf dem Sofa boten, wenn sie laut vorlas. Für ein Kind war Gregorys Körper eher ein Geflecht von Kletterstangen als ein Nest. Der herrlichste Platz war auf seinen Schultern, wo man ganz hoch über der Menge hocken konnte und sich bückte, um unter Türen oder Baumästen durchzukommen.

Auch ihr Rhythmus war unterschiedlich. Margaret bewegte sich geschwind und zielsicher durch den Tag, fast so, als folge sie einem Plan, auf dem jede Aktivität eingezeichnet war. Sie schien unermüdlich, verschwendete aber auch niemals Energie, beendete Telefongespräche abrupt und drehte sich selten zu einem zusätzlichen ‹Auf Wiedersehen› um, sobald eine neue Flugbahn feststand. In Gregorys Tag gab es immer wieder Aufschub und Momente, in denen er in Schweigen versank, für kurze Zeit ziellos war, bevor seine ganze Länge für die nächste Aktivität in Bewegung gebracht werden konnte. Seine Füße waren wie weit entfernte Kolonien, weg von seiner Obhut; als er älter wurde, verloren sie ihr Gefühl, und so trug er im Winter wie im Sommer seine Schuhe ohne Socken. Seine Füße bekamen oft keine Wärme ab, wenn sie aus der Bettwäsche über den Fußboden hinausragten, auf Betten, die für seine Länge zu kurz waren.

Wenn ich mir meine Eltern vorstelle, sehe ich ihre Hände. Margarets waren klein und zierlich, mit winzigen Halbmonden in den Fingernägeln; sie bewegten sich in symmetrischen Gesten, die Handflächen nach oben zu Schalen gewölbt, die sie vor sich trug, wenn sie sprach, und zurückzog, wenn der Satz beendet war. Es wirkte beinahe, als böte sie symbolisch ihre Brüste in den Schalen ihrer Hände dar, eine fürsorgliche Überredung, die selbst hinter ätzenden Argumenten spürbar war. Gregorys Hände waren dramatisch; langfingrig und eckig, mit langen, verfärbten Nägeln. Beim Sprechen gebrauchte er sie asymmetrisch, und zuweilen blieb eine Hand gestikulierend ausgestreckt, vergessen. Sein Großvater mütterlicherseits war ein berühmter Chirurg im Guys-Hospital in London gewesen, dessen Studenten, so wurde behauptet, durch die Schönheit seiner Hände in Bewegung von den Details der chirurgischen Prozedur abgelenkt wurden. Nachdem sie diese Familienlegende weitergegeben hatte, bemerkte meine Großmutter, daß Margaret auch hübsche Hände hätte, «wenn auch klein», und während ich heranwuchs, suchte ich in meinen Händen nach Zeichen dafür, wer ich einmal werden würde, und Hände in Bewegung tauchten immer wieder in den Gedichten auf, die ich als Zeichen der Intimität oder Einsamkeit schrieb. Meine Mutter sagte immer, ich würde beim Reden meine Hände genauso gebrauchen wie sie, aber wenn sie ruhten, glichen sie seinen.

Ich wurde im Dezember 1939 in New York geboren. Europa

befand sich bereits im Krieg, und mein Vater, der noch britischer Staatsangehöriger war, suchte nach einer angemessenen Rolle in den Kriegsanstrengungen. Immer zum Fatalismus und einem Gefühl der Sinnlosigkeit neigend, war er damals sicherlich weniger im Zweifel über Absichten und Pläne anderer, als es später der Fall war, aber es fehlte ihm immer an einer klaren Zukunftsprojektion. Margaret erwartete ein amerikanisches Involvement in Europa, aber die Zeit vor Pearl Harbor gewährte ihr glücklicherweise genug Zeit, «das Leben organisieren» zu können. Trotz aller Unsicherheiten hätte sie, unbezähmbar, darauf beharrt, ihre Maßnahmen zur Verwirklichung der zahlreichen Phantasiebilder, die sie von sich selbst in Ehe, Elternschaft und Karriere hatte, zu konstruieren und rekonstruieren – selbst wenn die Ereignisse Veränderungen erzwangen. Als junges Mädchen hatte sie sich als Frau eines Landpfarrers gesehen, mit fünf Kindern, das Leben der Familie und der Gemeinde organisierend, aber gerade als ihr Interesse an Anthropologie intensiver wurde, entschloß sich ihr Mann, Luther, das Pfarramt zu verlassen. 1926 sagte ihr ein Arzt, daß sie niemals Kinder haben könnte, und so machte sie sich daran, ihr Leben neu zu gestalten. Nicht lange nachdem sie von ihrer ersten Feldforschungsreise in Samoa zurückgekehrt war, ließen sie und Luther sich scheiden, und sie heiratete Reo, den sie bei der Rückkehr auf dem Schiff kennengelernt hatte, in der Absicht, eine kinderlose lebenslange Forschungspartnerschaft zu begründen.

Meine Version dieser Sequenz, die mit meiner Geburt endete, beruht auf der Erinnerung an das, was mir meine Mutter erzählte, als ich elf war, kurz nachdem auch sie und Gregory geschieden waren. Sie nahm mich auf eine Reise nach Australien und Neuseeland mit, wo wir mit Reo zusammentrafen, einem linkischen, unbeholfenen Mann, scheu und kratzbürstig zugleich, und sie fragte mich, ob ich ihn als Vater gemocht hätte. Ich erwiderte, daß er nicht viel von Kindern zu verstehen schien. Sie sagte, sie habe Reo in dem Glauben geheiratet, nie Kinder haben zu können, und dann habe sie sich in Gregory sowohl als potentiellen Vater wie auch als wissenschaftlichen Mitarbeiter verliebt. Sie hatte freilich mindestens eine Fehlgeburt während ihrer Ehe mit Reo, und was das Ergebnis mit Gregory sein würde, war keineswegs gesichert. Einiges von dem, was sie sagte, wenn sie mit mir über die Art von

Liebe sprach, die den Begriff ‹Mann› einschließt, diesen Mann, den Vater des eigenen Kindes, mag ein Versuch gewesen sein, mein Gefühl für die Besonderheit dieses Mannes, der in der Tat mein Vater war, zu verstärken, obgleich er der dritte von drei Ehemännern war. So, wie man adoptierten Kindern erklärt, daß sie die Erwählten waren, sollte diese Erklärung vielleicht ein gewisses Gefühl der Zufälligkeit vertreiben. Als ich als Studentin verschiedene Methoden zum Zeichnen von Verwandtschaftsdiagrammen studierte, experimentierte ich mit Möglichkeiten, fiktive Familienmitglieder und Verwandtschaften über rituelle Bindungen hinweg mit einzubeziehen, wenn diese aufgelöst worden waren: Was war denn meine Beziehung, so fragte ich mich, zu den Ex-Ehemännern meiner Mutter, die ja auch Väter ihres Kindes hätten sein können? Wie war das mit deren Ehepartnern und den Kindern, die sie noch haben konnten? Niemand sonst, den ich kannte, schien ein so komplexes Netzwerk von Nicht-ganz-Verwandten zu haben, mit denen man sich Beziehungen vorstellen konnte.

Margaret und Gregory kehrten 1939 von ihrer letzten gemeinsamen Feldstudienreise nach Bali und Neuguinea zurück, um sogleich in zwei unsicheren Strömungen gefangen zu werden: dem Beginn des Zweiten Weltkrieges und der mutmaßlichen Schwangerschaft meiner Mutter. Monatelang war nicht klar, wohin mein Vater am besten gehen sollte, um sich nützlich zu machen, wo meine Mutter leben würde und was der Krieg, der alle ihre Pläne und Zukunftsvorstellungen zum Stillstand brachte, bedeuten würde. Für die nächsten fünf Jahre wurde das Lebensmuster vom Krieg und von ihrem Gefühl bestimmt, daß sie etwas Wesentliches zu den Kriegsanstrengungen, die zur Niederlage Hitlers führen sollten, beizutragen hatten. Als sie darüber diskutierten, sagten sie, daß ein Sieg der Achse die Wissenschaft um hundert Jahre zurückwerfen würde. Später, während der Vietnam-Jahre, verbrachten meine Mutter und ich Stunden mit Gesprächen darüber, was es damals für Intellektuelle bedeutet hatte, sich so für einen militärischen Sieg einzusetzen – ja, ob man sich nach der Entwicklung nuklearer Waffen überhaupt jemals wieder derartig engagieren könne und ob die neue Generation fähig wäre, dieses Engagement der Vergangenheit nachzuempfinden. Und so lebten sie in einer Welt mit einem überragenden Ziel; manchmal unsicher über den

Weg dorthin, aber ganz klar über die Prioritäten. In späteren Jahren, als Gregory über das Wesen zielgerichteten Handelns nachgrübelte, sprach er von der Klarheit, die der Kriegszustand wie eine große Erleichterung mit sich bringt, und von der Versuchung, die in jeder Gesellschaft existiert, Ambiguität und schwierige Entscheidungen durch Kriegführung lösen zu wollen.

Gregory war vor meiner Geburt auf Anweisung des britischen Konsuls in New York nach Hause, das heißt nach England, gereist, wo er dann verzweifelt wartete, als sich herausstellte, daß niemand wußte, wie man von seinen besonderen Fähigkeiten Gebrauch machten konnte. Als die Nachricht von meiner Geburt kam, so erzählt man sich, warf er seine Pfeife in die Luft und über die Gartenmauer und stürzte hinaus, um ein Kabel mit der Anweisung NICHT TAUFEN abzuschicken. Meine Mutter sagte immer, das sei nur ein Ersatz für den ursprünglichen Text – NICHT BESCHNEIDEN – gewesen, aber eine völlig vorhersehbare Anweisung, wenn man den etwas gewollten Atheismus seiner Familie in Betracht zieht. Die Tatsache, daß beide Möglichkeiten ihm so spät und so plötzlich einfielen, deutet auf seine Neigung zur Improvisation hin.

Margaret und Gregory hatten in der Zeitspanne zwischen ihrer Rückkehr vom Südpazifik und meiner Geburt keinen Haushalt etabliert. Statt dessen brachte mich meine Mutter vom Krankenhaus zu dem Ort, der mein zweites und stabilstes Heim während meiner Kindheit war, zu der Wohnung ihrer Collegefreundin Marie Eichelberger; dem Ort, von dem aus ich mich an meinem Hochzeitstag auf den Weg zur Kirche machte. Es war eine Parterrewohnung in einem alten Haus im Chelsea-Bezirk von New York City, möbliert mit den Antiquitäten aus Tante Maries Kindheit in York, Pennsylvania, wozu ein *tallboy* gehörte, eine 1,80 m hohe Kommode mit tiefen, breiten Schubladen, von denen eine als Babybettchen dienen mußte.

Solange ich Tante Marie kannte, waren diese Schubkästen stets sorgsam vollgepackt – mit einzeln in Seidenpapier gewickelten, verschnürten und etikettierten Wäschestücken, mit Nähutensilien und Stoffen oder Resten für irgendein zukünftiges Projekt, aber auch mit Andenken einer *Pennsylvania Dutch*-Kindheit. Für mich ist Tante Marie die Vorsehung, repräsentiert durch jenes ordentliche

Schubfach voll von kleinen Päckchen, die alle einzeln und sorgsam herausgehoben werden mußten, um anderswo verstaut zu werden, und sie repräsentiert die absolute Bereitschaft, meinen Bedürfnissen oder denen meiner Mutter ein Schubfach oder ein Zimmer, eine Stunde oder eine Lebenszeit zu widmen. Als sie Margaret in Barnard kennenlernte, was Tante Marie älter als die anderen Studentinnen und hatte Jahre mit einer Tuberkulosekur verbracht. Obwohl Margaret sie einlud, Mitglied ihrer Gruppe der *«Ash Can Cats»* (Mülleimerkatzen) zu werden, lehnte sie dies als Studentin ab und zog die individuelle Freundschaft vor. Später wurde sie Sozialarbeiterin und arbeitete in New York; sie blieb unverheiratet, und meine Mutter und ich waren ihre Familie, während sie gewissermaßen aus zweiter Hand an unserem Leben teilnahm. «Du hast mich nur quer durch den Raum angeschaut», sagte meine Mutter einmal zu ihr, «und schon warst du in mich verliebt.»

Ein Beispiel für die Unsicherheiten jener Zeit ist, daß meine Eltern nicht darüber gesprochen hatten, wie ich heißen sollte, obgleich sie sich einig gewesen waren, eine Tochter Mary Catherine zu nennen. Weil sie die Entscheidung nicht vorausnehmen wollte, nannte mich meine Mutter vorsichtshalber *Sugar* (Süße), bis Gregory in Amerika ankam, und variierte das durch alle möglichen Verkleinerungsformen, die im Balinesischen möglich waren: *Sugar, Shook, Chook, Chookin, Nyook*. Jahrelang blieb ich Chook für sie statt Cathy. Freunde aus dieser Zeit, die uns länger nicht gesehen hatten, riefen an und fragten: «Wie geht's Sugar?»

Ich weiß nicht, wie man mich genannt hätte, wenn ich ein Junge gewesen wäre, aber ich weiß, daß mein Vater gegen den Namen William, den Namen seines Vaters und Großvaters, ein Veto eingelegt hatte, weil er «zu irreführend für Bibliothekare» sei. Den Namen seiner unverheirateten Tante Mary, einer führenden Sozialhistorikerin mit dem mittelalterlichen England als Spezialgebiet, akzeptierte er freilich – obschon es für geplagte Bibliothekare also bereits eine «Mary» Bateson gab; und später nannte er den Sohn aus seiner zweiten Ehe nach seinem ältesten Bruder John. «Catherine» war der Name der jüngsten Schwester meiner Mutter, Katherine, die innerhalb eines Jahres nach ihrer Geburt starb. Meine Mutter war vier, als sie geboren wurde, und durfte ihren Namen wählen. Der doppelläufige Name stand außerdem für eine ganze Reihe von weiteren Bezügen – der Anfangsbuchstabe «C» für Caroline, die Mutter meines Vaters, und «Mary» bezog sich auf meinen Geburtstag am Fest der unberührten Empfängnis, was wiederum die Nonnen im Französischen Hospital sehr erfreute, und deren Unterstützung wollte Margaret dafür haben, daß die Babyfütterung nach Verlangen und nicht nach Stundenplan durchgeführt wurde.

Nachdem Gregory von England zurück war, richteten Margaret und er ihren Haushalt an der Ninety-third-Street ein. Das Muster dieser Jahre übte ein zweites Mal seine Wirkung auf mich aus, als ich die Entscheidungen in bezug auf die Pflege meiner Tochter Vanni traf und meine Mutter und ich uns Filme und Fotografien aus meiner Kindheit anschauten und sie Ratschläge gab und in Erinnerungen schwelgte. Als mein Vater aus England zurückkam und ich gerade sechs Wochen alt war, schrieb Margaret, «ließen wir die Kinderschwester gehen und versorgten das Baby ein ganzes Wochenende lang selbst . . .» *Ein ganzes Wochenende* . . . Mich stimmt dieser Satz nachdenklich. Ganz allein probierten sie aus, wie man ein etwas verdrießliches Baby badet, wickelt und versorgt und übergaben mich dann wieder Helen Burroughs, der englischen Kinderschwester, die Margaret angestellt hatte – sicher in dem Gefühl, daß sie nun auch die Erfahrung der Kinderpflege gemacht hatten.

Meine Mutter pflegte zu bemerken, daß ich, neben meiner anderen Arbeit, viel zuviel Zeit mit Vannis rein physischer Versorgung verbrächte, einer physischen Versorgung, die mich zutiefst befriedigte. Sicher gab es da einen Zusammenhang damit, daß ich selbst als Baby manches gern tiefer und reicher erlebt hätte, und vielleicht wollte ich Vanni auf diese Weise für etwas entschädigen, was ich nicht gehabt hatte. Aber für ein Baby, das in einer Ära heranwuchs, in der Mutter-Kind-Beziehungen so oft geplant und den Übergriffen der Technologie ausgesetzt waren, hatte ich ungewöhnliches Glück gehabt: Meine Beziehung zu meiner Mutter hatte sich in Monaten entspannten Stillens und vielen der täglichen Verrichtungen, die dazugehören, wenn man ein Baby in den geübten und vertrauten Händen einer Kinderschwester heranwachsen läßt, fest etabliert; die physische Fürsorge war warm und verläßlich. Wahrscheinlich kamen die Defizite, für die ich mich entschädigen wollte, erst später, als diese frühe Konstellation durch den Krieg auseinandergebrochen war.

Margaret hatte immer eine Vielzahl vernünftiger Erklärungen für ihre Arrangements bereit. Die Entscheidung, mich der Obhut einer englischen Kinderfrau zu übergeben, war sowohl das Bemühen, Verbindungen zu knüpfen, als auch eine Möglichkeit, sich selbst mehr Zeit und Raum zu geben, innerhalb deren sie funktionieren konnte. Sie glaubte, daß Gregory als englischer Vater am besten auf ein Kind reagieren würde, das man ruhig und süß duftend und nur für kurze Zeit zu ihm brachte, nach der altehrwürdigen englischen Art und Weise, und sie erwartete, daß das Echo englischer Kultur in meinem Betragen mein ganzes Leben lang meine Beziehung zu ihm stärken und die Möglichkeit offenhalten würde, die sie und Gregory besprochen hatten, daß sie nämlich nach dem Krieg einen Teil ihres Lebens in England verbringen wollten. 1947 nahm mich Margaret nach England mit, wo wir Geoffrey Gorer besuchten, und hier wurde ihre Überzeugung bestätigt – als ich mich beim Spaziergang durch die Gärten in Hampton Court niederbeugte, um an den Rosen zu riechen, und sie dabei zart in der Hand hielt, den Stengel zwischen Zeige- und Mittelfinger. Geoffrey bemerkte, daß ich mit den Blumen so umginge, wie ein englisches Kind das tun würde, ein englisches Kind, dessen Nanny es gerade aufgefordert hat, «herzukommen und die hübschen Blumen anzuschauen».

Alles, was meine Mutter arrangierte, die Wahl einer Kinderschwester ebenso wie die Wahl eines Namens, besaß die Kompliziertheit jener Art von Spitzenarbeit, die damit beginnt, daß man aus dem Gewebe Fäden herauszieht, sie bündelt und dann eine Stickerei darüberlegt – und das alles, ohne die ursprüngliche Eigenart des Gewebes zu verletzen. So war die Wahl meiner Kinderschwester sowohl eine Lösung für das Problem der Kinderversorgung, die es ihr erlauben würde, ihr eigenes Berufsleben weiterzuführen, wie auch der Versuch, eine Brücke zwischen zwei kulturellen Traditionen und zwei Methoden der Kindererziehung zu schlagen. Gleichzeitig war es aber auch ein Rückgriff auf Strategien, die ihre eigene Mutter entwickelt hatte, die Frauen mit unehelichen Kindern als Hausangestellte nahm und ihnen dann erlaubte, die Kinder bei sich zu behalten. Nanny, deren Ehemann längst das Weite gesucht hatte, war Mutter einer heranwachsenden Tochter, die bei uns lebte und half, «das Baby zu amüsieren».

Dieses Modell tauchte in einer neuen Variante als Problemlösung bei mir auf, als mein Mann und ich eine unmittelbar angrenzende, aber von unserer eigenen getrennte Wohnung einrichteten, die wir an ein junges Paar mit einem Kind vermieteten, das wenig älter als unser Neugeborenes war – ein eingebautes Babysitting-Arrangement. Wie meine Mutter versuchte auch ich, verschiedene Elemente zu kombinieren, die vielen Zwecken dienen konnten. Ich versuchte, auf der Situation der Frau aufzubauen, die mit ihrem Kind zu Hause bleiben will, aber doch das Bedürfnis hat, etwas zu den Haushaltskosten beizutragen. Gleichzeitig versuchte ich, an die Form eines gemeinsamen Haushaltes anzuknüpfen, den meine Mutter später mit der Familie von Lawrence und Mary Frank teilte, in der die Kinder sich frei zwischen zwei Haushalten hin und her bewegten, fast wie Geschwister, während die Erwachsenen ihre getrennten Privatleben führten.

Wenn Margaret dem Muster ein Detail anfügte oder eine Innovation in den Lebensarrangements machte, drückte sie damit aus, daß sie genau wußte, wie die Details jeder stabilen menschlichen Lebensweise untereinander verbunden sind, wie sie zusammenwirken, um Bedürfnisse zu befriedigen, ja sogar ästhetisch zusammenklingen. In einem Menschenleben voll rapider Veränderungen und geborgter Kulturdenkmale, einem Leben auch, in dem sich ständig Risse auftaten in dem Gewebe, an dem sie wirkte, werkelte sie dauernd an einer Art Feinstickerei, bei der man zwischen Reparaturen und feinster Ausarbeitung nicht mehr unterscheiden konnte. Wenn sie, beispielsweise, einen ovalen Spiegel über den Marmorkamin im Wohnzimmer hängte, zog sie in Betracht, was sich darin spiegeln würde – zwei balinesische Schnitzereien in dem prunkvoll verzierten, goldenen Rahmen –, und stellte eine Vase aus Java in genau dem richtigen Winkel auf, so daß sie ebenfalls im Spiegel erschien. Auf dem Heimweg von ihrem Büro im Turm des Museum of Natural History kaufte sie oft Gladiolen, deren hochgereckte Formen bis hinauf in den Spiegel reichten und wie ein Echo der Balinesin wirkten, die mit einer Lotusblüte in der Hand gegenüber stand.

Dasselbe tat sie, wenn sie eine Kinderschwester anstellte, indem sie rückblickend Echos verstärkte, sie aber mit ihren eigenen Motiven und Vernunftgründen verband, so daß selbst das Behelfsmäßige schließlich in das Ganze hineingewirkt wurde. In der Ehe war sie diejenige, die Abläufe und Arrangements bestimmte, denn die Faszination, die eine alles durchdringende Vollkommenheit auf sie ausübte, war Gregory fremd. Dagegen war er ein Meister darin, sich mit brillanter Klarheit auf einen einzigen Höhepunkt eines Musters einzupeilen und dabei dessen Wirkung auf das Umfeld zu beachten; aber unbekümmert um ein unordentliches Drumherum, das nicht glatt in die einzelne Konfiguration integriert war. So hielt er in Bali fest, auf welche Weise die Hände der Männer, die beim Hahnenkampf zuschauten, sich als Echo des Konfliktes bewegten, war aber desinteressiert an der Vielfalt der Hintergrunddetails – ja, nicht einmal interessiert daran, die Kampfhähne selbst zu fotografieren. Sein Leben war voll von hängenden Fäden und ungesäumten Rändern, während für Margaret jeder Faden die Möglichkeit einer Stickerei bedeutete.

Margaret plante in ganzen Mustern, suchte danach und hob sie hervor, wenn sie sie gefunden hatte, und gab damit vielen Entscheidungen, die andere als selbstverständlich ansehen würden, die besondere Qualität des Absichtlichen. Selbst Dinge, die zufällig gewesen sein mögen oder einfach nur angenommen, wurden später als Teil des ganzheitlichen Musters behandelt. Es ist nicht überraschend, daß Dinge, die ich aus meiner eigenen frühen Kindheit weiß und immer gewußt habe, wiederholt in ihren Schriften auftauchen, immer wieder eingestickt in ihren Mythos von sich und in den Mythos, den sie mir von mir selbst gab. Aber die Ausarbeitung der Details und der Wunsch, genau zu spezifizieren, hatte seine Wurzeln in präziser und gründlicher Feldforschung, im ethnographischen Studium acht verschiedener Völker, von denen jedes einzelne die Details des Lebens anders und in der Gewißheit bewältigte, daß sein Weg – nämlich der, den man schon immer begangen hatte – der richtige war. Einmal, nach dem Tod ihrer Schwester Priscilla, beauftragte Margaret einen Floristen, ein ganz besonderes Arrangement zusammenzustellen, das ihr vorschwebte, und er erwiderte tadelnd, daß das «einfach nicht so gemacht wird». Sie stampfte mit dem Fuß auf und sagte: «Ich habe auf vier Kontinenten Begräbnisse arrangiert, und ich werde die Blumen so bekommen, wie ich sie haben will.»

Das lang erhoffte Baby gab ihr auch eine Chance, sehr bewußt zwischen vielen Alternativen, die sie gesehen hatte, zu wählen, oder besser, am Üblichen bewußte Veränderungen vorzunehmen, von denen sie Verbesserungen erwartete; und alles dies brachte die Verpflichtung zu genauer Beobachtung mit sich. Zu einem Zeitpunkt planten sie, in jedem Zimmer der Wohnung Strahler aufzustellen, um jedes interessante Stückchen Babyverhalten sofort aufnehmen zu können. Meine frühen Erinnerungen an meinen Vater schließen immer die um seinen Hals baumelnde Leica ein. Da Gregory nicht da war, als ich geboren wurde, ließ meine Mutter jemand anderen meine Geburt filmen, für die damalige Zeit eine unerhörte Begebenheit. Margaret glaubte, daß ein Baby in der Stunde nach der Geburt deutlicher es selbst sei als in den nächsten Tagen oder Monaten, wenn die Umwelt immer stärkere Prägungen hinterläßt – es sei denn, das Baby stünde stark unter dem Einfluß von Betäubungsmitteln, die man der Mutter gegeben hat, oder wäre arg mitgenommen durch eine besonders schwierige Geburt. Also war es von entscheidender Bedeutung, diese Augenblicke festzuhalten.

Und sie wurden festgehalten, im Detail, mit einer Serie von neurologischen Tests und Manipulationen, die einem heute, bei unserem wachsenden Verständnis dafür, wie wichtig eine sanftere Geburt ist, doch sehr bedenklich erscheinen, wenn man den Film sieht. Aber daß ich den Film vor der Geburt meines eigenen Babys sah, hat mir vermutlich viel von der Angst vor der Zerbrechlichkeit eines Neugeborenen genommen, denn das Baby auf dem Bildschirm – ich – wird geknufft und gekitzelt, verbogen und geschlenkert, es heult und ist schließlich erschöpft. Meine Freunde fragen, ob es mich wütend macht, das zu sehen, und ich antworte Nein, hier bin ich, ich bin okay.

Als Margaret Pläne für meine Pflege und Ernährung machte, beschloß sie, die Großzügigkeit der meisten primitiven Mütter, die ihre Babies stillen, wenn sie weinen, und immer bei ihnen sind, mit dem Hilfsmittel der Zivilisation, der Uhr, zu kombinieren, und auch das bedeutete: Aufzeichnungen. Sie schrieb die Zeiten auf, zu denen ich gefüttert werden wollte, und erstellte dann, nachdem sie die Zeiten analysiert hatte, nach meinem Körperrhythmus einen Plan. Dies sollte den Prozeß vorhersehbar genug machen, so daß sie ihre Seminare und Besprechungen danach einrichten und wissen konnte, wann sie zu Hause sein und mich stillen mußte. Ich habe das Notizbuch, in dem diese Stillzeiten und andere Beobachtungen vermerkt sind; ich besitze auch das Notizbuch, in dem meine Großmutter ihre Beobachtungen über Baby Margaret aufgeschrieben hat, sowie das, in dem ich Notizen über meine Tochter Vanni gemacht habe, während ich zwischen den Stillzeiten fortging, um ein Seminar abzuhalten und Filme zu analysieren, in denen gezeigt wurde, wie andere Mütter und Kinder miteinander umgehen.

Margarets Ideen beeinflußten die Erziehung zahlloser Kinder, nicht nur durch ihre eigenen Schriften, sondern auch durch die Bücher meines Kinderarztes Benjamin Spock, für den ich das erste nach eigenem Rhythmus gestillte Baby war, dem er begegnete. Wenn das Gewicht früher Erfahrungen so groß ist, wie wir glauben, dann gehöre ich einer Generation an, die chronologisch etwa fünf Jahre jünger ist als ich; psychologisch bin ich eines der Nachkriegsbabies, obwohl ich 1939 geboren wurde. Was Spock jedoch schließlich nach dem Krieg über «Stillen auf Verlangen» (*self-demand feeding*) schrieb, war nicht ganz dasselbe wie die Methode, die Margaret entwickelt hatte, denn Spock riet Müttern, nicht sofort einen Zeitplan durchzusetzen, sondern zu warten und die Säuglinge erst allmählich auf die klassischen Fütterungszeiten umzustellen, anstatt davon auszugehen, daß sie individuelle Rhythmen entwickeln und beibehalten würden.

In schöner Gelassenheit ließ Spock meine Mutter tun, was sie wollte, auch ohne die festen Zeitpläne, die man als absolute Notwendigkeit für die Gesundheit betrachtete, aber es scheint ihm nur teilweise bewußt gewesen zu sein, was für Neuerungen da vor seinen Augen stattfanden, denn später schrieb er, daß das erste Experiment in «Stillen auf Verlangen» 1942 stattgefunden habe – ein Beispiel für die eher begrenzte Bereitwilligkeit der Ärzte, von ihren Patienten zu lernen. 1969, als Vanni geboren war und ich mir diese Fragen noch einmal durch den Kopf gehen ließ, schien es mir, daß Spocks Einstellung durchaus mit jener falschen Freizügigkeit korrespondierte, die damals von Campus-Verwaltungen im ganzen Land praktiziert wurde, die sich dafür einsetzten, Studenten ein gewisses Maß an Freiheit zu gewähren, *bis sie sich ganz von selbst wieder beruhigten*, anstatt wirklich zuzuhören und das, was junge Menschen sagten, ernst zu nehmen.

Die Fotografien und Filme, die von meiner frühen Kindheit gemacht wurden, gehören nicht eigentlich mir, sind keine privaten Dokumente. Durch den Krieg wurde die Serie unterbrochen und besaß weniger Wert, als Margaret erhofft hatte, wofür ich dankbar bin, denn das bedeutete, daß ihre Diskussionen über meine Kindheit im Rahmen des Anekdotischen blieben. Und doch, als ich als Collegestudentin einen Stapel meiner Kindermalereien wegwerfen wollte, sagte meine Mutter, dazu hätte ich kein Recht – daß ich wahrscheinlich die am besten dokumentierte Kindheit in den Vereinigten Staaten gehabt hätte. Aus der Dokumentation eines einzigartigen Falles von Innovation konnte etwas gelernt werden, und so fühlte sie sich auch hier ethisch verpflichtet, zu sammeln und Erkenntnisse mit anderen zu teilen. Dennoch experimentierte sie nicht im üblichen Wortsinn, denn die Entscheidungen, die sie traf, konnte sie nur in der festen Überzeugung treffen, daß ihre Neuerungen Verbesserungen sein würden, daß ihre Kenntnisse der menschlichen kulturellen Vielfalt mit den Möglichkeiten der Technologie und modernen Medizin kombiniert werden könnten, um die Bedingungen am Anfang des Lebens zu verbessern. Wenn man das Leben eines Kindes erforschte, dann nur gleichsam als sein Anwalt, und als Anwältin verstand sich Margaret immer.

Anthropologen sprechen manchmal vom ‹Feld› als ihrem Laboratorium, aber im allgemeinen basiert unser Wissen eher auf Beobachtung als auf Manipulation. Wenn wir uns für Veränderungen einsetzen, dann, um Ziele zu erreichen, die für wertvoll gehalten werden, nicht, um Daten aufzuhäufen. Gemeinhin werden unsere Experimente von der Geschichte selbst arrangiert, und die meisten unserer Variablen sind in den Fluß des menschlichen Lebens eingebettet und können nicht isoliert werden, da sie weder Anfang noch Ende haben, sondern sich über Zeiten hin entfalten. Anthropologen haben nie mit zufällig ausgewählten Populationen und Kontrollgruppen arbeiten können; ihre Daten rühren von der Beobachtung einzelner Individuen her und konnten nur verglichen werden, weil der Ort eines jeden bekannt war. Jede Lebensgeschichte und die Dokumentation jeder Gemeinschaft mit ihren eigenen ausgeprägten und untereinander verschachtelten Anpassungsmustern ist wertvoll und als einzigartiges Experiment zu dokumentieren.

Margaret experimentierte wie Maler oder Bildhauer, die auf

dem Hintergrund von Tradition und alten Werken als Antwort auf eine im Wandel begriffene Phantasie Neuerungen einführen und dabei einen immer sichereren Pinselstrich und Blick für den richtigen Farbtupfer entwickeln, nicht nur das Ungewöhnliche suchend, sondern schließlich auch eine Überzeugung ausdrückend. Sie erhielt sich ihr humanistisches Bewußtsein von der Einzigartigkeit der Schöpfung und die wissenschaftliche Überzeugung, daß der Prozeß letztlich kein privater ist. Sie dokumentierte und machte Aufzeichnungen, wie Anthropologen das schon immer getan haben, in der Hoffnung, daß das einzigartige Beispiel, wenn es richtig eingeordnet und beschrieben ist, zu unserem Verständnis des menschlichen Daseins beitragen wird.

Ich habe mir über ihre Selbstgewißheit manchmal Gedanken gemacht, denn sie tat ja Dinge, die weitgehend als falsch oder ungesund für Säuglinge betrachtet wurden; und dabei plante sie seelenruhig, wie sie Ärzte einschüchtern und Schwestern becircen konnte, damit sie ihr alle möglichen Verstöße gegen die Regeln erlaubten, zu einer Zeit, in der sich die meisten Frauen allzu leicht von medizinischen Autoritäten einschüchtern ließen. Als Vanni geboren wurde, war das Selbstvertrauen meiner Mutter eine Bereicherung für mich, und ich konnte nun solche Ratschläge zurückweisen, die das Stillen erschweren und in die zwischen Mutter und Kind bestehende Intimsphäre eindringen. Es war zum Beispiel großartig, als Margaret unverblümt erklärte, es sei Blödsinn, daß ich Vanni niemals im Bett stillen sollte, weil ich ja einschlafen und sie ersticken könnte – was sämtliche Schwestern behaupteten. Überall in der Welt schlafen Mütter mit ihren Babies Seite an Seite, und eine Erstickungsgefahr besteht vor allem, wenn Mütter betrunken oder krank sind, und nicht unter normalen Umständen – es ist vielmehr die amerikanische Gewohnheit, einen Säugling allein im Kinderbettchen in einem anderen Zimmer zu lassen, die von den normalen menschlichen Verhaltensweisen abweicht.

Etwas von ihrer Sicherheit rührte daher, daß sie andere Möglichkeiten gesehen hatte; gesunde Mütter und Kleinkinder, die in einer Vielfalt verschiedener Lebensmuster gediehen. Dieser Horizont gab ihr ein Gespür für das, was hinter dieser Vielfalt wesentlich war, ganz anders als die Sicherheit derer, die allein die Tradition als Basis für sich in Anspruch nahmen. Sie war in einer Umgebung voller pädagogischer Versuche aufgewachsen und arbeitete in der Zeit eines neu erwachten Bewußtseins für die Schäden, die durch westliche «moderne» Formen der Kinderpflege verursacht werden können; eines Bewußtseins auch von der Last der Neurosen, die Angehörige ihrer eigenen Generation mit sich herumtrugen. Tatsächlich hatte sie Spock als Kinderarzt ausgesucht, weil er sich einer Psychoanalyse unterzogen hatte.

Trotzdem hat sie sicher gewußt, daß ihre Neuerungen auch Risiken einschlossen. Die Details der Säuglingspflege können helfen oder schaden, das hängt davon ab, wie sie in die übrige Umwelterfahrung hineinpassen. Sie berichtete oft von sinnlosen oder unvollständigen Kulturanleihen – eine Veränderung in der Nahrungszubereitung, bei der ein wesentlicher Nährstoff ausgelassen wird, oder wie viele westliche Mütter, in Nachahmung anderer Methoden des Umgangs mit Kleinkindern, ihre Babies auf der rechten Hüfte tragen und sich dabei selbst an der Arbeit hindern und dem Baby ihren Herzschlag entziehen. Es besteht immer das Risiko, irgendein fundamentales biologisches Vermögen zu verkrüppeln, wie das in Experimenten mit Verzerrungen der frühesten Lebenserfahrungen von Affen und Vögeln demonstriert wurde, die dann ohne die Fähigkeit, sich zu paaren oder ihre Jungen zu versorgen, aufwuchsen. Das größere Risiko war, daß irgendeine veränderte Konstellation in der frühkindlichen Erfahrung mich auf subtile Weise in Gegensatz zu meiner eigenen Gesellschaft bringen oder unfähig machen würde, mich späteren Herausforderungen stellen zu können – mich zu verlieben, für ein Kind zu sorgen, gute Beziehungen zu Gleichaltrigen zu haben, deren frühe Erfahrungen wesentlich anders waren als meine. Als Kind war ich überaus stolz darauf, daß ich ein *self-demand baby* gewesen war, aber zu anderen Zeiten machte ich mir Gedanken darüber, ob ich irgendwie ‹anders› war und ob es irgend etwas in meiner Kindheit gegeben hatte, was es für mich als Heranwachsende so schwierig machte, ‹dazuzugehören› und wie alle anderen zu sein.

Rückblickend scheint es mir, daß Margarets Bereitschaft, Neues zu versuchen, aus der Sicherheit ihrer eigenen Liebe herrührte, aus dem Gefühl, daß sie Liebe empfangen hatte und sich nun ihrer eigenen Liebesfähigkeit ganz sicher war. Sie war bereit, Verantwortung zu übernehmen, weil sie in sich selbst keine verborgenen

Ambivalenzen – weder mir noch ihren Eltern gegenüber – vermutete. In einem Zeitalter der Introspektion und Selbstzweifel war es wirklich bemerkenswert, wie sehr sie von der Unanfechtbarkeit ihrer Motive überzeugt war, mit einer Unschuld, die mich manchmal skeptisch macht und manchmal fast ehrfürchtig. So wie all ihre Kommentare über die amerikanische Kultur und ihre Vorschläge für alternative Arrangements auf dem Hintergrund ihrer allgemeinen Zustimmung zu der amerikanischen Tradition gesehen werden müssen, so war das Gespür, mit dem sie ihren eigenen Stil der Kindererziehung wählte, abgesichert durch die Wertschätzung ihrer eigenen Kindheit und ihren Wunsch nach Mutterschaft, denn sie glaubte, daß dies sie vor zerstörerischen Entscheidungen schützen würde. Sie gewann ein enormes Maß an Freiheit aus ihrer Überzeugung, daß die Arrangements, die ihrem Berufsleben am dienlichsten waren – erfinderisch, wie sie war –, mit meinem Wohlergehen in keinem Konflikt standen.

Meine Mutter und ich diskutierten manchmal darüber, was an ihrer Methode der Kinderfürsorge ihr rückblickend richtig erschien und was noch einmal durchdacht werden sollte. Mit «Stillen auf Verlangen» konnten wir beide gut leben, und ich folgte ihr darin, aber es gab andere Gebiete, wo mir mehr oder auch weniger Routine notwendig schien. So argumentierte ich zum Beispiel, daß es zwar sehr angenehm sei, einen ‹unverplanten› Körper zu haben, besonders in einer Gesellschaft, in der andere von Sorgen um die «Regelmäßigkeit» geplagt werden, aber ein bißchen mehr Routine wäre doch nützlich – der Tag sollte einige Fixpunkte haben, wenn auch nur, um gegebenenfalls pünktlich bestimmte Medikamente einnehmen zu können. Sie selbst bestand nie darauf, daß ich mir die Zähne putzte, weil sie als Kind dies als unerfreulich und schmerzhaft empfunden hatte. Das war also eine Routine, die ich für mich selbst einführen mußte, die Aufmerksamkeit in einer Phase erforderte, in der die meisten Gleichaltrigen das automatisch taten – freilich, wenn mich irgend etwas für 24 Stunden von meiner Zahnbürste trennt, leide ich nicht gerade. Ein anderer Aspekt, über den wir debattierten, war der Schlaf und wie man zu einer Balance zwischen den Eigenbedürfnissen des Kindes und der Routine des Tagesablaufs gelangt. Während meiner ganzen Kindheit habe ich mich gegen das Schlafen gewehrt und gab daher Vanni viel mehr Spielraum, ihren eigenen Rhythmus zu finden, und ich zog Margaret damit auf, daß sie so inkonsequent war, das Konzept des «Stillens auf Verlangen» nicht auch auf das Schlafen auszudehnen.

Margarets Kindheitserfahrungen hatten sie anders als die anderen gemacht, aber im allgemeinen in einer Weise, die sie als bereichernd – keinesfalls entfremdend – empfand, und das wollte sie weitergeben. So sprach sie zum Beispiel davon, daß sie von Eltern erzogen worden war, die wirklich nicht rassistisch waren und daher nicht jene restlichen Schuldgefühle teilten, die andere dazu brauchen, um sich sozial zu engagieren. In ähnlicher Weise wünschte ich manchmal, daß ich stärker an dem feministischen Zorn meiner Zeitgenossinnen teilhaben könnte; aber wenn auch Zorn und Schuld in vielen Situationen nützlich sind, ist der Preis hoch, den man dafür zahlen muß. Letztlich gibt es für mich keine Möglichkeit, mein eigenes Anderssein zu bewerten oder zu bestimmen, wieviel davon auf Kindheitserfahrungen zurückzuführen ist. Denn mir scheint, daß wir alle in einem gewissen Maße an der Erfahrung von etwas Unverständlichem teilhaben; manchmal haben wir das Gefühl, wir wären weniger, als wir hätten sein können, oder wir fühlen uns in der eigenen Haut nicht wohl und von allen um uns herum entfremdet. Ich habe immer dazu geneigt, auf die besonderen Umstände meiner Kindheit zurückzublicken, wenn ich unglücklich war oder es mir an Selbstvertrauen fehlte, und doch ist es nicht vernünftig, ein Maß von Entfremdung, das zum Menschsein gehört, auf eine besondere Erfahrung zurückzuführen. Es gibt keine Form menschlicher Kindererziehung, die nicht einen gelegentlichen Rest von Angst und Sehnsucht hinterläßt; dies gehört zu einer gemeinsamen Erblast, die im größeren kulturellen Umfeld wenigstens teilweise durch Formen des Trostes gelindert wird, und es gibt so viele Formen von Psychotherapie dafür wie von Ritual und Glauben.

Margarets Neuerungen sind in Wirklichkeit größer, als sie uns heute vorkommen, denn so viele sind längst Bestandteil der gesellschaftlichen Lebensmuster geworden. Mit der Zeit stellte sich heraus, daß die Eigenschaft, die für mich am wichtigsten war – die Fähigkeit, mich unterschiedlichen Menschen und Situationen anpassen zu können –, auch Margaret besonders am Herzen lag; das war es, was sie einer Generation, die inmitten von Veränderungen aufwachsen sollte, mitgeben wollte.

Während ich schreibe, fällt mir auf, wie wenig eigentlich mein Vater in den Diskussionen über meine Kindheit ins Spiel kommt. Gewöhnlich befand er sich hinter der Kamera, nicht im Bild. Ich weiß, daß er viel Spaß an seinen Kindern hatte, sobald wir groß genug waren, mit Reden und Spielen zu beginnen, aber ich vermute, daß seine Beziehung zu mir als winzigem Baby eher zimperlich war, ein sorgfältig kontrolliertes Entzücken. Meine Mutter betonte die Rolle der Väter in ihrer Beziehung zum Säugling weniger, als es in neuerer Zeit Mode geworden ist. Sie hielt nicht besonders viel von der Gegenwart des Vaters im Entbindungsraum, betrachtete sie fast argwöhnisch und war der Ansicht, daß diese Rolle einer anderen Frau zustehe, einer, die selbst Kinder geboren hat, einer Großmutter oder vielleicht, wie bei den Arapesh in Neuguinea, der Frau, die unmittelbar vorher geboren hat.

Als Vanni geboren wurde und ich mir Notizen darüber machte, wie meine eigenen Reaktionen auf das Neugeborene biologisch aktiviert wurden, argumentierte Margaret, daß in einem Vater Gefühle aktiviert werden müßten, die in ihm den Wunsch entstehen ließen, Mutter und Kind – nicht das Baby allein – zu umsorgen und zu beschützen. Gleichzeitig meinte sie aber, wenn man einen eher scheuen jungen Vater zu lange zögern ließe, das zerbrechlich scheinende Neugeborene in den Arm zu nehmen, dann könnte es sechs Monate dauern, bis die Hemmung überwunden wäre. Sie sprach von dem süßen, gar nicht unangenehmen Geruch, den Babyfäkalien an sich haben, solange ein Säugling nur Muttermilch bekommt, aber sie schien nicht zu glauben, daß ein Ehemann oder Vater diesen oder irgendwelche anderen Gerüche tolerieren würde, und gab mir den Rat, Vanni Vitamintropfen statt Orangensaft zu geben, so daß es keinen sauren Geruch gebe, wenn sie aufstieß und spuckte. Doch das war Margaret. Gregory waren im Grunde nasse Stellen auf den Knien, Flecken und Vergossenes von Kindern oder Tieren – wie ja auch die Stiche oder Kratzer, die er sich beim Umgang mit wilden Tieren einhandelte – völlig gleichgültig. Seine Zartheit im Umgang mit Kindern oder Tieren enthielt immer etwas von der Fürsorge des Naturforschers, tolerant und die Anmut alles Lebendigen bewundernd.

Die ersten paar Bilder des Übergangs vom Säuglingsalter zur Kindheit sind nur fragmentarische, flüchtige Eindrücke: Spaziergänge mit Margaret, auf denen ich sicher an einer Leine gehalten wurde, so daß ich gefahrlos weiteren Auslauf hatte als ein Kind, das an der Hand gehalten wird; Ausflüge in den Park, wo mein Vater die Schaukeln so hoch schubste, daß er drunter weglaufen konnte; Vormittage mit meinen Eltern, an denen sie Kaffee tranken und durch Lichtreflexionen aus den Schalen der Silberlöffel ein paar turtelnde «Lichtvögel» über Wände und Decken flitzen ließen.

Die Stabilität dieses Haushalts, Nannys selbstverständliche, ein wenig rauhe Zuneigung und die geteilte Liebe von Eltern, die in ihrer Ehe noch glücklich und entzückt über ein Kind sind, hielt an, bis ich zwei Jahre alt war. Die moderne Einschätzung von der Bedeutsamkeit der frühesten Kindheit fing damals gerade an, sich zu verbreiten, aber es besteht gar kein Zweifel, daß Margaret und Gregory bewußt versuchten, mir eine Basis von Vertrauen und Selbstsicherheit zu vermitteln. Zweimal – einmal, als ich achtzehn Monate, und das andere Mal, als ich zwei Jahre alt war – arbeiteten sie an Plänen (die freilich nie realisiert wurden) für Lehrfilme, die ein Verständnis dafür übermitteln sollten, was Vertrauen und Selbstsicherheit in einem Kind eigentlich bedeuten, und das Modellkind sollte ich sein. In ‹*Brombeerblüten im Winter*› schrieb Margaret: «Wieviel ist Temperament? Wieviel glücklicher Zufall? Wieviel kann man auf Erziehung zurückführen? Vielleicht werden wir das nie wissen. Sicherlich ist das einzige, was eine Mutter und ein Vater für sich beanspruchen können, daß sie ihr Kind nicht erkennbar geschädigt haben. Denn voll und ganz kann die gesamte Konstellation Kind–Erwachsene nur verstanden werden, wenn man auch die Interpretation des Kindes hätte – wie sieht es die Rolle, die Erwachsene in seinem Leben gespielt haben?»

Dies Buch kann nicht diese Interpretation des Kindes sein, denn das Kind ist jetzt erwachsen, und was ich über jene Zeitspanne schreibe, ist eine Rekonstruktion. Trotzdem scheint es mir immer, wenn ich schwierige Zeiten durchlebe und mich zu einem besseren Verständnis meiner selbst durchzuringen suche, daß ich hinter den Schleiern von Verwirrung oder Mutlosigkeit Quellen von Glauben und Stärke finde, und diese Basis muß in jenen zwei Jahren gelegt worden sein.

Als meine Tochter im Säuglingsalter war, folgte ich Margarets Rat und bemühte mich nicht sonderlich, sie dazu zu bringen, daß sie nachts durchschlief. Ich genoß meine nächtlichen Intermezzos, in denen ich sie in dem dunklen, schweigenden Haus stillte, wo kein Telefon klingelte, und dabei saß ich in einem Schaukelstuhl, den meine Mutter mir geschenkt hatte, in ein großes Tuch gehüllt, das die Mutter meines Mannes mir geschickt hatte. Ich strebte mit Vanni eine viel stärkere Vertrautheit an, als meine Mutter gewollt oder zugestanden bekommen hatte, überließ sie weniger anderen Bezugspersonen und stillte länger. Ich war auch viel entspannter in bezug auf die Belastbarkeit eines Säuglings und schaute amüsiert zu, wenn Margaret zu Besuch kam, sich sorgfältig die Hände wusch und ihre Überkleidung ablegte, bevor sie sich dem Baby näherte, immer noch verständnisvoll und voll guter Ratschläge, aber doch ein wenig zaghaft.

Viele meiner Ideen über Kinderpflege und -erziehung habe ich von meiner Mutter, aber ich habe zu meiner Zeit auch «Doktor Spock» gelesen. Anderthalb Jahre bevor Vanni geboren wurde, hatten Gregory und seine dritte Frau, Lois, eine Tochter, und viele meiner Ideen kamen durch Lois' Kontakt mit Frauen, die in einem neuen Beziehungsgeflecht der Generationen über Hausgeburten und Stillen nachdachten. Während Vannis Säuglingszeit brachte Margaret noch einmal Fotografen an, diesmal, um Illustrationen für ihren Artikel *‹On Being a Grandmother›* und für weitere Filme und Schriften zu machen. Die Diskussionen über die Entwicklung des Kindes gingen weiter, bis in die nächste Generation hinein, der ich meine Erkenntnis über die Entwicklung der Kommunikation vermitteln konnte. Aber der wirkliche Schlüssel zum Verständnis der Kindheit, die meine Mutter mir gab, war meine eigene intensive Freude an der Mutterschaft und das Gefühl, daß die Innovationen, die ich nun einbringen wollte, im wesentlichen eine Bestätigung waren.

3

# Ein ganz gewöhnlicher ungewöhnlicher Haushalt

Die regelmäßigen Tagesabläufe von Margaret und Gregory in ihrer Wohnung an der Ninety-third Street – Nanny und ihre Tochter halfen dabei, mich zu versorgen – wurden durch die Sommeraufenthalte auf dem Land unterbrochen, wenn der gesamte Haushalt sich in der Nähe von Holderness, New Hampshire, einmietete. Für die Bateson-Familie, wie auch für andere Familien von Sozialwissenschaftlern, bestand die Attraktion dieses Ortes in Lawrence Frank, der sich zur führenden Persönlichkeit im Bereich der interdisziplinären Zusammenarbeit innerhalb der Sozialwissenschaften entwickelte. 1942 schließlich, als ich zwei Jahre alt war, zogen wir in Franks Haus in New York mit ein, und die Haushalte wurden – «auf Kriegsdauer» – im Winter und Sommer zusammengelegt.

Diese Entscheidung wurde am 7. Dezember 1942 getroffen, am Tag vor meinem zweiten Geburtstag. Margaret und Larry Frank waren zusammen auf einem Kongreß, und als die Nachricht vom Überfall auf Pearl Harbor kam, begannen sie sofort mit Plänen, sich selbst zu mobilisieren, denn der japanische Überfall bedeutete Engagement sowohl in Europa wie in Asien. Er bedeutete letztlich Weltkrieg. Ruth Benedict, Margarets Freundin und Kollegin von der Columbia-Universität, schlug vor, daß Margaret nach Washington gehen und mit dem *Committee on Food Habits* (Ausschuß für Ernährungsgewohnheiten) arbeiten sollte, und Larry schlug vor, daß die Batesons in sein Haus in der Perry Street in Greenwich

Village ziehen sollten. Larry war Witwer mit einer viel jüngeren neuen Frau, einem neugeborenen Sohn, Colin, und fünf älteren Kindern aus seinen früheren Ehen.

Meine zusammenhängenden Kindheitserinnerungen beginnen in der Perry Street, in einem Haushalt, in dem ein ständiges Kommen und Gehen herrschte, mit einer riesigen, mit köstlichen Mahlzeiten beladenen Tafel, für die Mary ständig am Backen war. Es war ein fünfstöckiges Haus aus braunem Sandstein, dessen zwei untere Stockwerke von den Batesons, die oberen drei von den Franks bewohnt wurden. Während des Krieges war es unten für lange Zeitspannen leer, und mein Leben spielte sich oben bei den Franks – Onkel Larry und Tante Mary – ab, während meine Eltern kamen und gingen – ersehnte und willkommene Durchreisende. So wuchs ich nicht in einer Familie oder als Einzelkind auf, sondern als Teil einer flexiblen und offenherzigen Großfamilie mit Kindern aller Altersgruppen, in der fünf oder sechs Paar Hände zum Erbsenpulen oder Abtrocknen mobilisiert werden konnten. Meine Mutter zahlte in diesen Jahren für alle möglichen Hausangestellten, und Tante Mary war der umsichtig lenkende, mütterliche gute Geist. Sie war schön, irisch und eigentlich sehr jung für diesen ganzen Haushalt, und im Wohnzimmer tanzte sie Jigs für Colin und mich, wobei sie einen Besenstiel auf dem Finger balancierte. Freunde erwarteten eine eifersüchtige Reaktion meiner Mutter und fragten: «Macht es dir denn nichts aus, die Sorge für dein Kind einer jüngeren, schöneren Frau zu übergeben?» Aber Margaret behauptete damals und später, Eifersucht sei kulturell produziert und ein Gefühl, das sie nicht kenne.

Margaret meinte, es sei nicht nur möglich, sondern wünschenswert, daß Kinder sich als Teil mehrerer Haushalte empfänden und mehrere Bezugspersonen hätten. Auf diese Weise, meinte sie, könnte man die Enge der Bindung an eine einzige Bezugsperson vermeiden, die so oft zur Ursache eines ganzen neurotischen Systems wird.

In Samoa hatte sie eine Reihe von Beispielen dafür aufgezeichnet, daß Kinder einfach in einen anderen Haushalt einzogen. So muß die Einladung, in der Perry Street zu wohnen, für sie nicht nur eine bequeme Lösung für die Erfordernisse der Kriegszeit gewesen sein, sondern auch eine Chance, sich selbst viel freier bewegen und die Art von Haushalt einrichten zu können, die sie für die beste hielt.

Untereinander nannten wir das Kriegszeitarrangement mit den Franks immer Utopia, und ebenso ideal kamen uns die Sommer in Larrys Haus Cloverly vor, wo die beiden Haushalte wieder miteinander verschmolzen. Und diese Sommer in New Hampshire sind für mich in dasselbe rosige Licht getaucht wie das Bild, das meine Mutter von Samoa in sich trug. Nur daß hier statt der Palmen und der Brandung ein Bild von raunenden, immergrünen Wäldern und dem dahinter liegenden See existiert, ein Ort ohne Zorn und Kummer, wo jedes Kind von genug Erwachsenen umsorgt war, so daß keine Eifersucht entstand, wo der Garten in Blüte stand und die Abende mit Liedern beschlossen wurden. Es bedarf einer großen Willensanstrengung, sich ins Gedächtnis zu rufen, daß es überhaupt irgendeinen Stress gab.

Wenn im Zweiten Weltkrieg Väter in den Krieg zogen und Mütter zur Arbeit in Industrie oder Landwirtschaft, um die Kriegsanstrengungen zu unterstützen, betrachtete man diese Trennungen als Opfer. Die geheimen Erinnerungen an eine zeitweilige Freiheit, an das Kameradschaftserleben der Männer untereinander, das Selbstvertrauen und die Kompetenz der Frauen – fast anrüchige Freuden, aus einer Welt in Agonie gewonnen – bleiben verborgen, und die Trennungen der Kriegsjahre werden als Zeiten der Verluste und des standhaften Ausharrens beschrieben. Aber während ich aufwuchs, erzählte man mir, daß ich nichts entbehrt hatte – wenn meine Mutter auch empfand, daß sie ein Opfer gebracht und in diesen Jahren sehr gerne mehr Zeit mit mir verbracht hätte. Was das für ein Gefühl war, als sich beide Eltern langsam immer weiter entfernten (das begann, als ich knapp über zwei Jahre alt war) und dann für immer längere Zeitspannen fort waren – diese Erinnerungen sind fast völlig verloren, ebenso wie die Erinnerung an den Stress, der entsteht, wenn man ein zusätzliches Kind in einen bereits sehr komplexen Haushalt aufnimmt, wo ein jüngeres Kleinkind eigentlich ein Anrecht auf Jahre hat, in denen es im Zentrum der Aufmerksamkeit und des Entzückens steht. Ein Gefühl der Einsamkeit, eine gelegentlich beängstigend barsche Reaktion auf mein nächtliches Verlangen nach Trost und Wärme – so etwas muß ich aus den tiefsten Abgründen der Träume heraufholen und dann mit den Augen der Erwachsenen betrachten, die weiß, daß unter diesen Umständen jede Bezugsperson erschöpft und belastet gewesen wäre.

Ich besaß Reichtümer, die anderen Kindern nicht zuteil wurden, und ich hatte das große Glück, einen Spielkameraden zu haben, der wie ein Bruder war, Colin; und doch waren da all diese Abschiede. So viele geliebte Menschen um mich herum – aber die Menschen, die ich am meisten wollte, waren oft nicht da.

Sobald die Entscheidungen getroffen waren, folgten die Umstellungen geschwind. Zwischen Pearl Harbor und dem Sommer begann meine Mutter zwischen Washington und New York zu pendeln. Im Sommer 1942 waren wir alle in Cloverly, aber im Herbst verließ uns Nanny, weil sie es vorzog, für ganz kleine Kinder zu sorgen. 1943 nahm mein Vater seine Arbeit in Washington auf, und wenig später, als ich drei war, ging meine Mutter nach England, wo sie Vorträge über die Unterschiede zwischen dem englischen und dem amerikanischen Charakter zu halten hatte; sie blieb länger als erwartet. Später erzählte sie mir, daß ich sie bei ihrer Rückkehr mit Mißachtung gestraft hätte, wie Kinder das tun, wenn sie sich betrogen fühlen. Niemand hatte mir gesagt, daß ihre Abwesenheit verlängert worden war, weil man nicht annahm, daß Daten mir etwas bedeuteten oder ich Veränderungen in einer Gesamtperiode von mehreren Monaten wahrnahm; aber mein Zeitgefühl war gewissermaßen auf Jahreszeiten geeicht. Ich wußte, daß sie im Sommer zurückkehren sollte, bevor die Vorschule anfing, aber die Blätter fielen und die Schule begann, und sie war immer noch nicht da. Damals kam ihr der Gedanke, daß ich mit Abwesenheiten und Enttäuschungen schon umgehen konnte, nicht aber mit Brüchen gegenüber dem Mitgeteilten; daß es nicht geschadet hätte, ihre Abwesenheit zu verlängern, wenn man es mir nur erklärt hätte. Von Anfang an hatte sie es sich zur Regel gemacht, für eine Kontinuität des Ortes *oder* der Person zu sorgen – mich niemals mit einem fremden Menschen in einem fremden Haus zu lassen; und obwohl sie selbst nie ein Haus besaß, sind die Häuser und Wohnungen meiner Kindheit, selbst die leeren Zimmer im Untergeschoß mit den hohen Fenstern und weißen Gardinen, Orte der Geborgenheit für mich geblieben.

Ungefähr zwei Jahre lang kamen und gingen meine Eltern nach

Washington oder noch weiter. Ich weiß noch, daß ich das Gefühl hatte, Vater-Mutter-Kind zu spielen, wenn beide übers Wochenende da waren und ich hinunterging, um mit ihnen zu frühstücken. Meine Mutter kaufte ein dünnes Porzellanservice, so daß ich meinem englischen Vater den Nachmittagstee servieren konnte, wenn er einen ganzen Tag lang zu Hause war. Ich erinnere mich daran, wie gesittet und gut ich mich benahm, um einen Vater zu sehen, der so oft abwesend war, und wie ich mich dann heulend an seinen Regenmantel klammerte, wenn er wieder gehen mußte.

Da es für meinen Vater keinen Platz innerhalb der britischen Kriegsanstrengungen gab, ging er 1944 mit dem Geheimdienst in die pazifische Region. Ich hatte mehr Glück als viele Kinder, denn damals war ich schon vier und alt genug, mich an seine Abreise «in den Krieg» zu erinnern. Bevor er ging, ließ Margaret ihn Dutzende von Postkarten schreiben, die an mich adressiert waren. Wenn dann Wochen ohne ein Wort vergingen und jemand fragte: «Schon von Gregory gehört?» sagte sie: «Noch kein Wort», und dann konnte ich sagen: «Aber ich.»

In Burma hatten sie einen Hausmungo, und Gregory schickte Fotos von sich, mit dem Mungo auf der Schulter, nach Hause. Er zog ziemlich viel herum, entwarf alle möglichen Formen von Propaganda und beschrieb die exotischen Gesellschaftsstrukturen, wo es Amerikanern schwerfiel, überhaupt nur zu erkennen, an wen sie sich wenden konnten.

Später pflegte er zu erzählen, wie er und ein Freund, Jim Myesburgh, die Idee hatten, daß die japanische Kampfmoral zerschlagen würde, wenn die eingeäscherten Leichen japanischer Soldaten, in passender Verpackung und mit passenden Begleittexten und Gebeten versehen, mit Fallschirmen über Japan abgeworfen würden. Die Kluft zwischen Theorie und Praxis war freilich enorm, und als zufällig ein ertrunkener japanischer Luftwaffensoldat an den Strand der pazifischen Insel, auf der sie stationiert waren, geschwemmt wurde, wurden sie von den logistischen Problemen besiegt. Ein Versuch, ihn einzuäschern, wurde buchstäblich vom Winde verweht, und so rannten sie den Strand auf- und abwärts, um möglichst noch die richtige Asche einzufangen, und es dauerte Monate, bis eine passende Verpackungsmethode gefunden war. Und als das geschafft war, verweigerte die US-Luftwaffe kategorisch ihre Teilnahme an einem derartig makabren Unterfangen. Die Asche des «armen Yorick» wurde bis zum Kriegsende mit herumgeschleppt und blieb für Gregory das Beispiel für unangebracht raffiniertes konkretes Denken: Warum menschliche Asche? Warum *japanische* Asche? Und warum den Luftwaffensoldaten erzählen, was in dem Paket war?

Nach einer anderen Geschichte machten sie sich in Burma daran, den Irrawaddy-Fluß – in Erfüllung irgendeiner örtlichen Prophezeiung – rot zu färben. Aber standen sie wirklich knietief im Fluß und gossen selbst Farbe hinein, die sich verdünnte und fast ohne Effekt hinweggeschwemmt wurde? Oder ist das nur eine Kindervorstellung einer viel wirkungsvolleren militärischen Aktion? Zehn Jahre später bewarb sich mein Vater, der in all den Jahren als britischer Bürger in Amerika gelebt hatte, um die amerikanische Staatsbürgerschaft, und zum Problem wurde der zweifelhafte Umstand, daß er im Geheimdienst einer fremden Macht gearbeitet hatte – wobei die fremde Macht Englands Verbündeter war, die Vereinigten Staaten.

Der Krieg in Europa ging zu Ende, aber er kam nicht zurück. Ich erinnere mich, daß ich damals zum erstenmal verstand, daß es in Wirklichkeit zwei Kriege gab, daß Europa und Asien zwei verschiedene Schauplätze waren. Ansonsten war mir der ganze Krieg ziemlich fern, lauter unbekannte Namen. Ich weiß noch, wie ernsthaft der Cloverly-Haushalt Obst und Gemüse anbaute und einmachte, Verpflegungsmarken zählte, Blechbüchsen aufhob. Mittags pflegte sich der ganze Haushalt um ein klobiges Radio an einem Ende des Eßtischs zu versammeln und den Nachrichten zu lauschen. Roosevelt starb, und wir erlebten, wie fremde Menschen auf der Straße weinten. 1945 wurde die erste Atombombe über Hiroshima gezündet, und wir Kinder wußten etwas davon, denn als man uns in der Vorschule aufforderte, Bilder von der Bombe zu zeichnen, malte ich eine ganze Serie, von verschiedenen Standpunkten aus, einschließlich eines Bildes vom Boden aus, vor der Explosion: «So sieht sie aus, bevor sie losgeht, aber in einer Minute lebt hier keiner mehr, der etwas sehen kann.»

Aber es dauerte noch lange in jenem Jahr der Paraden und Triumphe, bis Gregory wieder in New York war, und keiner konnte genau vorhersagen, wann er ankommen würde. Endlich brachte ihn meine Mutter eines Tages zu meiner Schule. Ich war gerade außerhalb meines Klassenzimmers, um Wasser für die Pflanzen zu holen, und ich rannte den Korridor entlang auf sie zu, ganz stolz auf meine Aufgabe. So enorm war der Größenunterschied zwischen ihnen und so unerreichbar die Höhe meines Vaters für eine Fünfjährige, daß ich mich nur undeutlich an Hosen, einen Regenmantel erinnere – «Chook, siehst du, wer hier ist?» –, und meine Augen wanderten aufwärts, bis ich vor Entzücken aufschrie.

Am Weihnachtsfest nach Gregorys Rückkehr aus dem Pazifik, dem ersten Friedensweihnachten, gab es immer noch Dinge, die knapp waren, aber zugleich war es eine Blütezeit für Phantasie und Findigkeit. Neuartiger Christbaumschmuck tauchte in den Geschäften auf, Ornamente aus Spiegelstückchen, viele Engel. Gregory befestigte unseren drei Meter hohen Christbaum an den prächtigen Stuckverzierungen der hohen Decke und am Fensterrahmen und verbrachte dann Stunden damit, herauszufinden, welche der farbigen, in Serienschaltung funktionierenden Birnen durchgebrannt waren. Vor jede Birne spannte er einen Filter aus Engelhaar (damals zum erstenmal auf dem Markt und vermutlich ein Nebenprodukt militärischer Erfindungen), und vor den Stern auf der Baumspitze setzte er einen Holzengel. Er ist aus weiß angemaltem Holz – wir haben ihn immer noch – und ist mit meinem Mann und mir um die Welt gereist, zusammen mit den anderen, sorgfältig gehüteten Neuheiten der Nachkriegszeit und mit dem Baumschmuck, der noch aus der Kindheit meiner Mutter stammt – einer Porzellanpuppe mit einem weißen Pelzkörper, einem Rotkehlchen, Wiener Miniaturmusikinstrumenten. Nach stundenlanger Arbeit an diesem Baum und nachdem er sich vergewissert hatte, daß ein weißes Licht am Fuß des Engels brannte, brach mein Vater vorsichtig und präzise eine silberne Glaskugel seitlich auf und setzte die Halbkugel so über die Birne, daß das Licht in das Gesicht des Engels hinaufgelenkt wurde. An zwei Weihnachten hat er das gemacht? An drei?

Nach Gregorys Rückkehr lebten wir nur noch ungefähr ein Jahr zusammen. In diesem Winter gab es noch viel Unerledigtes aus den Kriegsjahren, das beide zum Reisen zwang, so daß ich nur eine sehr vage Vorstellung von uns dreien in der Perry Street habe. Ich schlief wohl noch eine Zeitlang weiterhin oben in dem großen Spielzimmer der Franks. Meine wirklichen Erinnerungen an unser Zusammenleben beginnen im Sommer 1946, als meine Eltern etwa eine halbe Meile von den Franks entfernt ein Haus namens Briarfield mieteten, wo wir zusammen den Sommer verbrachten. Ich war sechs Jahre alt.

Mein Vater war entsetzt, als er entdeckte, daß ich kaum lesen konnte. Er machte sich daran, es mir beizubringen; wir saßen auf der Veranda, und ich buchstabierte die Wörter von ‹*The King of the Golden River*› – langsam Silbe für Silbe. Erbost zog er eines Tages ein Exemplar von ‹*Naven*› aus dem Bücherschrank – das war sein eigenes Buch über Neuguinea – und deutete auf seinen Namen auf dem Einband, und ich konnte nicht einmal «Gregory» buchstabieren, bis ich «Bateson» sah. «Was bringt man denn eigentlich diesen Kindern in der Schule bei?» ist eine uralte Bemerkung englischer Väter, die er in den folgenden Jahren immer wieder machte und mit der er seine Skepsis gegenüber dem amerikanischen Bildungssystem ausdrückte. Am Ende ließ er seine zweite Tochter, meine Halbschwester Nora, für mehrere Jahre ganz von der Grundschule wegbleiben.

Im gleichen Sommer machte er sich auch daran, mir ein wenig Naturgeschichte beizubringen, denn er hatte als Junge viel Zeit mit Insekten- und Schmetterlingssammeln verbracht. Er kaufte ein Mikroskop und ein Teleskop, und wir schauten stundenlang durch beide. Wir zogen zusammen los und sammelten alle möglichen Kreaturen aus dem See und dem Sumpfgebiet auf der anderen Seite und brachten sie in Gläsern mit nach Hause. Wir führten einfache Experimente durch, stellten zum Beispiel verschiedene Pflanzen und Gemüse in Tinte oder ließen leichte und schwere Objekte aus dem oberen Fenster fallen. Mir scheint, daß er viel Intellekt und Phantasie einsetzte, um die Entdeckungspfade anzulegen, auf die er mich führen wollte, während ich die Freude des Zusammenseins mit ihm wiederentdeckte.

Meine Eltern liebten es, einander laut vorzulesen, und besonders gern Gedichte. Dieser Sommer hallte wieder von ‹*The Rime of the Ancient Mariner*› und Walter de la Mares Beschreibung, wie er als Junge die Lyrik entdeckte. In meiner Erinnerung bleibt das Gewirr von Traum und Alptraum in diesem Gedicht neben den Bildern des kurzen Familienintermezzos wie eine sonnendurchflutete Idylle bestehen.

Briarfield ist ein altes Haus mit hohen Ziegelschornsteinen und großen Tannen dahinter. Es gab da einen ziemlich konventionellen Salon mit steifen viktorianischen Möbeln und einer Doppeltüröffnung mit Vorhang an einem Ende wie im Theater. Es entwickelte sich das Projekt, Shakespeare-Szenen aufzuführen, die Einsichten der zeitgenössischen Psychiatrie vorwegzunehmen schienen, die für andere Sozialwissenschaftler noch neu und aufregend waren. Onkel Larry und meine Mutter spielten nicht, sondern übernahmen die Regie. Doch während der Aufführung führten sie einen Dialog, in dem sie die ganze Angelegenheit kommentierten. Wie ich das sah, *saßen* sie da und *redeten*, genauso wie in einem Dutzend der nachfolgenden Sommer, in denen sie um sechs aufstanden und auf der langen Veranda von Cloverly stundenlang im Schaukelstuhl saßen. Gregory spielte Hamlet mit Tante Mary als vergnügter Ophelia, und als Gertrude wirkte Larrys Tochter Barbie um Jahre älter als ihre Stiefmutter. Die Hauptbetonung bei der Wahl der Szenen aus ‹*Hamlet*› lag auf dem Ödipalen, aber wir hatten auch Ophelias Wahnsinnsszene dabei, und in einem Gutteil der Gespräche in diesem Sommer muß es um Schizophrenie gegangen sein, denn die Arbeit meiner Eltern in Bali war von einer Stiftung für das Studium von *dementia praecox* subventioniert worden. Und wirklich, «In seinem Wahnsinn ist Methode» darf wohl als Motto für Gregorys spätere Schizophrenieforschung betrachtet werden. Wir bekamen auch die Schlafwandlerszene aus ‹*Macbeth*› geboten, in der Alan, eines der älteren Frankschen Kinder, den Arzt spielte. Alan wollte Medizin studieren und wurde schließlich Psychiater. Dann spielten Alan und seine Freundin die Balkonszene, vielleicht, weil sie zu den Theorien der Semantiker damals paßte; vielleicht, weil sich zu verlieben auch eine Art von Wahnsinn ist, ein Teil der sanften Bitterkeit des Erwachsenwerdens; vielleicht einfach, um ein verliebtes Paar mit hineinzuweben – in Cloverly gab es immer irgendwo ein verliebtes Paar. Wir hatten auch Szenen aus ‹*Twelfth Night*›, aber seltsamerweise weder aus dem ‹*Sturm*› noch aus ‹*King Lear*›.

Wochenlang gab es um uns herum einen Wirbel von Proben und Arbeit an den Kostümen. Colin Frank und ich waren zu klein, um mitzumachen, aber wir schauten fasziniert zu und lernten, wie man steife elisabethanische Halskrausen macht. Wir bastelten eine für einen Gummihund, mit dem wir spielten, während eine wesentlich elegantere für Malvolio genäht wurde. Margaret ärgerte sich während der Proben, wenn Gregory Shakespeares Worte änderte und dabei versicherte, die Bedeutung bliebe doch unverändert. Als es am Tag der Aufführung eine Verzögerung gab, ging ich mit meiner Freundin Martha Ullman hinein – wir waren als Zigeunerinnen verkleidet und sollten als Platzanweiserinnen fungieren –, und wir rezitierten einige Passagen für das unruhige Publikum.

In ‹*Brombeerblüten im Winter*› beschreibt Margaret die Amateuraufführungen, die sie als Kind organisierte, sagt aber auch von gelegentlichen Erfahrungen in verschiedenen Schulen: «In allen Schulen, die ich bis dahin besucht hatte, hatte ich das Gefühl, ich nähme irgendwie an einer Theateraufführung teil, in der ich eine Rolle zu spielen hatte und Schauspieler für die anderen Rollen finden mußte» – eine beste Freundin, einen Jungen zum Verlieben und eine Lehrerin, an die sie sich anhängen konnte. Cloverly war eine Bühne, und dort und anderswo erreichte Larry Frank eine ganz besondere Größe als Schöpfer vielfältig zusammengesetzter Gruppen, die gemeinsam arbeiten und spielen konnten. Die Zusammenstellung von Gruppen, in denen Einsichten einander ergänzten, wurde ein Thema im Leben meiner Eltern.

Larry arbeitete gern mit den Händen und verbrachte täglich mehrere Stunden mit Gartenarbeit. Er interessierte sich immer für neue Techniken und Maschinen. Im Haushalt wie in anderen Gruppen habe ich ihn immer als Gärtner oder Verwalter empfunden, und sein Gesundheitsbewußtsein war allumfassend. Als einer der ersten Sozialwissenschaftler, die sich für Ernährung interessierten, stellte er jeden Tag für jedes Familienmitglied einen Satz Vitamine zusammen. Die bunten Pillen erschienen in kleinen farbigen Glasschälchen an jedem Platz des Frühstückstisches – drei Generationen lang. Im Sommer 1946 soll ich mir eines Tages den nackten Fuß verletzt haben, als ich den Weg zwischen Cloverly und Briarfield entlanglief. Einer der Erwachsenen, der damals bei mir war, schätzte, daß wir etwa in der Mitte zwischen den Häusern waren, und fragte, wohin ich gehen wollte, und nach kurzem Nachdenken meinte ich:

«Daddy versteht was von der Natur, aber Onkel Larry ist bei Verletzungen besser.»

Wir gaben in diesem Sommer auch eine Cocktailparty. Das gehörte zum Stil der unmittelbaren Nachkriegsjahre und war etwas ganz anderes als die Parties bei den Franks in New Hampshire, große Square Dances und Picknicks, auf denen alle Generationen zusammen waren. Meine Mutter und ich verbrachten einen ganzen Tag damit, Appetithäppchen vorzubereiten, und wir dekorierten jede Platte mit Tieren, die wir aus Früchten, Gemüse und Zahnstochern gefertigt hatten, wie die kunstvollen Opfergaben aus Nahrungsmitteln, die die Balinesen ihren Göttern darbieten. Wenn ich mir vorstellen will, daß meine Mutter Dinge aus anderem Material als Wörtern macht, dann denke ich an Nahrungsmittel und Stricken. Und doch weiß ich, daß sie mit den jungen Mädchen auf Samoa Körbe und Grasröcke flechten lernte, daß Ethnographie alle möglichen Handfertigkeiten verlangt, und in *‹Brombeerblüten im Winter›* macht sie deutlich, daß Fertigkeiten in verschiedenen Kunsthandwerken in den Vorstellungen ihrer Familie von Erziehung hoch rangierte. Als ich klein war, besaß sie nur wenige solcher Fertigkeiten. Sie konnte kaum eine Nadel einfädeln, und in späteren Jahren sorgte Tante Marie immer dafür, daß im Nähkasten stets ein Vorrat an bereits eingefädelten Nadeln zu finden war – für den Notfall.

Margaret war sehr wählerisch, wenn es ums Mitmachen ging. Fast ihre einzige körperliche Aktivität war, ein bißchen spazierenzugehen (aber nicht Wandern) und träumerisch mit einem Balsabrett oder in einem Autoreifen auf dem Wasser zu schweben, aber schwimmen konnte sie nicht. (Später, als es dringend notwendig wurde, daß sie sich irgendwie körperlich ein wenig betätigte, konnte sie sich dafür nur mit komplizierten Vernunftgründen und gleichzeitiger geistiger Beschäftigung interessieren.) Während andere Square Dance tanzten oder Tennis oder Krocket spielten, war sie also Zuschauerin, im Kanu oder Ruderboot, das zum Picknick auf die Insel übersetzte, war sie Passagier.

Es gab eine ganze Reihe von Aktivitäten, in denen sie meinte, nichts Außergewöhnliches leisten zu können, und von denen sie sich zurückgezogen hatte, und obwohl sie als Kind Zeichenunterricht gehabt hatte, konnte ich sie nie dazu kriegen, etwas für mich zu zeichnen. Auch andere Dinge waren langweilig für sie, und dazu gehörten alle Brett- und Kartenspiele. Außerdem hatte sie aus strategischen Gründen entschieden, sie könne nicht Bridge spielen – dadurch konnte sie ihre Teilnahme am gesellschaftlichen Leben der Kolonialverwaltungen in Übersee begrenzt halten. Sie verweigerte alle Spiele, die der Phantasie keinen freien Lauf ließen, aber sie besaß ein wundervolles Talent dafür, Spiele zu erfinden, die alle Möglichkeiten offenhielten und ganz unterschiedliche Teilnahmemöglichkeiten anboten.

So kam es, daß ich als Kind Margaret, Larry Frank und Ruth Benedict als Mitglieder der gleichen Generation sah, als Choreographen, und Tante Mary und meinen Vater als eine andere, jüngere Generation, die noch tanzte, obwohl meine Mutter und mein Vater nur knapp drei Jahre auseinander waren. Mein Vater ging irgendwohin mit mir, in die Wälder und die Sümpfe, während meine Mutter normalerweise dasaß. Während dieser Zeit sagte ich einmal zu einem Erwachsenen, der es dann weitersagte: «Meine arme Mammi, sie ist so klein und so alt.» Zur gleichen Zeit – wovon ich freilich nichts ahnte – empfand Gregory langsam immer stärker, daß er Margaret würde verlassen müssen, wenn er mit seinem eigenen Leben weiterkommen wollte, und brachte in seine Konflikte mit ihr einen ganzen Hort voll Feindseligkeiten gegen seine Mutter ein. Er hatte die Erfahrung, das jüngste Kind in seiner Familie zu sein, in die Ehe gebracht, während meine Mutter zeitlebens wie das verantwortungsbewußte älteste Kind empfand und handelte.

Was für Spiele wurden gespielt? «Zwanzig Fragen» assoziierte ich mit meinem Vater – ein Spiel, in dem binäre Unterscheidungen der Schlüssel waren. Wir begannen nicht mit «Tier, Mineral oder Pflanze» (eine sehr unbefriedigende Unterteilung), sondern mit «abstrakt oder konkret». Für die Kinder waren die Antworten manchmal konkret, doch für die Erwachsenen gewöhnlich abstrakt: morgen früh, der Unterschied zwischen Wahrheit und Schönheit, das Über-Ich. Unter diesen Umständen war es ziemlich sinnlos, Fragen zu zählen; man focht einfach gegen einen Standard logischer Eleganz bei der Unterteilung des Universums der Möglichkeiten und erklärte in den Pausen den Kindern die Mathematik, die solches ermöglichte.

Ein anderes großartiges Spiel hieß Konversation. Zwei Spieler wurden aus dem Zimmer geschickt, und jedem wurde heimlich ein Satz zugeteilt, den er oder sie im Lauf der Konversation anbringen mußte. Die Regeln verlangten jedoch eine Einführung, die sich auf ein drittes Thema bezog, worauf eine logische, höfliche und wirklich interessante Konversation zu folgen hatte. Ich erinnere mich an zwei Psychoanalytiker, die gegeneinander ins Feld geschickt wurden. Einer von ihnen mußte fragen: «Haben Sie jemals eine australische Stafetten-Ringer-Mannschaft gesehen?» Und der andere: «Meinen Sie nicht, daß Männer besser stricken als Frauen?» Nachdem sie einander als Kollegen vorgestellt worden waren, ließ einer eine Diskussion darüber vom Stapel, was es bedeuten würde, wenn man zwei sich abwechselnde Analytiker hätte, während der andere auf einen Analytiker zu sprechen kam, der während der Sitzungen strickte.

Das Cloverly-Spiel *par excellence* war Scharaden. Bei uns waren das regelrechte Aufführungen, Theaterstücke mit Dialogen und Kostümen und Requisiten. Jede Scharade bestand aus einem mehrsilbigen Wort, das Silbe für Silbe und dann als Ganzes dargestellt wurde, aber die Regeln verlangten, daß die Serie von Szenen sich zu einer zusammenhängenden Erzählung mit gleichbleibenden handelnden Personen zusammenfügte. Die Erwachsenen waren damit beschäftigt, sich komplizierte Ideen auszudenken, während die Kinder und Jugendlichen den größten Teil der Darstellung übernahmen. Einmal spielten Colin und ich Adam und Eva, wobei ich, als Sechsjährige, splitternackt auftrat, der fünfjährige Colin es jedoch vorzog, in der Badehose zu erscheinen. Auf diese Weise konnten wir kaum drei Scharaden an einem Abend bewältigen. Auch als Lehrer dachten sich Gregory und Margaret gern Prüfungen nach dem Muster der Integration von Unterschiedlichem aus, bei der mehrere Fragen in einem einzigen Aufsatz behandelt werden mußten.

Mein Vater, der während des Krieges Auto fahren gelernt hatte, machte in diesem Sommer seinen Führerschein; fast immer fuhr Mary, und Larry und meine Mutter lernten nie Auto fahren. Die Franks besaßen einen Model A Ford, Bluey genannt, mit der echten klassischen UUgah-Hupe, und wenn das Verdeck runter war, schien er sich auszudehnen wie eine Illustration zu ‹*Im Dutzend billiger›*, ein Buch, das die Cloverly-Familie mit viel Vergnügen und einigem Wiedererkennen las. Meine Mutter hatte einmal fahren gelernt, es aber nach einem kleinen Unfall für immer gelassen.

1934 hatte Larrys erster großer interdisziplinärer Kongreß in Hanover stattgefunden. In den folgenden Jahren machte er Cloverly zum Zentrum einer Gemeinschaft von Sozialwissenschaftlern, die in der Nähe gemietet oder gebaut hatten. Nachdem Margaret und Gregory sich getrennt hatten, verbrachte ich jeden Sommer einige Monate in Cloverly, während meine Mutter kam und ging, ihre Tage im Gespräch mit Larry oder in einem kleinen Blockhaus am See an der Schreibmaschine verbrachte, gerade weit genug vom Anlegeplatz entfernt, um ungestört arbeiten zu können. Zum Lebensstil der damaligen Zeit gehörte es – wenn man es sich leisten konnte –, in der City zu leben und sich im Sommer vor der Hitze und den Polioepidemien aufs Land zu verziehen. Jedes Jahr gab es eine Massenflucht mit einer achtstündigen Eisenbahnfahrt, durch Umsteigen in Boston unterbrochen.

Es gab viele berühmte Namen unter den Besuchern, die sich in jenen Jahren in Cloverly einfanden, aber erst als ich auf dem College ihre Werke las, wurde mir langsam klar, wer sie eigentlich waren, und das, woran ich mich am besten erinnerte, ist nicht das, was sie berühmt machte. Die Psychologen Gardner und Lois Murphy beispielsweise bauten sich ein Haus in der Nähe, nachdem sie lange in der Gegend gemietet hatten, und wir kamen alle zusammen, als das Land gerodet war, und stiegen auf den Hügel hinter dem Haus, um einen uralten «Wunschbaum» zu sehen. Da ihr Grundstück nicht an den See angrenzte, schlüpften sie durch den Cloverly-Garten, wenn sie abends zur Anlegestelle wollten, um mit dem Kanu hinauszufahren. Norbert Wiener, Vater der Kybernetik, kam häufig vorbei, rauchte übelriechende Zigarren und überschüttete Larry oder Margaret mit seinen neuesten Ideen, ohne freilich an ihren Erwiderungen sonderlich interessiert zu sein. Ruth Benedict kam, ebenso wie Erik und Joan Erikson. Viele von ihnen hatten heranwachsende Söhne und Töchter, die ein paar Jahre älter waren als Colin und ich, und einige waren freundlich zu kleinen Kindern – andere intolerant. Viele aus dieser älteren Generation sind jetzt tot. Wenn ich an Robert und Helen Lynd, die Autoren von *‹Middletown›*, denke, deren Teenagersohn Staughton mein «fahrender Ritter» war – damals war ich sechs –, dann fällt mir vor allem das Lied über ein Picknick der Tiere ein, das Bob am Ende eines langen Abends am Lagerfeuer zu singen pflegte:

*Come jine the huckleberry picnic*
*That's gonna take place today.*
*I'ze on a committee to invite you all,*
*But I ain't got long to stay.*

*Kommt und macht mit beim Heidelbeerpicknick,*
*das heute stattfindet.*
*Ich gehöre zum Komitee, das euch alle einladen läßt,*
*aber ich kann nicht lang bleiben.*

# 4

# «Daddy, bring mir was bei»

Nach dem Sommer in Briarfield zog sich Gregory aus dem Haushalt in der Perry Street zurück, zuerst in eine geborgte Wohnung und dann nach Staten Island. Er holte mich immer in Tante Maries Wohnung ab, und dann nahmen wir die Fähre zur Insel. Margaret bemühte sich, jede Situation zu vermeiden, in der ich Konflikte zwischen ihnen sehen oder etwas von dem Zerfall der Ehe oder von der Affäre, die er mit einer Tänzerin hatte, ahnen könnte. Ja, sie ließ sogar Tante Marie ziemlich lange über die Verschlechterung in ihrer Beziehung im dunkeln, damit ich nicht durch sie etwas davon zu spüren bekäme. Manchmal, wenn sie über irgendein Ereignis sprach, brach plötzlich ihre Stimme; ich schoß durchs Zimmer, und da schaute sie durch eines der hohen Fenster, um nicht zu zeigen, daß sie den Tränen nahe war. Gregory und ich machten lange Spaziergänge am Ufer. Ich weiß nicht, ob die Trübseligkeit in meiner Erinnerung von seiner Depression kommt oder ob ich auf die Kahlheit dieser Strände im Winter reagierte, jedenfalls habe ich sie grau und leblos im Gedächtnis.

Anscheinend war es Margaret, die Gregory dazu überredete, ihre gemeinsame Freundin, die Analytikerin (und Jungianerin) Elisabeth Hellersberg aufzusuchen, und nach einer gewissen Zeit der Gespräche zu dritt überredete diese wiederum Margaret, bei einem anderen Analytiker Unterstützung zu suchen, solange die Situation andauerte. Doch Margarets Bemühungen, bei den Veränderungen in Gregorys Leben Hilfestellung zu leisten, erschienen ihm wie ein ständiges Bemühen, zu dominieren und manipulieren. Obwohl er hier und da als Gastdozent auftrat, war er in dieser Periode vor allem mit zwei Dingen beschäftigt – mit seinen täglichen Analysestunden und mit der Nachkriegsentwicklung von Kybernetik und Informationstheorie, wobei er Ideen, an denen er vor dem Krieg gearbeitet hatte, mit einbrachte. Beides kombinierte er und fand so intellektuell zu einer Übergangsphase, denn das erste neue Forschungsgebiet, mit dem er sich befaßte, war das Studium psychiatrischer Kommunikation, und dies wiederum führte zu seinen späteren Arbeiten über die Schizophrenie.

Margaret und Gregory engagierten sich beide stark bei den Kongressen über Kybernetik und Gruppenprozesse, die von der Macy-Stiftung gefördert wurden, und sie arbeiteten dort und anderswo beruflich weiterhin zusammen. Als Kind war ich mir dieser Aktivitäten kaum bewußt. Ich erinnere mich an unsere Spaziergänge und die Tatsache, daß er mir einen großen braunen Hufeisenkrebs schenkte, den er am Strand gefangen und für mich hatte präparieren lassen, und für mein erstes eigenes Zimmer einen Druck mit Picassos ‹*Jungem Clown*›. 1949 zog Gregory nach Kalifornien, um mit Jurgen Ruesch zu arbeiten, und daraus ging schließlich ihr Buch ‹*Communication, the Social Matrix of Psychiatry*› hervor.

Ich bin oft hingeflogen, um ihn in seiner Junggesellenbude zu besuchen. Er wußte nicht recht, was er in San Francisco mit einem kleinen Mädchen anfangen sollte, und ging mit mir in Restaurants und Vergnügungsparks. Ich war erstaunt über die Unordnung, in der er lebte – Berge von unbeantworteter Post und eine einzige Bratpfanne, in der alles gekocht wurde und alles ein bißchen nach allem anderen schmeckte. Die meiste Zeit verbrachten wir zu zweit, aber es gab auch einige Jahre, in denen ich an einem Ferienlager in Marin County teilnahm, und dann kam er mit, wenn wir eine lange Wanderung unternahmen. Manchmal besuchten wir seine Freunde und Leute, mit denen er arbeitete – Joe und Janie Wheelwright, Erik und Joan Erikson –, und gelegentlich fanden sich auch Kinder, mit denen ich spielen konnte, aber ich hatte in diesen Zeiten des Gefühl, tagelang mit ihm allein zu sein – ohne einen Dritten, ohne eine Struktur, einen Haushaltsrhythmus, der den Tag bestimmte.

Nach ein, zwei Tagen machten wir Pläne und Einkaufslisten auf der Rückseite eines alten Briefumschlags, packten den Kofferraum seines alten Mercury-Cabrios und machten uns auf den Weg in die

Sierras. Wir besaßen nur eine dürftige Ausrüstung, ein kleines Zelt, falls es regnen sollte, einen Campingherd, der mit Karbid funktionierte, und Schlafsäcke, die auf einer Plane auf der Erde ausgerollt wurden – zwei für ihn, mit Reißverschlüssen verbunden.

Das unlösbare Problem war mein Haar, das ich an den Seiten eingerollt und in langen Zöpfen trug – fast lang genug, um darauf zu sitzen. Niemand hatte mir beigebracht, allein damit umzugehen, und meine Mutter oder sonst irgend jemand war immer da, um es zu flechten. Tante Marie kämmte es nach dem Waschen aus, bis ich es als Elfjährige geschnitten bekam. Damals gab es nicht die Spülmittel, die wir heute haben, und mein Haar war fein und ständig verheddert. Bei meiner Mutter dauerte das Kämmen jeden Morgen zwanzig Minuten, und das war die intimste Zeit des Tages für uns. Sie hatte dafür eigens einen Hocker, auf dem ich am Fußende ihres Bettes saß, und ich verglich jede Verhedderung und jedes Ziepen mit einem Tier entsprechender Größe und Wildheit: «Autsch, das war ein Nilpferd!» – «Tut mir leid, Darling.» – «Okay, Mammi, das da war bloß ein Waldmurmeltier.» Mein Vater versuchte es und gab auf, denn die Zöpfe, die er flocht, hätten kaum einen halben Tag gehalten. Statt dessen ließen wir das Haar einfach eine Woche lang geflochten, während wir zelteten, bis es nach und nach zu einem verknäuelten Heiligenschein um meinen Kopf wurde, und dann kam der Tag der Abrechnung, an dem er mich zum Waschen und Kämmen zum Friseur brachte.

Wir fuhren, und ich sang Lieder, die ich in der Schule gelernt, und Lieder, die ich mir selbst ausgedacht hatte. Von meiner ersten Kalifornienreise kam ich mit einem vielstrophigen Lied nach Hause:

*We'll not be together in the mountains,*
*Nor in the forests you fear,*
*We'll not be together in the desert,*
*But we'll be together here.*

Wir werden nicht in den Bergen zusammen sein,
noch in den Wäldern, fürchtest du.
Wir werden auch in der Wüste nicht zusammen sein,
aber hier werden wir zusammen sein.

Ich ließ die Orte wechseln, behielt aber immer den gleichen Rahmen bei, und meine Mutter weinte, als ich es ihr für das Sammelheft mit meinen Gedichten diktierte, und ich schaute sie erstaunt an und sagte: «Aber es heißt doch, wir *werden* zusammen sein.» Gregory sang manchmal Kirchenlieder, schrecklich falsch, *‹Rock of Ages›* oder *‹Jerusalem›*. In den ersten Jahren hatte ich immer einen Vorrat an Comics dabei, aber er reagierte regelrecht allergisch auf die Vorstellung, daß ich da sitzen und sie lesen könnte, und schließlich ließ ich es bleiben.

Manchmal kampierten wir mehrere Tage lang an einer Stelle, und dann betrieben wir Naturgeschichte. Wir fanden einen Seitenweg, von dem viele Trampelpfade abzweigten, machten einen Köder aus Speck oder Sardinen und zogen ihn vielleicht eine Meile die Pfade entlang, in der Hoffnung, nächtliche Besucher anzulocken; dann setzten wir angeleinte Köder aus und saßen fast die ganze Nacht wach im Auto, mit einer Thermosflasche voll heißer Suppe, bereit, die Scheinwerfer anzustellen oder die Blitzlichtkamera auszulösen, sobald etwas an der Strippe zog. Wir vertieften uns in ein Buch über die Säugetiere Kaliforniens und wünschten uns sehnlichst, ein getüpfeltes Stinktier zu Gesicht zu bekommen, eines von der Art, die einen Paarungstanz auf den Vorderläufen ausführt, aber wir hatten kein Glück. Wir fuhren in ein Salzmarsch-Gebiet an der Küste und saßen den ganzen Tag lang mit einer Kamera im Versteck und fotografierten die Wasservögel, und in Monterey beobachteten wir stundenlang die Seeotter.

Ziemlich zu Beginn dieser Periode begann Gregory sich für das Wesen des Spiels zu interessieren und filmte die Otter im Zoo von San Francisco, wie sie ihre Verspieltheit wiedergewannen und dann verloren. Die intellektuelle Frage war die nach der Metabotschaft – dem Signal, das ein bestimmtes Segment kommunikativen Verhaltens als «Spiel» oder «Werben» oder «Drohung» erkennbar macht, obwohl die Verhaltensmuster sich kaum voneinander unterscheiden. Wir streiften die Küste auf und ab auf der Suche nach Tätigkeiten, die möglicherweise die Metabotschaften «Liebe» und «Nähe» transportieren könnten. Den Geschmack der Mahlzeiten, die wir improvisierten, habe ich noch immer im Mund – ein Laib Sauerteigbrot, italienische Salami, mit einem Jagdmesser in grobe Scheiben geschnitten, vom Liegen im Auto weich gewordene Butter und scharf riechender Käse, auf ein paar Blättern Zeitungspapier neben der Straße ausgebreitet. Gregory war ein passionierter Beobachter von Pflanzen, aber als Nahrungsmittel waren sie weniger sein Fall.

Manchmal fingen wir auf dem Campingplatz eines Naturschutzparkes ein Gespräch an; irgend jemand fragte und fand heraus, daß er Anthropologe war, und fing sofort an, über meine Mutter zu sprechen, die einzige Anthropologin, von der er gehört hatte – mit Feindseligkeit ebensooft wie mit Bewunderung. Ich weiß noch, wie ich ihn neben mir mit der Frage ringen spürte, ob und wie er die Verbindung bestätigen sollte und wann wir wohl entkommen konnten. Einmal machten wir in Nevada gleich hinter der Grenze an einem Platz Halt, der wie ein Jahrmarkt aussah, aber nur aus Glücksspielbuden bestand. Er ließ sich zu einem Spiel beschwatzen und konnte natürlich nicht aufhören, bis er das ganze Geld, das er für die Reise mitgebracht hatte, verloren hatte, und so mußten wir in die Stadt zurückfahren. Unterwegs analysierte er dann Psychologie und Mathematik des Spiels. Einmal, als wir von den Sierras herunter ins Tal kamen, gab mir das Flachland ein sehr unbehagliches Gefühl, und wir fuhren die ganze Nacht durch, bis wir wieder an die Küste kamen, wo das Land uns irgendwie vertrauter war. Wir fühlten uns am wohlsten, wenn wir einen Bogen um die «Zivilisation» machten und ein schmales Plätzchen und eine Art des Zusammenseins miteinander teilten, deren Schlüsselworte «bring mir was bei» oder «laß uns ein bißchen Naturgeschichte machen» waren.

Für ihn war Naturgeschichte das beste Beispiel für die Art und Weise, in der Erwachsene und Kinder miteinander reden konnten: indem sie sich zwischen der fesselnden Realität und der abstrakten Ordnung der biologischen Welt bewegten. Aber er sprach auch über andere Dinge. In einem Jahr besuchten wir eine Aufführung von ‹*König Ödipus*›, und ich weiß noch, wie er vorher über den mythologischen Hintergrund, die Geschichte des Tiresias sprach, der in eine Frau verwandelt wurde, weil er zwei kopulierende Schlangen getötet hatte, und der später für dieselbe Tat wieder in einen Mann verwandelt wurde. Danach wurde Tiresias von Hera zur Strafe geblendet – als sie und Zeus darüber stritten, ob Sex für den Mann oder für die Frau besser sei –, weil er (aus seiner Erfahrung schöpfend) zu Heras Zorn enthüllte, daß es für die Frau besser sei.

Als ich Gregory meine Gedichte zeigte, war er gleichgültig oder kritisch, und später ignorierte er einfach die Teile meiner Arbeit, die nicht mit seiner eigenen in Beziehung standen, in der Annahme, die daß ich früher oder später schon einsehen würde, wie uninteressant das alles war, und mich mit den wirklich wichtigen Dingen, den Abstraktionen, beschäftigen würde. Nachdem sie verheiratet waren, hatte Margaret gelegentlich noch Gedichte geschrieben, obwohl sie dabei nicht mehr an eine mögliche Veröffentlichung dachte, und sie sagte, daß es seine Einstellung war, die den Impuls in ihr schließlich abgetötet habe. Er drillte mich im Einmaleins, und wir spielten stundenlang seine Version von «Zwanzig Fragen», wobei wir die Denkfiguren analysierten.

Er war ein Genie im Aufspüren von Kreaturen. Im Wald konnte er ein loses Stück Borke an einem abgestorbenen Baum sehen, hineingreifen und eine Fledermaus finden – mit einem winzigen, wilden Gesicht, für den Tag zum Schlafen zusammengekuschelt. Ich lernte, sie in der Hand zu halten, ihre kleinen, hartnäckigen Klauen zu prüfen und aufzupassen, daß sie nicht von der Handkante losflogen. Wir fingen Schlangen, packten sie hinter dem Kopf, während sich ihre trockenen, biegsamen Körper um Hand und Handgelenk ringelten. Das Gefühl eines Schlangenkörpers bedeutet immer noch Liebe für mich, es wird mir ganz warm ums Herz, und ich möchte dieses Wunder mit meiner Tochter teilen. Einmal kam ein Bär mit Plünderungsabsichten an unser Camp, und ich hielt ihn davon ab, indem ich laut schrie und mit dem Wagenheber auf eine Bratpfanne schlug, bis alles in unseren Wagen geladen war und die eiserne Bratpfanne in der Mitte durchbrach. Gregory rollte alte Baumstämme um und fand die Schnecken und Käfer, die darunter verborgen waren, und am Strand schob er Steine in den Prielen zur Seite, um die kleinen Krebse davonflitzen zu sehen, und dann legte er die Steine sorgfältig wieder an ihren Platz.

Ein Jahr vor seinem Tod, als ich schon lange erwachsen war, nahmen wir beide an einem Programm der Menninger-Stiftung in Topeka teil. Da war eine Studentin, die sich mit der Ökologie der Prärie beschäftigte, und sie lud uns eines Tages ein, mit ihr zu einem der wenigen Naturschutzgebiete zu kommen, in denen noch das Hochgras der Prärie wächst, dieses Gras, das sich Hunderte von Meilen über die Mitte des Landes zog, so hoch, daß es bis an die

Pferdebäuche reichte, bevor es untergepflügt und durch Mais ersetzt wurde. Aus einem schrägen Winkel gesehen, hat das hohe, goldene Gras eine schimmernde Oberfläche wie sanft vom Wind bewegtes Wasser, aber man kann sich die Grashalme entlang durch die verschiedensten Schichten von Lebewesen hinunterarbeiten, ebenso wie man die Lebensschichten in einem Regenwald studieren kann, wenn man unter seinem Baldachin, die Baumstämme entlang, Orchideen und Bromeliaden betrachtet. Wir fanden ein zwei Fuß breites Spinnennetz, wo die Spinne die Grashalme ungefähr in der Mitte zurückgebunden hatte, um eine Art Schale zu formen, und dann ein Netz darüber gewebt hatte, in dessen Zentrum sie nun wartete, groß und gefleckt; und wir experimentierten ganz vorsichtig, um zu sehen, ob wir das Netz, ohne es zu zerreißen, vibrieren lassen konnten, so daß die Spinne dachte, sie hätte ein Opfer gefangen.

Wir sahen eine Feldmaus. Wir sahen eine Kröte. Wir betrachteten die Ameisenpfade ganz unten zwischen den Wurzeln. Und ich dachte an die Prinzessin Ozma von Oz, die das kleine Mädchen aus Kansas traf, als sie auf einem magischen grünen Teppich über die Tödliche Wüste reiste, einem Teppich, der sich von ihr aus- und hinter ihr wieder zusammenrollte – vielleicht das beste Symbol der ‹Streusandbüchse›, das es gibt, ein Symbol dafür, wie sehr die Farmer die Prärie als etwas Feindliches ansahen, das nur gepflügt und grün gemacht werden mußte, ohne ein Gespür für das Wunder des Lebens, das darin enthalten war.

Auf dieser Kansasreise sah ich zum erstenmal, wie Gregory ein neues Ökosystem betrat und es zu analysieren begann, die Vielfalt der Pflanzen und die Geometrie der sich minutiös unterscheidenden Nischen unter den Grashalmen untersuchte; aber das war etwas, was er eigentlich schon immer getan hatte, seitdem er als Student zu den Galapagos-Inseln gereist war, wo Darwin einige seiner zentralen Ideen entwickelt hatte.

Einmal waren in einem Nationalpark in der Nähe der Küste meine Halbschwester Nora und meine Tochter Vanni bei uns, zwei kleine Mädchen, die uns sehr frustrierten, weil sie sich viel mehr füreinander interessierten als für den Wald, den wir mit ihnen betrachten wollten. Wir begannen ein Gespräch über Animismus; er spielte mit den klassischen Ideen über die Beziehung zwischen verschiedenen primitiven Religionen und der Weise, in der Kinder die Natur wahrnehmen, und ich argumentierte, daß Kinder einen Großteil der Natur als leblosen Hintergrund sehen und daß man lernen muß, einem Baum oder Wald Leben zuzuschreiben – wobei ich mir immer deutlich bewußt war, wie anders als ich er, der in seiner englischen Kindheit botanisiert hatte, das pflanzliche Leben des Waldes sah.

Im Sommer 1950 kam Margaret nach Kalifornien, als ich auch da war, so daß sie und Gregory mir gemeinsam ihre Scheidungspläne erklären konnten. Wir machten ein Picknick in einem Landespark in Marin County, grillten Steaks, und dann präsentierten sie mir ihre Entscheidung als logische Konsequenz dessen, was in den vergangenen drei Jahren der Trennung ohnehin schon Realität geworden war. Margaret schrieb an Marie, daß ich mich auf den Boden legte und weinte. Ich erinnere mich, daß ich immer wieder versichert sein wollte, daß sie auch wirklich nicht miteinander böse wären, und fragte, ob es möglich sei, daß geschiedene Leute einander wieder heiraten. Und ich weiß noch, wie ich nach einiger Zeit mit ihnen durch die Redwood-Wälder wanderte und ein Radio spielen hörte, damals ein ungewöhnlicher Klang im Wald; ich hatte das Gefühl, daß dieser Park, in den mich meine Eltern zusammen mitnahmen, nicht der richtige Wald war, nicht die Art von Wald, in dem ich sonst mit Daddy wanderte.

Margarets Scheidungen wurden alle in Mexiko vollzogen, um die Scheidungsgesetze zu umgehen, die damals in den meisten Staaten Anklagen und Streitprozesse erforderten. Margaret war einigermaßen bitter über die Art, in der die Entscheidung herbeigeführt worden war, weil Gregory eines Tages abrupt angerufen hatte und so schnell wie möglich die Scheidung haben wollte, um wieder heiraten zu können. Vielleicht konnte er nur so eine Entscheidung erzwingen, da sie seinen Zorn ja als unwesentlich abtat. Später erzählte sie mir, daß er vor ihrer Eheschließung gesagt hatte: «Also vielleicht hält es fünf Jahre, aber wenn wir uns zur Scheidung entschließen, dann entscheiden wir das im Bett.» Es war dies Versprechen, daß die Beziehung bis zum Ende zärtlich sein würde – keine Treueerwartung –, das er gebrochen hatte. Die Regie danach und die Weise, in der es mir beigebracht wurde, trägt deutlich ihre Handschrift, und bis zum folgenden Winter hörte ich nichts über eine Wiederverheiratung. Sie wollte keine finanzielle Abfindung, da ihre eigene Karriere viel weiter fortgeschritten war als seine, aber klugerweise schlug ihr Rechtsanwalt doch vor, daß Gregory einen Teil seines väterlichen Erbes auf mich übertragen sollte, damit zwischen mir und eventuellen späteren Kindern keine Rivalität über eine Erbschaft aufkommen konnte.

Ich war elf, als Gregory seine zweite Frau, Betty Summer, heiratete. Zu Weihnachten fuhr ich nach Kalifornien auf Besuch, um sie kennenzulernen, und sie holten mich vom Flugplatz ab und brachten mich zu ihrem kleinen Haus am Rande von San Francisco. Im Auto bestürmte ich sie mit Fragen nach dem Haus: Wie viele Zimmer? Welche Farbe haben die Wände? Keiner konnte mir sagen, welche Farbe das Dach hatte, während ich mir in Gedanken ein Haus konstruierte, wie Kinder es zeichnen, mit spitzem Giebel, mit fröhlichen Farben. Und das Haus wirkte wirklich wie ein Muster jener Häuslichkeit, die man Amerikanern damals als beispielhaft vorhielt. Betty hatte zu Beginn der Zusammenarbeit zwischen Gregory und Jurgen Ruesch als Sekretärin gearbeitet, aber jetzt war sie ganz Hausfrau.

An jenem Tag war auch ein ganz junger Hund mit im Auto, und ich durfte seinen Namen wählen – Osiris, der ägyptische Totengott, über den wir gerade in der Schule lasen. Später wurde Rusty daraus, ein seltsamer Name für einen weißen Hund mit ein paar braunen Flecken, und der erste einer Reihe von Bateson-Hunden. Einen Hund halten – das konnte man, wenn man ein stabiles Familienleben hatte, in einem Haus am Stadtrand lebte und brav seinen Rasen mähte. In diesem Haus, glaube ich, gab es nichts Altes und nichts besonders Persönliches. Betty nannte meinen Vater Greg, was eine Art Domestizierung oder auch Amerikanisierung symbolisierte. Und als im April mein Bruder John geboren wurde, da war das Bild der amerikanischen Familie komplett. Wie ich die Batesons damals sah, das ist in einer Reihe von Fotografien mit einer Kamera festgehalten, die mir Gregory gerade zu Weihnachten geschenkt hatte – Hund, Baby, grünes Gras.

Betty kam genau in der Weise auf mich zu, wie Mütter das damals mit ihren heranwachsenden Töchtern versuchten, indem sie eine gemeinsame Weiblichkeit betonte, mit Geschenken von Kosmetika und Eau de Cologne, und das kam mir alles ganz wundervoll vor, denn es erfüllte Bedürfnisse, deren Vorhandensein ich gerade erst entdeckt hatte. Im Jahr zuvor war ich auf eine andere Schule gekommen, und die Unterschiede zwischen meinem Familienleben und dem der anderen – ich lebte in Greenwich Village und hatte eine Mutter mit einem akademischen Beruf – waren mir fast schmerzhaft bewußt. Es gab viele Aspekte des Lebens in Kalifornien, die zu Hause in New York nicht existierten oder ohne viele Worte abgelehnt wurden, und dazu gehörte nicht zuletzt ein Fernsehgerät. Gregory verlor langsam seinen englischen Akzent, Nachbarn und Kollegen wurden zum Grillen im Garten eingeladen, wo man neue Rezepte für Salat- und Barbecuesaucen ausprobierte. Margaret hatte immer versucht, das spezifisch Englische an Gregory zu erhalten, und schuf dabei zuweilen eine Künstlichkeit, die manipuliert wirkte, Betty dagegen konstruierte ein Muster an Häuslichkeit der Neuen Welt um ihn herum.

Und doch achtete Gregory darauf, daß wir jedesmal, wenn ich nach Kalifornien kam, genug Zeit miteinander in den Wäldern verbrachten, und nach und nach wurde unsere Ausstattung größer. Unsere Streifzüge gingen über weitere Strecken, und die Ideen, über die wir diskutierten, wurden komplizierter. Während der Zeit, in der er über Schizophrenie arbeitete, spielte er mir Tonbänder von Sitzungen mit Patienten vor, sprach über Metaphern und Schichten der Logik, und in Palo Alto ließ er mich, zusammen mit den Assistenzärzten, die er in Psychiatrie ausbildete, hinter dem Einwegspiegel sitzen und Familientherapien beobachten.

1953 wurde Betty von Zwillingen entbunden, die kurz nach der Geburt starben. In den darauffolgenden Jahren hatte sie eine Reihe von Fehlgeburten. An diesem Punkt wird das Farbfoto undeutlich, gleicht immer weniger dem Illustriertenfoto. Es gab wirkliche finanzielle Sorgen, denn Gregorys Grundeinkommen kam von der *Veterans Administration*, wo er Alkoholismusforschung betrieben hatte, und solange er nicht die amerikanische Staatsangehörigkeit besaß, war das eine unsichere Sache. 1952 erhielt er ein Stipendium, womit er sein Forschungsprojekt über Schizophrenie fertigstellen konnte, dann eine Zeitlang nichts, und dann wieder ein Stipendium, und ich kann mich an Familienkonflikte erinnern, in denen die Trauer um die toten Babies, finanzielle Sorgen und Alkohol ineinander verknäuelt waren.

Während die Familie sich langsam von den Häuslichkeitsvisionen der früheren Jahre hinwegbewegte, begann Gregory ihr allmählich seinen Stempel aufzudrücken, seinen eigenen Stil durchzusetzen. Sie zogen in ein neues Haus an der Colby Avenue – kein neues aus Fasergipsplatten, ein richtiges Haus mit Treppen und einem eingezäunten, ganz privaten Garten mit Eichen und Sträuchern und Rasen dazu. Kurz darauf holte Gregory die in England gespeicherten Bilder und Möbel und Bücher aus der Bateson-Erbschaft herüber, so als sei er endlich bereit, sich mit seiner Kindheit und Jugend auseinanderzusetzen.

Einiges aus dem Besitz der Batesons hatte ich schon gesehen, als es noch bei Freunden aufgehoben war. Nach dem Krieg hatte meine Mutter einige Stücke des Familienschmuckes nach Amerika gebracht. Vieles davon waren Trauerstücke, Medaillons und Broschen mit Haarsträhnchen, und eine Perlenkette. Es gab da zwei Siegel mit einem Fledermausflügel und Initialen wie die auf dem Onyxring, den Gregory jahrelang getragen hatte (die ich später an John und Gregorys Stiefsohn Eric weitergab), und Medaillen, die mein Großvater von verschiedenen wissenschaftlichen Gesellschaften verliehen bekommen hatte. Über der ganzen Sammlung lag eine gewisse Ernsthaftigkeit. Als wir einmal eine Tierstickerei betrachteten, die seine Mutter gemacht hatte, bemerkte Gregory, daß da ein ganz kleines bißchen Verspieltheit und eine große Menge ernsthafter Anstrengung drinsteckte.

Im Frühjahr 1951 fuhr ich dann mit meiner Mutter nach England zur Familie Barlow, alten Freunden der Batesons in dem kleinen Örtchen Wendover. Ich erinnere mich an Charles Darwins Enkelin Lady Barlow, Tante Nora, die heldenmütig den Nachkriegsmangel an Dienstboten bewältigte und (in Tweed) einen riesigen Garten, eine große viktorianische Familie und ein enormes Haus – Boswells Haus – voller Kunstwerke versorgte, darunter besonders bemerkenswert Sir Alans Sammlung chinesischer Keramiken, die später ins Britische Museum kamen, und William Batesons Kunstsammlung.

Im Speisezimmer, wo das große englische Frühstück auf Rechauds die nach und nach erscheinende Familie erwartete, entdeckte ich über dem Sideboard Blakes Aquarell ‹*Satan Exulting over Eve*›, das später in die Colby Avenue kam. Eva liegt ohnmächtig auf der Erde, einen angebissenen Apfel in der Hand, und Satan schwebt mit ausgebreiteten Flügeln ein wenig über ihr, sein nackter Körper parallel zu ihrem ausgestreckt. Satans anderer Aspekt, die Schlange, ist um Eva herumgeschlungen, der schwere Kopf auf ihrer Brust ruhend, und Flammen steigen um sie auf. Es war ein Gemälde, mit dem sich nur schwer und schmerzhaft leben ließ, ungeachtet der feinen Zeichnung und der herrlichen Farben. «Satan hat doch gerade bekommen, was er wollte», sagte ich zu meinem Vater. »Warum sieht er so traurig aus?» – «Weil er den Prozeß in Gang gesetzt hat, der Kongreßabgeordnete und Schizophrenie und Picknicks und Polizisten an der Ecke produziert hat und diese ganze zweifelhafte Wundertüte, die man Kultur nennt, und das ist die Vision, die ihn so gequält dreinschauen läßt.» Dann erklärte er mir, daß Satan, als Engel, keine Genitalien habe und daher die Schlange ein Teil seines Körpers sei und daß dieses Bild jahrelang in seinen Träumen auftauchte.

Ein massives Sheratonbuffet, riesige Truhen voller Stickereien, Berge von Bücherkisten und alle möglichen anderen von William Bateson gesammelten Kunstgegenstände kamen an, die mit den modernen Möbeln gänzlich im Widerspruch standen und eine gespaltene Atmosphäre ins Haus trugen. Nach einiger Zeit verblaßte das Gütesiegel der Hausfrauenzeitschriften, immer mehr Aquarienzubehör und Kameras lagen herum, und nach einigen stürmischen Jahren zog Betty schließlich aus. 1958 ließen sie sich scheiden. Während dieser Prozeß ablief, sah ich einiges von dem, was ich nicht hatte sehen dürfen, als Margaret und Gregory sich trennten, und da die frühere Geschichte und die Persönlichkeit meiner Mutter für beide von symbolischer Bedeutung war, erfuhr ich mehr über jene Periode und ihre komplexen, ineinander verwobenen Beziehungen, als ich je zu Hause erfahren hatte. Ich bekam auch ein wenig davon mit, daß meine Mutter sich weiterhin um Gregorys Angelegenheiten gekümmert und ihm oft geholfen hatte, indem sie einen Stipendiumsantrag unterstützte oder einen entscheidenden Brief schrieb, wenn Gregorys Karriere stillzustehen drohte. Gleichzeitig aber blieb sie dadurch in einer Weise gegenwärtig, die man als besitzergreifend oder manipulativ empfinden konnte, zumal ihr Name und Gesicht ständig in den Medien erschien. Wenn Gregory auf meine Fragen über die

Konflikte jener Zeit reagierte, klang er zu meinem Erschrecken wie die Patienten auf den Tonbändern, die ich mit ihm angehört hatte.

In Gregorys Arbeiten der fünfziger Jahre wurde die Auffassung der Schizophrenie als einer «logischen Störung» – hervorgerufen durch den Widerspruch zwischen zwei Arten von Logik, die von Gregory und seiner Gruppe *double bind* genannt wurden – mit der schizophrenogenen Familie in Zusammenhang gebracht, in der die Mutter eine «double bind erzeugende Hexe» war und der Vater abseits stand. Gregory hatte Frauen gegenüber dunkel-komplizierte Gefühle, die auf seine eigene Mutter zurückgingen – er war ausgesprochen gern von ihr weggegangen. Aber ein Teil seiner Auslassungen über die Schizophrenie auslösende Mutter scheint mir auch Ausdruck seiner Abneigung gegen die amerikanische Kultur und die Rolle der Frau im amerikanischen Heim jener Zeit gewesen zu sein, eine Rolle, die als Momismus bezeichnet wurde, eine Falle für sie und ganz folgerichtig auch für ihre Kinder. Im Haus der Batesons am Stadtrand blickte Satan aus seinem Bilderrahmen auf den guten Willen, die Fürsorge und die Bemühungen, die richtigen Formen des Zusammenlebens zu finden. Betty und Gregory hatten einen Familienraum mit großen Fenstern und Holzpaneelen angebaut, und nachdem Betty fort war, wurde dieser Raum nach und nach mit Salzwasseraquarien angefüllt, in denen Gregory kleine Tintenfische hielt. Er wollte herausfinden, wie ihr Nervensystem, das sich von dem anderer Tiere so stark unterscheidet, die Logik ihrer Beziehungen beeinflußt. Wenn sie sich so anmutig durchs Wasser bewegten, kamen sie mir wie sanft schwebende Spitzentaschentücher vor, selbst bei ihren territorialen Konflikten oder Rivalitätskämpfen um ein Weibchen.

Ein Gutteil von Gregorys Werben um Lois Cammack, seine dritte Frau, die er 1960 heiratete, fand um diese Tintenfischtanks herum statt, denn sie fuhren zusammen zur pazifischen Küste, um zusätzliche Exemplare zu fangen und frisches Seewasser mitzubringen. Tintenfische waren «messy» – unordentlich und schmierig –, aber lebendig. Gregory erzählte einmal, wie er eine seiner Patientinnen bei ihrem Besuch im pedantisch ordentlichen Haushalt ihrer Familie begleitet hatte und dann der Mutter einen Blumenstrauß mit den Worten schenkte, er habe ihr etwas mitbringen wollen, das schön *und* unordentlich sei. Die Mutter wies die implizierte Kritik mit der Antwort zurück: «Das sind keine unordentlichen Blumen. Sobald eine Blüte verwelkt, kann man sie abknipsen.» Immer wieder kommentierte er das amerikanische Leben, indem er Dinge einführte, die schmuddelig, lieblich und lebendig waren. Auch in der Perry Street hatte Gregory mir ein Aquarium hinterlassen, als er nach Kalifornien zog, fast als eine Art Ersatz für ihn, als ob das sich entfaltende Leben einer gemischten Gemeinschaft tropischer Fische und die Fürsorge, die sie von mir verlangten, mich über Monate des Schweigens hinweg mit ihm in Verbindung halten würden. Nachdem er und Lois nach Hawaii übergesiedelt waren, adoptierte die Familie ein Paar Gibbonäffchen, die sich in dem Gewächshaus, das ihnen zur Verfügung stand, hin und her schwangen, sich in trügerischer Zärtlichkeit dazu herabließen, ihre langen Arme um meinen Hals zu schlingen, und nach frisch gemähtem Heu rochen.

Meiner Mutter war die Welt der Menschen wichtig – aller Menschen, egal welcher Kultur oder Rasse. Andere Tierarten interessierten sie einfach nicht, sie streichelte wohl mal ein Kätzchen oder bewunderte einen Vogel, war aber nicht bereit, nennenswerte Zeit oder Aufmerksamkeit dafür zu investieren, auch nicht für gewöhnliche Haustiere. Gregory zog andere Grenzlinien, seine umfaßten die gesamte biologische Welt, ja, er zog sich häufig angewidert von den Menschen zurück und fürchtete, daß gerade das, was das spezifisch Menschliche ausmacht – unser Bewußtsein –, auch die Quelle unseres Potentials für Zerstörung ist.

Bis zur Mitte der sechziger Jahre hatte er sich aus einem kleinen Buch von Jung – *‹Septem Sermones ad Mortuos›* – einen Bezugsrahmen angeeignet, von dem aus er über die Unterschiede zwischen der biologischen und der physikalischen Welt sprechen konnte. Die biologische Welt, Jungs *creatura*, ist die Welt des Wachsens, der Anpassung und der Kommunikation; die Welt, in der Ereignisse durch das Erkennen von Unterschieden anstatt durch direktes physisches Einwirken herbeigeführt werden. Eine Pflanze dreht sich auf ihrem Stiel der Sonne zu, weil es auf einer Seite mehr Licht gibt als auf der anderen – sie reagiert auf den *Unterschied* der Lichtverhältnisse, nicht auf das Licht selbst. In der biologischen Welt kann auch eine Abwesenheit, ein Fehlen – die Differenz zwischen dem Erwarteten und dem Tatsächlichen, die an sich kein Ding ist – zur Ursache werden. Er interessierte sich nicht für die einfache Billardkugel-Kette von Ursache und Wirkung in der physikalischen Welt und weigerte sich, daran zu glauben, daß biologische Phänomene durch Reduktion auf eine Reihe physikalischer Ereignisse ganz erklärt werden könnten.

Auf einem der vielen von Historiker Bill Thompson organisierten Kongresse in Lindisfarne, Long Island, die Gregory die Gelegenheit zum Dialog mit anderen Denkern gaben, begann Bill von einer Fotografie zu schwärmen, die, in Mikrosekunden aufgenommen, die kronenartige Form eines fallenden Wassertropfens unmittelbar nach dem Aufprall festhielt. Für Gregory war die Eleganz der Form überhaupt nicht interessant, weil sie das direkte und automatische Ergebnis physikalischer Kräfte war. Lebende Geschöpfe, unvollkommen, schmuddelig und schön, waren durch Ähnlichkeiten der Form miteinander verbunden und fähig, in einem bestimmten Grad auf andere Lebewesen zu reagieren, und es waren lebendige Geschöpfe, auf die Gregory mit Liebe und Bewunderung reagierte. Ja, seine Zuneigung für einen Tintenfisch oder eine Fledermaus war seiner etwas verschrobenen Zärtlichkeit und Toleranz gegenüber mir oder meinem Bruder John oder meiner Schwester Nora nicht unähnlich.

## 5

# In New York heranwachsen

Von 1947 bis 1956 wohnte ich im Winter bei meiner Mutter in Greenwich Village, zuerst in dem großen braunen Sandsteinhaus der Franks in der Perry Street und später am Waverly Place in einem Haus, das meine Mutter mit ihrer Freundin und Kollegin Rhoda Metraux teilte. Bis ich zehn war, besuchte ich die Downtown Community School, eine turbulente progressive Schule, an deren Programm Margaret engagiert gearbeitet hatte. Danach, als sie besorgt festgestellt hatte, daß ich zwar die Liebe zum Lernen gelernt hatte, aber eigentlich nicht sehr viel zu wissen schien, wurde ich auf eine ausgezeichnete private Mädchenschule, die Brearley School, geschickt. Während dieser zehn Jahre unternahm Margaret viele Reisen, so auch 1953 ihre erste Feldstudienreise nach dem Krieg nach Manus, und doch waren dies auch Jahre, in denen sie – unter allen möglichen Improvisationen – meine Erziehung lenkte und ein Heim schuf, in dem ich erwachsen werden konnte.

Die beiden Häuser besaßen vielfältige Ähnlichkeiten. In beiden bewohnten wir die zwei Untergeschosse, ein Erdgeschoß, zu dem ein paar Stufen vom Vorplatz hinaufführten, und darunter ein Souterrain mit Zugang zu einem kleinen Garten hinter dem Haus. In beiden war das Vorderzimmer im Erdgeschoß das ursprüngliche Wohnzimmer, beherrscht von hohen, eleganten Fenstern mit durchsichtigen weißen Vorhängen an einem Ende, während das hintere Zimmer von Margaret als Schlafzimmer benutzt wurde. Überall, wo sie wohnte, waren Betten Sofas und Sofas auch Betten, so daß die Couch im Vorderzimmer immer auch für Gäste verfügbar war, und das Doppelbett in ihrem Zimmer war stets ein wenig getarnt, um dem Zimmer einen eher ‹öffentlichen› Charakter zu geben. In der Perry Street gelangte man durch ihr Zimmer in eine winzige Küche, auf deren etwas unzuverlässigem Herd man die Steaks nicht nur auf beide Seiten, sondern auch noch der Länge nach wenden mußte. Dahinter befand sich das Badezimmer. Über dem abgerundeten Eisschrank wurde ein flaches, hölzernes Regal befestigt, in dem das Geschirr gestapelt wurde, denn sie kochte zwar und machte morgens ihr Bett, überließ aber alle anderen Hausarbeiten dem Hausmädchen, und manchmal blieb das gebrauchte Geschirr ein ganzes Wochenende über sorgfältig wie ein bedenklich wackelndes chinesisches Puzzle aufgestapelt.

Wir aßen im Wohnzimmer an einem Klapptisch, der für jede Mahlzeit von der Wand weggezogen und aufgeklappt wurde, im Licht einer dazu herangezogenen Stehlampe. Auf diesem Tisch, der nie ganz gerade stand, hatten sie und ihre Geschwister als Kinder ihre Schulaufgaben gemacht, und er hatte unter dem Druck fleißiger Ellenbogen auf immer seine Form verloren. Die dazugehörigen Stühle mit den Rohrsitzen hatte meine Großmutter auf einer Auktion für weniger als einen Dollar das Stück gekauft. Und während ich im Wohnzimmer den Tisch mit *Currier and Ives*-Platzdeckchen und einem Sammelsurium von Familiensilber deckte – einen vollständigen Satz Besteck besaß Margaret nie –, stellte sie die gesamte Mahlzeit auf den Teewagen und rollte das Ganze neben den Tisch. Das aufgestapelte Geschirr, der Teewagen, die auf- und zugeklappte Eßecke gehörten zu ihrer Formel für das New Yorker Apartmentleben, auf die sie mit nur geringen Variationen immer wieder zurückgriff.

Neben dem Tisch im Wohnzimmer befand sich die Kommode mit meinen Sachen, denn ich zog mich nicht in meinem Zimmer an, sondern kam jeden Morgen schläfrig hinauf, um noch ein paar Minuten in ihrem Bett zu dösen, bevor ich so langsam wie möglich in meine Kleidungsstücke stieg, während Margaret, die geborene Frühaufsteherin, ihre Seele in Geduld übte. Auf der Kommode dort standen Nachschlagewerke – eine Bibel, ein Wörterbuch, ein ‹*Oxford Book of English Verse*›, Bulfinchs ‹*Mythologie*› und ein Zitatenschatz. Während unserer Mahlzeiten konsultierten wir sie ständig, wenn wir irgendeinen Gedankengang weiterverfolgen oder einen Vers vervollständigen wollten. Gleichviel, ob wir allein waren oder nicht, ich sollte mir stets die Wörter, die ich nicht verstand, erklären lassen, und als zwei englische Kinder der Bateson-Familie, Philomena und Claudia Guillebaud, während des Krieges nach Amerika kamen, mußten sie jedesmal eine Geldbuße zahlen, wenn meine Eltern entdeckten, daß sie nicht nach der Bedeutung eines ihnen unverständlichen Wortes gefragt hatten. Dabei konnten solche Erklärungen sehr großen Aufwand erfordern. Nachschlagewerke wurden herbeigeholt, es wurde laut vorgelesen – ich erinnere mich an das ausgedehnte Abenteuer, als wir versuchten, Vachel Lindseys ‹*The Congo*› laut lesen zu lernen, und das alles als Resultat der Suche nach einer Definition des Begriffs *onomatopoeia*.

In beiden Häusern gehörte mir das hintere Zimmer im Untergeschoß. Diese Untergeschosse befanden sich zwar über der Erde und waren nicht etwa feucht oder kellerartig (in beiden Häusern befanden sich noch Keller darunter), und doch kritisierten Außenstehende meine Mutter dafür, daß sie ihr Kind in den Keller steckte – ein Stockwerk über ihr wäre annehmbar gewesen, aber eins unter ihr, so beklagte sie sich erbittert, löse eine ganz unlogische Empörung aus. Tatsächlich war mit meinem Zimmer in der Perry Street nicht gerade Staat zu machen; es war dunkel und vom übrigen Teil des Hauses abgelegen, notwendigerweise vergittert, und als meine Mutter mir erlaubte, es selbst zu möblieren und zu dekorieren, wurde es noch dunkler: ich hatte nämlich die Idee, daß es eine Waldlichtung sein sollte, also wurde es grün gestrichen.

Das Vorderzimmer im Untergeschoß war als Arbeitszimmer für meinen Vater eingerichtet worden, und als er auszog, wohnte dort drei Jahre lang einer seiner Kriegsfreunde, Jim Myesburgh. Seine Nachfolgerin wurde Philomena Guillebaud, als sie zum Studium nach Amerika zurückkehrte. Keiner der beiden war ausdrücklich für mich verantwortlich, aber es waren Menschen im Haus, so daß es unten und oben, wo die Franks lebten, bewohnt war. Das bedeutete, daß ich, als ich größer wurde, allein von der Schule heimkommen konnte in ein Haus, das nicht gänzlich leer war.

Wenn meine Mutter abends nichts vorhatte, kam sie ungefähr um sechs aus dem Museum of Natural History nach Hause. Während sie mit einer dieser wundervollen, weitgeschnittenen Schürzen über ihrer Bürokleidung in der Küche stand, saß ich im Nebenzimmer auf ihrem Bett und lernte. Unsere Lebensmittel wurden meistens telefonisch vom Laden um die Ecke bestellt, aber auf dem Heimweg machte Margaret zuweilen bei der französischen Bäckerei halt, wo wir morgens stehenblieben und schnupperten. Sie liebte die Vielfalt der Geschäfte in Greenwich Village – daß der Gemüsemann sie prüfend anschaute, wenn sie Endivienstengel und krausen Chicorée verlangte, und der Obsthändler sie fragte, ob die Äpfel und Birnen zum Malen oder zum Essen sein sollten. Der Salat war das eigentliche Ritual der Mahlzeit, immer gleich und doch immer anders, denn die übrige Mahlzeit bestand meistens aus ein paar Koteletts und einem Tiefkühlgemüse und anschließend Pfirsichen oder Aprikosen aus der Büchse.

Dies war ihr Salat, den ich nie ganz genauso hinbekam. Niemand, sagte sie, kann den Salat einer anderen Person genau nachmachen. Sie mischte die Sauce in einer schiefen schwarzen Holzschüssel aus Bali, zwei Teile Olivenöl, ein Teil Essig, aber im Löffel vermischte sie mindestens drei verschiedene Essigsorten miteinander – Wein-, Tarragon- und Apfelessig. Dann öffnete sie ein kleines Glas Piment, zerhackte eine halbe Schote, fügte eine Gabel voll Kapern und eine Prise Salatkräuter hinzu, tauchte die Gabelzinken in französischen Senf und rührte das Ganze mit Salz und Pfeffer und ein wenig gehacktem Knoblauch zusammen. Und immer waren wenigstens drei verschiedene Sorten Salatgrün in der Schüssel. Der Salat kam nach der Mahlzeit auf frischen Tellern, wurde erst zusammengemixt, wenn er vom Teewagen zum Tisch gebracht wurde, mit Käse, wenn Gäste da waren.

Mir scheint, daß sie immer Effizienz und Bequemlichkeit mit jenen besonderen Details zu verbinden suchte, die routinemäßige Arrangements erst persönlich machen. Sie bezog jede zeitsparende Neuheit der Tiefkühlkost in unseren Speiseplan ein und behandelte sie als Entdeckung; und doch wurden viele ihrer Lösungen jahrelang beibehalten, und das Mosaik enthielt immer auch Fragmente von Tradition. Einige ihrer Problemlösungen stammten noch von ihrer eigenen Mutter; und wenn ich heute bei meiner Cousine Madeline in der Küche koche oder sie in meiner, wissen wir beide genau, wo wir alles finden können, nach Mustern, die jetzt schon in die dritte Generation überliefert sind.

Abende, an denen Margaret nur für uns beide kochte, gab es kaum häufiger als zweimal in der Woche, aber sie nehmen einen zentralen Platz in meiner Erinnerung ein. Weil wir so häufig getrennt waren, achtete Margaret besonders auf unsere gemeinsame Zeiten, machte Zeiten der Glückseligkeit daraus, ganz offensichtlich in der Absicht, das, was an Quantität vielleicht fehlte, durch Qualität wettzumachen. Manchmal empfinden Kinder, die in großen, geschäftigen Haushalten aufwuchsen, daß sie, ungeachtet all der Stunden, die sie mit ihren beschäftigten Müttern im gleichen Haus verbrachten, einander nie wirklich kennenlernten, nie wirklich innehielten, um einander anzuschauen und zuzuhören. Einmal nahm mich Margaret mit zum Vassar Summer Institute, wo die kleineren Kinder den ganzen Tag in Spielgruppen beschäftigt waren, aber eine Stunde am Tag mit den Eltern verbrachten; und sie bemerkte, daß vielen der anderen Mütter diese Stunde schrecklich lang vorkam, weil sie nicht daran gewöhnt waren, eine bestimmte Zeit allein mit ihrem Kind zu verbringen, ohne den Rhythmus des Haushalts im Hintergrund oder die Gegenwart anderer Familienmitglieder. Doch für sie, Margaret, war es das reinste Vergnügen. Margaret und Gregory verbrachten beide viele lange Stunden mit mir, Stunden, in denen ich das Gefühl hatte, zumindest in diesen Augenblicken jeden ganz und gar für mich zu haben. Beim Frühstück oder Abendessen redeten Margaret und ich über alles unter der Sonne, und sie hörte aufmerksam zu und nahm Stellung zu allem, was ich sagte. Mir scheint, daß ich den Löwenanteil am Reden gehabt haben muß, während sie alles über die Ereignisse des Tages aus mir herausholte.

Es ist nicht leicht für mich, diese Gespräche zusammenzufassen oder zu beschreiben. Sie sind Bestandteil der Deutung meiner Gesamterinnerungen jener Jahre, kaleidoskopisch und doch auch irgendwie beruhigend. Zwischen uns gab es keine Routine, mit der wir bestimmte Gesprächsthemen einleiteten – so wie die an meinen Vater gerichtete Aufforderung «bring mir was bei» oder «machen wir ein bißchen Naturgeschichte» –, und so sind mir auch nicht ganze Kapitel von Erzählung und Erklärung im Gedächtnis geblieben. Es ist unwahrscheinlich, daß ich niemals gesagt habe: «Erzähl mir von Samoa, erzähl mir von Neuguinea», und doch schienen mir diese Seiten der Geschichte meiner Mutter vor dem Krieg sehr weit entfernt.

Wir hatten keine Kunst- oder Gebrauchsgegenstände aus Samoa

oder Neuguinea im Haus – Margaret war der Ansicht, daß es für eine Museumsanthropologin möglicher Interessenkonflikte wegen unpassend sei, solche Gegenstände zu besitzen – und es kamen auch keine Besucher aus diesen Gegenden. Wir hatten ein paar balinesische Schnitzereien, die meinem Vater gehörten, und durch diese Schnitzereien und die Filme und Fotografien aus Bali wurde Bali das einzige Land ihrer Feldforschungsreisen, das mir als Kind lebendig vor Augen stand; so lebendig sogar, daß ich in einen leichten Trancezustand fiel, wenn ich die Filme mit balinesischen Trancetänzerinnen sah. Als die erste balinesische Tanzgruppe nach Amerika kam, zu der eine Tänzerin gehörte, die meine Eltern als Kind gekannt und fotografiert hatten, kamen sie zu uns nach Hause. Die sechs kleinen *legong*-Tänzerinnen saßen in einer Reihe auf einem kleinen Sofa wie Vögel auf einem Telefondraht, und nachdem ich sie tanzen gesehen hatte, kaufte ich kandierte Veilchen für sie.

Unsere Gespräche drehten sich vorwiegend um die Gegenwart, aber wir konnten auch stundenlang über Zukunftspläne reden. In Margarets Leben gab es ein ständiges Kommen und Gehen, und daher mußte sehr viel koordiniert werden. Es gab große Reisen zu planen und anschließend zu kommentieren. 1947 fuhr ich mit ihr nach Österreich, zum ersten der Salzburger Sommerseminare, und dazu waren Monate vorbereitender Gespräche notwendig – ein Rückblick auf den Krieg beispielsweise, um die Zustände in Europa zu erklären; was für Mängel zu erwarten wären (ich wollte Schokolade und Luftballons für europäische Kinder mitnehmen) und Einübung in die Rolle eines braven, wohlerzogenen Kindes für die Besuche in England. Auf dem *Marine Jumper*, einem umgebauten Truppentransporter, diktierte ich ihr seitenlange Klanggedichte über Mondnächte auf dem Meer, denn Margaret war der Ansicht, daß man es Kindern erlauben sollte, auch wenn sie schon längst schreiben konnten, noch Briefe und Gedichte und Geschichten zu diktieren, bis die Mechanismen des Schreibens ihnen so leicht fallen, daß sie die Kreativität nicht mehr einengen.

Das Seminar fand in Leopoldskrone statt, einem alten, bombenbeschädigten Schloß, das von den Überresten eines Parks umgeben war. Als Siebenjährige war ich das einzige Kind dort und verbrachte meine Zeit damit, mich mit den Studenten aus allen Teilen Europas und mit den amerikanischen Militärpolizisten anzufreunden, von denen einer mir einen jungen Bernhardiner schenkte, was das Leben enorm komplizierte. Studenten nahmen mich auf Tagestouren durch Österreich und sogar in die amerikanische Zone von Deutschland mit, dazu gehörte auch der Besuch eines Konzentrationslagers, das als Museum eröffnet worden war. Die einzigen Kinder, mit denen ich spielen konnte, kamen aus einem in der Nähe gelegenen Flüchtlingslager, und wir lernten, uns ohne gemeinsame Sprache zu verständigen. Meine Mutter nahm mich zu Konzerten, Marionettenspielen und einer ‹*Jedermann*›-Aufführung auf dem Domplatz mit; die Stimmen echoten von all den Türmen ringsum, riefen «Jedermann» zum Tod und Jüngsten Gericht, und die Erklärungen meiner Mutter zu der Lehre von Buße und Vergebung, die im Hintergrund des Spieles steht, klingen immer noch wie ein Echo in meiner Erinnerung. Ebenso wie die Akzente einer vielsprachigen Gedichtlesung, von Studenten organisiert, zu der ich unbedingt spätabends aufbleiben wollte, um zu hören, wie die russische Sprache klang. Gespräche über solche Erlebnisse gingen dann monate- und jahrelang weiter.

Eines Morgens im Jahr 1950 fragte mich Margaret, während sie meine Haare flocht, wohin ich als nächstes gern reisen würde; und ohne viel darüber nachzudenken, nannte ich das am weitesten entfernte Land, das mir einfiel, Australien, «weil es da so viele verschiedene Tierarten gibt». Wenig später wurde sie tatsächlich nach Australien eingeladen, wo sie auf der Durchreise zu und von ihren Forschungsgebieten schon oft haltgemacht hatte. Sie akzeptierte unter der Bedingung, daß sie mich mitbringen könnte. Diese Vortragsreise fand 1951 statt, als ich elf war, und ich glaube, wir haben ein Jahr vorher und ein Jahr danach darüber geredet und dabei eine Fähigkeit zum dreifachen Leben entwickelt – in der Vorfreude und der Erinnerung ebenso wie in den Ereignissen selbst, die wir gleichzeitig für zukünftige Gespräche festhielten. Tatsächlich war Australien weniger exotisch, als ich erhofft hatte. Am besten erinnere ich mich an Schulbesuche, die sie für mich arrangiert hatte, von einer progressiven Vorschule bis zu einem College und einer Internatsschule für Mädchen – offensichtlich waren Schulen die Einrichtungen, in denen ich die intelligenteste Beobachterin sein konnte. Aber ich erinnere mich auch an Besuche in Maori-Gemeinden in Neuseeland, wo der Stolz auf die alte polynesische

Kultur immer noch in den arroganten Posen der alten Männer und in überwältigenden Schnitzereien seinen Ausdruck fand.

Während meiner Grundschuljahre gab es eine Reihe von Arrangements für meine Versorgung, wenn Margaret beschäftigt oder verreist war – mit Schulkameraden verbrachte Nachmittage, von denen ich um fünf oder sechs abgeholt wurde, und Wochenenden, die ich bei Tante Marie verbrachte. Wenn ich krank war, bedeutete das gewöhnlich, daß Liza, die Schwester meiner Mutter, gerufen wurde, damit außer dem Hausmädchen jemand bei mir war. Liza war Kunstlehrerin im öffentlichen Schulsystem, und wenn sie nachmittags kam, brachte sie Wasserfarben mit und ihre unbeschwerte Wildheit, ihre exzentrische Kleidung sowie Geschichten über Künstler und Stunden, die sie als Streikposten verbracht hatte; und ihre Gegenwart erinnerte an ihren Haushalt, in dem ich bei meinen Besuchen eine verführerische Unordnung, offenen Streit, unanständige Ausdrücke und frisch gemalte Wandbilder im Badezimmer wahrgenommen hatte. Erst als ich selbst mit dem Versuch begann, Mutterschaft, Haushalt und Beruf unter einen Hut zu bringen, bekam ich eine Ahnung von der komplexen Infrastruktur im Leben meiner Mutter, begriff die Vielzahl der Menschen, die sich nachmittags um mich zu kümmern, mich nach Hause zu bringen und Essen für mich zu kochen hatten, und ich bekam eine Ahnung davon, wie sehr mein Leben durch die Vielfalt dieser Arrangements und der Menschen, die daran teilhatten, bereichert wurde.

Ein weiterer Schauplatz meiner Kindheit war das Museum of Natural History, das häufig als Babysitter fungierte, sobald ich gelernt hatte, nach Stunden einsamer Erkundungszüge wieder hinauf ins sechste Stockwerk zu finden. In der Tat kam jeder, dem es gelang, Margaret im Museum zu besuchen, mit einem Gefühl der Leistung und Entdeckerfreude in ihrem Turmbüro an – nach Wanderungen durch hohl klingende, von kahlen Aktenschränken gesäumte Korridore, die zu einer weiteren Treppe nach oben führten –, das sich hinter Reihen von Regalen mit Indianertöpfen und anderen Exponaten verbarg.

Gelegentlich nahm mich Margaret vor der Öffnungszeit mit ins Museum und ließ mich dann allein zwischen den Tableaus vom Leben im Dschungel, in der Wüste oder der Tiefsee umherwandern; oder sie ging mit mir durch die dunklen Hallen, in denen uraltes oder fremdartiges Leben herumspukte, nachdem das Museum schon geschlossen war. Einmal arrangierte sie es zu meinem Geburtstag, daß ich eine Gruppe von Freunden mit in die Präparierungsräume bringen durfte, damit wir sehen konnten, wie die großen Dioramen hergestellt wurden. Sie träumte davon, daß meine Hochzeit in der Halle der Vögel des Pazifik stattfinden würde, vor dem Hintergrund eines großen, halbrunden Dioramas mit in den Sonnenuntergang hineinfliegenden Flamingos, aber als ich schließlich heiratete, erlaubte das Museum nicht mehr, daß irgendwelche seiner Räumlichkeiten nach Dienstschluß für inoffizielle Feiern benutzt wurden.

In all diesen Jahren war das Museum als Basis von unschätzbarem Wert für sie, aber ihre eigene Rolle dort war unklar – sie blieb anscheinend auf unbestimmte Zeit *Associate Curator* (1964 wurde sie schließlich *Curator*) wie so viele Frauen im akademischen Bereich, denen der ihnen angemessene Status nicht zugestanden wurde. Sie arbeitete gewissermaßen um das Problem herum, indem sie ihren Arbeitsbereich im Turm geschickt expandierte, wo männliche *Curators* kein Interesse daran hatten, mit ihr zu konkurrieren, indem sie sich ihr Budget selbst verschaffte und sich die Freiheit nahm, zu kommen und zu gehen, wie sie wollte.

Jahrelang war davon die Rede, daß endlich «ihre Halle» eingerichtet werden sollte, eine neue Halle für die Völker des Südpazifik; aber sie wurde erst 1971 eröffnet, nachdem sie bereits offiziell pensioniert war, und zur Zeit ihres Todes war das Ganze eines Umbaus wegen zusammengepackt und gesichert. Das Image, das sie in ihrer Halle aufzubauen suchte, war das einer Vielfalt von Inseln, jede ein anderes kulturelles Thema darstellend, die voneinander durch breite Bänder in Blau getrennt waren – See, Luft und Himmel. Die Exponate sollten lichtumflutet in ihren durchsichtigen Behältern aufgehängt werden, während andere Teile schattigen Dschungel suggerieren sollten. Der Plan war elegant, aber die Halle selbst enttäuschend, mit Teilen exotischen Materials, die nicht ganz integriert waren.

Meine Kindheit war ebenfalls eine Zeit der Bewegung zwischen vielen verschiedenen, unzusammenhängenden Szenarien. Meine liebste Form des Spiels bestand aus breit ausgesponnenen Phantasien, häufig eine lange Sequenz von Episoden in einem kontinuierlichen

Drama, die ich mit einem bestimmten Spielgefährten an einem bestimmten Schauplatz teilte. Eine Serie war um die Schildkröte eines Jungen aus meiner Klasse herum aufgebaut – dabei ging es um die Organisation endloser Kriege mit einem Völkerstamm weißer Mäuse. Eine andere spielte sich mit Glas- oder Porzellantieren ab, die auf dem Fußboden im Schlafzimmer einer Freundin um einen Spiegelsee herum verteilt waren, unter der gütigen Herrschaft eines weißen Porzellanrehs. Oft gab es keine Requisiten, nur zwei Kinder auf einem Spielplatz, die dramatische Geschichten von Prinz und Prinzessin oder vom Pferd und seinem gütigen Herrn aufführten, aber manchmal waren die Requisiten auch sehr aufwendig.

Mein liebstes Spielzeug in der Perry Street war eine Sammlung von Kostümen zum Verkleiden. Gregory hatte mir zum Geburtstag eine komplette Bühnen-Make-up-Ausstattung geschenkt mit Abschminke und Nasenkitt und sogar dem Material, aus dem falsche Bärte gemacht werden. In einem Jahr, als große, bunte, unechte Schmuckstücke in Mode waren, schenkte mir Margaret eine Schachtel mit Juwelen – Perlenketten und Brillanthalsbänder, die in einer Schachtel mit Zellophandeckel wunderschön arrangiert waren. (Das war typisch für die Geschenke, die sie am liebsten machte – eine Sammlung irgendwelcher Art, jedes einzelne Stück liebevoll so ausgewählt, daß es auf unterschiedliche Weise ein Thema ausdrückte – ein Dutzend Weihnachtsbaum-Ornamente für den ersten Christbaum eines jungverheirateten Ehepaares, ein Dutzend kleine Fläschchen klassischer Liköre für meinen Mann im magersten Jahr unserer Studentenehe.) Ich bettelte meiner Mutter alte Kleider ab oder kaufte welche in Secondhand-Läden auf dem Heimweg von der Schule, mit Geld, das ich mir mühsam zusammengespart hatte. Die besten Kostüme für Könige und Königinnen waren jedoch akademische Roben und die vielen Doktorhüte, die Margaret mit Ehrendoktoraten zusammengetragen hatte.

Ich bewohnte als Kind nicht nur eine, sondern viele Phantasiewelten, jede einzelne mit anderen Spielkameraden und nach seinen oder ihren Interessen und Lieblingsbeschäftigungen ausgerichtet – wie meine Mutter zur Zeit an mehreren Büchern mit verschiedenen Mitautoren schrieb. Diese vielfachen Phantasiestränge fungierten auch als ein Gewebe der Kontinuität über den vielfältigen Arrangements, die mein Leben notwendigerweise bestimmten.

All dies Herumziehen war nur möglich, weil ich gewöhnlich ein recht braves Kind war, fröhlich und zufrieden; meine kleinen Streiche waren erfinderisch, aber harmlos. Meine Mutter sagte immer, sie brauche ihre Freunde nie zu fragen, ob ich kommen *dürfte*, statt dessen *wollten* diese mich ausborgen, weil ihre eigenen Kinder dann den ganzen Nachmittag lang ruhig spielten, da wir in irgendein ausgedehntes Phantasieprojekt vertieft waren. Heute glaube ich, daß dieses Wohlverhalten zum Teil meine Lösung des Problems darstellte, meine Antwort auf das viele Kommen und Gehen. Durch wiederholtes schlechtes Betragen hätte ich vielleicht an meine Eltern – besonders an meine Mutter – appellieren können, nicht ständig fortzugehen, aber ich wählte die andere Richtung, war meist liebenswürdig und artig und entschlossen, jemand zu sein, zu dem man mit Vergnügen heimkommt.

Wenn ich daran denke, wie ich jedesmal weinte, wenn mein Vater fortmußte (bevor er in den Krieg zog), dann spüre ich immer noch seinen Widerwillen und seine Verlegenheit angesichts dieses brüllenden kleinen Kindes, das sich verzweifelt an seinen Regenmantel klammerte, und ich erinnere mich, daß meine Mutter sagte: «Daddy haßt Szenen ganz besonders, weil er englisch ist; du mußt lernen, nicht soviel Theater zu machen.» Ich weiß noch, daß ich einfach nicht wußte, wie ich ihn gehen lassen konnte, und gleichzeitig Angst hatte, daß meine ‹Anhänglichkeit› ihn davon abhalten würde, zurückzukommen.

1946, als Colin und ich fünf und sechs waren, gaben wir unserem Zorn auf eins der älteren Kinder in Cloverly, das uns hochnäsig mißachtet hatte, dadurch Ausdruck, daß wir ein kleines Päckchen mit Kot unter seinem Kopfkissen versteckten. Tagelang passierte nichts, vielleicht sogar wochenlang, und dann kam meine Mutter zurück und erzwang eine Beichte, die ich in Fortsetzungen lieferte, weil ich nicht die ganze Geschichte erzählen wollte – bis klar wurde, daß sie schon alles wußte. Dann drängte sie mich dazu, selbst eine Strafe und den Versuch einer Wiedergutmachung zu bestimmen, und ich gab meine ganze Sammlung blitzblanker Roosevelt-Münzen für einen Belichtungsmesser als Besänftigungsgeschenk aus. Ich weiß noch, wie unglücklich sie dreinschaute, als sie sagte: «Ich kann doch keine strafende Mutter sein, dazu bin ich viel zu oft nicht da. Ich kann nicht nach Hause kommen und so etwas regeln müssen.» Offenbar hatte man die Klärung der Angelegenheit aufgeschoben, damit sie sich darum kümmern konnte – wie ein Vater, der von der Arbeit nach Hause kommt und dann seine Kinder bestrafen soll; und sie weigerte sich, diese Rolle zu akzeptieren. Die Diskussion war vernünftig und logisch und erschien mir endlos, aber ich beneidete fortan ein wenig diejenigen, deren Eltern immer in Reichweite waren, schnell einmal verärgert, aber ebensoschnell wieder besänftigt. Und wieder war die Lösung, brav zu sein, denn wenn ich ihr die Heimkehr allzuoft verdarb, hätte sie es ja vorziehen können, nicht heimzukommen.

Die Frage der Disziplin war komplizierter, wenn es dabei um die Schule ging; denn wie die meisten beruflich engagierten Frauen jener Zeit mußte sie ihre Entscheidungen gegen die kritische Einstellung der Lehrer und Lehrerinnen verteidigen. Als ich ungefähr elf war, schwänzte ich einmal mit einer Freundin zusammen die Schule und versteckte mich den Tag über in Tante Maries Wohnung, während diese bei der Arbeit war. Am Morgen hatte ich in der Schule angerufen, um Bescheid zu sagen, daß ich krank war, hatte aber vergessen, daß gerade an jenem Tag in der Schule eine Kunstausstellung eröffnet wurde, in der ein Bild von mir einen Ehrenplatz einnahm. Meine Mutter war von einer Reise zurückgeeilt, um bei der Eröffnung dabeizusein, und es war ihr peinlich, daß sie ihr Unwissen bekennen mußte, als eine Lehrerin sie mit den Worten begrüßte: «Es tat uns so leid zu hören, daß Cathy krank ist. Geht's ihr schon besser?» Als dann herauskam, daß ich geschwänzt hatte, fühlte sie sich regelrecht gedemütigt. Am Ende hatte ich schreckliche Schuldgefühle, daß meine kleine Rebellion sie so verletzbar gemacht hatte.

Es war auch wichtig, glücklich zu sein und sie nicht mit Klagen zu Hause willkommen zu heißen. Für ein Kind ist es schwer zu wissen, welche Probleme gelöst werden können und welche nicht: Wenn es tagelang nieselt, helfen Klagen nur wenig, und triste Zeiten, die einfach durch das Schulsystem oder die Nachbarschaft bedingt sind oder einem durch Gleichaltrige bereitet werden, kommen einem wie unveränderbare Naturkräfte vor. Während meines zweiten Schuljahres in Brearley beschrieb meine Mutter eines Tages beim Frühstück eine Elternversammlung vom Vorabend, bei der eine andere Mutter sich über die Schikanen beschwert hatte, denen neue Schüler ausgesetzt waren. «Ich habe ihnen gesagt», meinte sie, «daß du solche Probleme nie gehabt hast», worauf ich in Tränen ausbrach. Es war mir einfach nie in den Sinn gekommen, daß anderthalb Jahre schlimmster Isolation etwas war, wovon ich ihr hätte erzählen sollen.

Es war mir genauso klar, wie es einem einsamen schwarzen oder jüdischen Kind in einer fremden Schule klar gewesen wäre, daß das Problem etwas damit zu tun hatte, wer wir waren – andersartige Menschen, eine andere Art von Familie. Ich wohnte im falschen Stadtteil, kam mit der Subway zur Schule und kaufte bei Macy ein. Ich besaß eine Menge Wissen und Erfahrungen, die mich als seltsamen Vogel brandmarkten, aber es fehlten mir die wirklich wichtigen Fähigkeiten, besonders sportliche, die mich beliebt gemacht hätten. Zu gescheit. Und doch war gerade Margarets Aktivismus, ihre Überzeugung, daß sich jedes Problem lösen lasse, ein Grund dafür, daß ich mich ihr nicht anvertraute. Als ich ihr schließlich meine Schulprobleme erklärte, bestand einer ihrer Lösungsvorschläge darin, einen Nachhilfelehrer für Sport anzuheuern. Rückblickend kann ich heute wohl einsehen, daß ich bestimmte Fertigkeiten durchaus hätte lernen können, denn in der Schule davor hatte ich meine gesamte Freizeit mit Tagträumen und der Inszenierung privater Dramen verbracht, nicht mit Ballspielen, und die Grundregeln des Baseballspiels hatte ich nur gelernt, weil ich sie in einem Kinderlexikon nachgeschlagen hatte. Aber der Gedanke stieß mich ab – durch Nachhilfeunterricht etwas zu lernen, was andere anscheinend bei der Geburt mitbekommen hatten; das war noch schlimmer, als sich selbst für unfähig halten zu müssen, noch demütigender, wenn es herauskam, als bei jeder Teamwahl zuallerletzt gewählt zu werden. Danach schaute ich mir ein Dutzend anderer Schulen an, einschließlich einiger Internate, und entschloß mich schließlich doch, dazubleiben, da die Wertsysteme meiner Klassenkameradinnen sich langsam änderten und sich Freundschaften entwickelten.

Ich glaube, Margaret und ich müssen sehr viel über Menschen gesprochen haben, wobei sie die Vielfalt der unterschiedlichsten Persönlichkeiten, die zu uns kamen oder die wir besuchten, jeweils in den Zusammenhang ihrer individuellen Geschichte stellte. Während dieser Jahre existierte eine Serie von Forschungsprojekten über zeitgenössische Kulturen, wozu die Bildung von Gruppen gehörte, die in ihrer Zusammensetzung jeweils der Vielfalt einer anderen, größeren Gesellschaft entsprachen; und diese Gruppen trafen sich manchmal abends in unserem Wohnzimmer. Ich erfuhr damals außerordentlich viele Lebensgeschichten – wie dieser Schriftsteller wurde, indem er jedes Buch in einer kleinen Bibliothek im Mittelwesten durchlas, wie jener an Abendschulen Einwanderern Englisch beibrachte. Die Abfolge von Ehen und Wanderungen prägten, so lernte ich, die Individuen und ihre Beiträge auf einzigartige Weise und kamen als Erklärung ihrer Verhaltensmuster in Frage.

In der Tat existierten die Modelle für die meisten Verpflichtungen, die ich in meinem Leben eingegangen bin, schon in diesem von meiner Mutter geschaffenen Netzwerk, so daß ich auf dem Material, das mir zur Verfügung stand, alle möglichen Lebensstile hätte aufbauen können: Ehe mit oder ohne Kinder; offene oder der Treue verpflichtete Ehe auf Zeit oder für immer; Hausfrauenleben oder Karriere; ein nach innen oder außen gerichtetes Leben; Liebe zu Männern oder zu Frauen. Mir scheint, wenn sie mir sagte, wie ich mich benehmen sollte, beruhte das meist auf den Besonderheiten von Individuen oder Haushalten und nicht auf allgemeinen Prinzipien. Detail und Stil waren ihr überaus wichtig; sie schätzte individuelle Vielfalt fast so, wie ein Kenner Kunstwerke schätzt, und sie brachte mich mit einer großen Zahl der verschiedensten Menschen in Beziehung, die für sich zutiefst unterschiedliche Entscheidungen getroffen hatten und unterschiedliche Möglichkeiten des Menschseins repräsentierten – unterschiedlich in der Art, wie sie ihr Familienleben konstruierten oder wie sie Frau waren. Auf einer tieferliegenden Ebene, unter der Möglichkeit, eine Vielfalt von Verpflichtungen eingehen und neuartige Kombinationen herstellen zu können, vermittelte sie mir immer das Gefühl einer tiefen und beständigen romantischen Liebe zu meinem Vater.

Die beiden Haushalte, in denen ich die meiste Zeit (außer in der Perry Street) verbrachte, stellten so ungefähr den stärksten Kontrast dar, den man innerhalb unseres engsten Freundeskreises finden konnte. Als ich als Erwachsene Ruth Benedicts Buch *‹Patterns of Culture›* zum erstenmal las, las ich es mit einem Gefühl des Wiedererkennens; nicht, weil ich etwas von der Kultur der Zuñi oder

Steppenindianer wußte, sondern weil mein Leben in verschiedenen Haushalten mich die Bedeutung dessen gelehrt hatte, was Ruth *pattern*, Muster, nannte; ebenso wie die leitmotivische Beharrlichkeit, die mein Vater mit *Ethos* bezeichnete – der alles durchdringende Stil eines Systems, der eine Kultur zu mehr als einer bloßen Liste von Eigenheiten und Institutionen machen.

Meine Mutter benutzte den Kontrast zwischen dem Haushalt meiner Tante Marie und dem von Sara und Allen Ullman, deren Tochter eine meiner besten Freundinnen war, ausdrücklich dazu, meinen Blick für einige Feinheiten unterschiedlicher Muster zu schärfen. In beiden Haushalten war es mir absolut verboten – darin unterschieden sie sich von anderen Haushalten, in denen ich viel Zeit verbrachte –, barfuß zu laufen; aber die Gründe dafür, der Kontext des Verbotes, waren völlig verschieden.

In der riesigen Wohnung der Ullmans, zu der man viele Treppen hinaufsteigen mußte, waren die Fußböden schmutzig und der Stil eher bohemehaft – aber es verstand sich von selbst, daß man in einem Künstlerhaushalt Reißzwecken auf dem Fußboden zu erwarten hatte, und so war das Tragen von Schuhen, wenn auch von nichts anderem, einfach Pflicht. In Tante Maries Wohnung war alles so sauber, wie das Leben in New York es eben erlaubte. Die Stühle und Sessel waren mit Schonern bedeckt, und schmutzige Kinderfüße standen im Widerspruch dazu. Zu Hause und anderswo lief ich fröhlich barfuß herum, aber keine Formel für richtiges Benehmen, «wenn du zu Besuch bist», wäre auf sämtliche Varianten anwendbar gewesen.

Sara und Allen Ullman führten ein herrlich gastfreundliches Leben, luden Freunde zum Essen und zu Parties ein, durchlebten dann aber auch Perioden, in denen sie «völlig pleite» waren und Sara als Verkäuferin arbeitete. Ihre Tochter Martha, auch sie ein Einzelkind und später meine Brautjungfer, besuchte mit mir zusammen die Downtown Community School, wo Allen Malunterricht gab, und Sara holte uns nach der Schule ab, so daß ich den Nachmittag bei ihnen verbringen konnte. Häufig kam dann meine Mutter mit einem riesigen Steak und ein paar Flaschen Wein, und dann wurde ein Festmahl mit viel Knoblauch zubereitet und geteilt. Fleisch und Salat und Brot würzten einander wechselseitig auf den mexikanischen Steinguttellern, das benutzte Geschirr blieb für den nächsten

Tag überall in der Küche aufgestapelt, während alle stundenlang ein bißchen beschwipst herumsaßen, Allen haarsträubend schmutzige Witze erzählte, dröhnend lachte oder politisierte. Dabei stritten, flirteten und strahlten Allen und Sara und schworen, am nächsten Morgen würden sie mit einer Diät anfangen.

Die beiden bewegten sich in einer Aura von Sinnenfreude, Essen, Sex und Farbe – eine permanente Liebesaffäre zwischen zwei Menschen, die zufällig auch verheiratet waren. Margaret deutete besonders gern darauf hin, wie Sara – selbst als sie fett und grauhaarig wurde – immer noch die Überzeugung, eine attraktive Frau zu sein, ausstrahlte und sich fabelhaft hielt; vollbusig in tief ausgeschnittenen schwarzen Kleidern, die den Brustansatz großzügig freigaben, charmant und immer zu einem Flirt bereit, eine Frau, der Freunde flaschenweise Parfum schenkten, das dann die Badezimmerregale überfüllte. Die Ullmans stritten sich in aller Öffentlichkeit, und Allen lief gelegentlich anderen Frauen nach, aber sie waren das einzige Paar, von dem ich mir als Kind bewußt vorstellen konnte, daß sie sich liebten, in dem großen Doppelbett, das im Wohnzimmer unter Allens riesigem farbenfrohen Wandbild eines Buffets stand.

Nachdem ich die Schule wechselte, hatte ich mehrere Jahre lang bei Allen Malunterricht in seinem großen Dachatelier im späteren West Village, und Klavierunterricht bekam ich eine Zeitlang von einem befreundeten Komponisten, Colin McPhee, der gleichzeitig mit Margaret und Gregory in Bali gewesen war und jetzt in ständiger Armut lebte. Allen war einer der großartigsten Lehrer der Welt – er arbeitete an seiner eigenen Leinwand auf der anderen Seite des Raumes, während ich, von seinem Enthusiasmus beflügelt, zumeist tun konnte, was ich wollte. Als die Ullmans in echte finanzielle Schwierigkeiten gerieten, plante meine Mutter, wenn nötig, bei Allen ein Porträt von mir in Auftrag zu geben, aber sie verloren nie das Vertrauen darauf, daß sein Werk eines Tages Anerkennung finden würde. Doch Allens wichtigstes Bild, das in unserer Wohnung hing, war geliehen, und Margaret sagte immer, sie würde es sich nie leisten können – bis Allen es ihr eines Tages schenkte. Heute hängt es bei mir zu Hause. In fast allen seiner Gemälde trug Allen die Farben mit dem Spachtel auf einen weißen Grund auf, leuchtende Blau- und Orangetöne.

Tante Maries Wohnung war noch zentraler als die der Ullmans, es war der Ort, wo ich die meisten Wochenenden verbrachte, während meine Mutter auf Vortragsreisen oder Kongressen war, und wo ich mich ganz als Kind des Hauses fühlte. Auch dort gab es Dinge, die ich lernen sollte. Wie Margaret Marie ihre Finanzen anvertraute, so überließ sie es ihr auch, eine Methode zu entwickeln, die mir den Umgang mit Geld beibringen sollte. Ich bekam also mein erstes Taschengeld, zehn Cent pro Woche, an dem ich sparen lernen sollte, und dann wurde ein System für einen Kleideretat ausgearbeitet. Von dem Zeitpunkt an, als Nanny uns verließ, hatte Marie das Sagen über meine gesamte Kleidung, von der sie viel selbst nähte und, wenn nötig, flickte – karierte Röcke und kleine Blusen, die aus den alten Hemden meines Vaters geschnitten wurden, für jeden Winter neugestrickte Pullover, vernünftige braune Halbschuhe, eine Nummer zu groß, zum Hineinwachsen. Sie lehrte mich, einen Fingerhut zu benutzen, vor dem Nähen immer abzustecken und zu heften und den Faden mit Wachs einzureiben, wenn er halten sollte.

Unter Tante Maries Aufsicht arbeitete ich mich über die Jahre von einem regelmäßigen Betrag für Unterwäsche zu einem Etat für Unterwäsche und Schuhe hinauf und schließlich zu einem Etat für meine gesamte Kleidung mit Ausnahme eines Wintermantels. Wir begannen im Herbst damit, daß wir eine genaue Liste des Erforderlichen erstellten, mit den vermutlichen Preisen, was es mir ermöglichte, für dieses mehr und jenes weniger auszugeben, vorausgesetzt, daß ich in einem kleinen schwarzen Heft genau Buch führte und die Abrechnung stimmte. Marie gab mir auch Kochunterricht (die erste Mahlzeit bestand aus Leber mit Zwiebeln) und half mir, Weihnachtsgeschenke zu machen und einzukaufen und wunderschön säuberlich einzupacken – in Geschenkpapier, das wir vom letzten Jahr aufgehoben und geglättet hatten und mit aus alten Weihnachtskarten ausgeschnittenen Bildern unendlich sorgfältig dekorierten. In meiner Erinnerung leben noch Hunderte von Details dieser Handfertigkeiten, aber die Stimmung, die ich damit verbinde, ist Fröhlichkeit. Arm in Arm, im gleichen Schritt, fast hüpfend, unternahmen wir unsere Expeditionen.

Tante Maries Zentralanliegen war das Bewahren. Sie sammelte die Coupons von Raleigh-Zigaretten bis zu dem Augenblick des

*Mit 10 Cent Taschengeld . . .*

. . . pro Woche fing es an. Und die durften beileibe nicht ausgegeben werden, sondern wurden gespart. Mutter Margaret Mead, die berühmte Wissenschaftlerin, meinte, auf diese Weise ihre kleine Tochter am besten auf das Leben vorbereiten zu können.

Gewiß eine spartanische Methode. Die produktiven Folgen dieser Erziehung sind allerdings beispielhaft.

Triumphes, an dem sie dafür einen hübschen Kartentisch mit einer Intarsienplatte eintauschen konnte, und dann benutzte sie diesen Tisch dreißig Jahre lang, immer mit einer Schutzdecke aus Kunststoff darüber. Bei ihr zu Hause gab es mehrere Generationen von Antiquitäten und eine Geschichte zu jedem Stück; eine wunderschöne Puppe namens Lucille, die ihrer Mutter gehört hatte, Familienschmuck und -silber, Familienporzellan, Familienuhren, die nachts die Stunde schlugen, und Betten mit Roßhaarmatratzen, und jeder einzelen Gegenstand (mitsamt seiner Geschichte) wurde mir als etwas dargestellt, das dereinst mir gehören sollte. Nur selten zeigte meine Mutter einmal eine gewisse Irritation, wenn jemand besonders knauserig oder allzu großzügig war. Häufiger jedoch rekonstruierte sie eine Art Toleranzrahmen, indem sie mir erklärte, wieso Tante Marie das Geld sorgsam einteilte oder die Ullmans es mit Schwung verbrauchten, und sie wies mich auf die symbolische Bedeutung des Umgangs mit Nahrungsmitteln hin.

Jeder der verschiedenen Haushalte, in denen ich zeitweilig lebte, hatte seine eigenen Regeln, einige explizit, andere implizit. In jedem waren die Erwachsenen gehalten, auch bei mir ihren jeweiligen Verhaltensstandard durchzusetzen, welcher Art er auch war, und mich, wenn nötig, auch nach ihrer eigenen Weise zu bestrafen. Meine Mutter war immer bereit, Gründe zu diskutieren, aber sie bestand darauf, daß man sofort tun sollte, was einem gesagt wurde, denn es könnte sich ja auch um eine Frage der Sicherheit handeln. Im Frankschen Haushalt bekam ich als kleines Kind schon mal einen Klaps, und bei den Ullmans war die gebräuchlichste Strafe Trennung von meiner Freundin Martha oder Ausschluß aus dem fröhlichen Familienkreis: «Wenn ihr Mädchen jetzt nicht gleich damit aufhört, werdet ihr getrennt!» Einmal strich Tante Marie mein Taschengeld für ganze zwei Monate, weil ich meine Füße gegen die frisch gestrichene Wand neben meinem Bett gestemmt und Schmierflecken hinterlassen hatte.

Meine Mutter belegte unannehmbares Verhalten meistens mit dem Wort «langweilig». Auf Klagen, Jammern, unvernünftige Forderungen hieß es nur: «Hör sofort damit auf, Cathy; das ist wirklich langweilig», kalt und gebieterisch. Es gab noch andere Dinge, die in ihrer Gegenwart einfach nicht annehmbar waren – ich konnte mir die Fingernägel lackieren, wenn ich wollte, aber dann konnte ich nicht mit ihr zusammen ausgehen, und das gleiche galt für Kaugummi und Comics. Als meine Freundinnen anfingen, heimlich zu rauchen, sagte sie, das müsse ich im Grunde selbst entscheiden, und sie werde es mir nicht verbieten, aber in ihrer Gegenwart dürfe ich nicht rauchen. Das ließ die kühnen Experimente meiner Freundinnen eher geschmacklos und nicht sonderlich aufregend erscheinen.

Die verschiedenen Haushalte waren so wichtig, daß jeder in unsere Weihnachtsfeiern integriert werden mußte, die in Schichten und Phasen, mit unterschiedlichen Speisen und Ritualen stattfanden. Am Heiligabend gab es ein Abendessen für eine kleine Gruppe enger intellektueller und künstlerischer Freunde. Meine Mutter bereitete Steaks und Salat zu, Colin McPhee die holländische Sauce für den Spargel, und Allen Ullman machte Zabagione. Später kamen Rhoda Metraux und ihr Sohn Daniel dazu, und auch Alan Lomax wurde Teil der Gruppe; er spielte Weihnachtslieder auf der Gitarre, bis einige dann zur Mitternachtsmesse gingen.

In der Perry Street fand dann am Weihnachtsmorgen der alte gemeinsame Haushalt mit der Frank-Familie wieder zusammen, wenn ich meine Weihnachtsstrümpfe hinauftrug, um sie gemeinsam mit Colin zu öffnen. Dann gab es am großen Tisch der Franks ein Weihnachtsfrühstück, und zehn bis zwanzig Leute tauschten Geschenke aus. Meine Mutter entwöhnte mich der Weihnachtsstrümpfe, indem sie allmählich den Anteil von Orangen und Nüssen erhöhte, bis mir klar wurde, daß sie keine Lust mehr hatte, alle möglichen Füllsel zu sammeln.

In manchen Jahren gab es ein Weihnachtsmahl mit Mitgliedern von Margarets eigener Familie, und dazu gehörte dann eine Bahnreise nach Connecticut zu ihrer Schwester oder nach Philadelphia zu ihren Eltern. Das waren dann Zeiten für Truthahn und Weihnachtspudding und einen etwas weniger gelösten Umgang mit Verwandten, mit Vettern und Cousinen, die man monatelang nicht gesehen hatte. Irgendwann an Weihnachten wurde stets Tante Marie besucht, die dann das «Berliner Porzellan» hervorholte, einen kostbaren Satz antiker Mokkatassen, die während des übrigen Jahres in einem gläsernen Schaukasten ruhten. Als die Franks später von New York fortzogen, wurde das Weihnachtsfrühstück bei Tante Marie eingenommen.

In einem anderen in jenen Jahren wichtigen Haushalt gab es zwei verschiedene Stile – ja Kulturen –, über die man nachdenken konnte, und meine Mutter erklärte mir die Unterschiede zwischen zwei sich ergänzenden Stilen, die sie mit Weiblichkeit und Männlichkeit in Beziehung setzte. Gregory hatte einen solchen Kontrast bei den Iatmul in Neuguinea beobachtet, wo der Unterschied zwischen dem maskulinen und femininen *Ethos* so groß war, daß er die theoretische Frage stellte, warum er sich nicht langsam, aber sicher bis zum Zusammenbruch verstärkte, sondern im Gleichgewicht blieb.

Frank Tannenbaum und Jane Belo, Onkel Frank und Tante Jane, besaßen eine Farm in Poughkeepsie, New York, auf der sich an jedem Abend zwei Stile manifestierten. Jane war ganz Dame. Sie war mit dem Maler George Biddle verheiratet gewesen, hatte in Paris gelebt und war dann mit ihrem zweiten Mann, Colin McPhee, nach Bali gegangen. Dort gehörten sie zu einer Gruppe von Malern, Komponisten und Sammlern balinesischer Kunst, mit denen Margaret und Gregory eng zusammenarbeiteten. Sie war außerordentlich feinsinnig, schön und ein wenig zurückhaltend. Mein Vater erzählte, er sei in sie verliebt gewesen, habe aber immer das Gefühl gehabt, sie wäre so zerbrechlich und labil, daß man Berührungsängste bekam. Sie schrieb ein Buch über balinesischen Tanz, verbrachte aber später viele Jahre in psychiatrischen Krankenhäusern oder unter dem Einfluß von Medikamenten, die ihren Körper ungelenk machten und die Grenze zwischen Wahrnehmungsvermögen und Wahnvorstellungen traurig verwischten. Als ich sie kennenlernte, war Jane bereits mit Frank Tannenbaum verheiratet, einem Professor an der Columbia-Universität, der als Einwanderer der Arbeiterklasse in die Vereinigten Staaten gekommen und wegen seiner Teilnahme an Arbeiterdemonstrationen im Gefängnis gewesen war. Später schrieb er über Gefängnisreform und dann über Politik in Lateinamerika; er war ein warmer, erdhafter, quicklebendiger Mensch, der Jane schützend umsorgte.

Vor dem Essen trafen wir, frisch gebadet und umgezogen, in Janes Salon zum Cocktail zusammen, und das bedeutete für mich die Platte mit Hors d'œuvres, zierliche antike Möbelstücke und Kunstwerke, bei denen heute einige bei mir zu Hause hängen. Jane hatte zwei Dackel, und in einer Zimmerecke stand ein kleines

Schränkchen mit einer Sammlung zerbrechlicher kleiner Spielsachen aus Mexiko und Bali, die ich vorsichtig aufstellen durfte. Nach dem Essen gingen wir in Franks großes braunes Arbeitszimmer, wo ich mich zusammen mit seiner großen Dogge auf den Fußboden legte, während die Erwachsenen in tiefen Ledersesseln Platz nahmen und Frank seine übelriechenden Pfeifen herausholte, die im Salon nie in Erscheiung traten.

Man saß auf verschiedene Weise in den beiden Räumen und sprach mit anderen Stimmen. Es war möglich, den Unterschied als Geschlechtsunterschied zu betrachten, aber genauer gesagt war es eine Weise, eine von vielen, die Unterschiede der Geschlechter zu betonen. In den dreißiger Jahren in Neuguinea hatten Margaret, ihr Mann Reo und Gregory, die gerade erst erkannt hatten, wie kulturelle Muster Temperament und Geschlecht überlagern, mit einem System experimentiert, Persönlichkeitstypen nach Kompaßpunkten zu beschreiben. Danach wäre Frank zweifellos ein «Südwesterner» gewesen – warm, praktisch und mit Managerfähigkeiten –, während Jane die «Ostküstenpersönlichkeit» repräsentierte, distanziert und ganz mit sich selbst beschäftigt. Zuweilen sprach sie aus bizarren Hirngespinsten heraus, ich weiß noch, daß ich die Konversation mit ihr einfach aufnahm, als wäre es ein Spiel, eine meiner Phantasiewelten.

Meine Mutter hat mich nie nach Samoa oder Bali oder Neuguinea mitgenommen, aber mir scheint, daß das komplexe Mosaik unserer Freundschaften eine mindestens ebenso gute Einführung in die Anthropologie war wie jede Feldstudienreise. Es war wichtig, anpassungsfähig zu sein und die unterschiedlichen Lebensstile zu akzeptieren und zu respektieren; und es war wichtig zu wissen, daß Gebräuche und Lebensstile, die sich so stark voneinander unterschieden, doch eine Logik besaßen, daß in jedem Fall bestimmte Muster zu erkennen waren. Bei einer derartigen Toleranz für Unterschiede war es wirklich ein Problem zu lernen, daß ungewöhnliches Verhalten auch Ausdruck von Krankheit sein und Gefahr signalisieren konnte. New York City war damals viel sicherer, es gab weniger Verrücktheit und Gewalttätigkeit in den Straßen, aber das Unvorhersehbare jeder Großstadt existierte natürlich auch hier.

In Tompkins Square Park, wohin wir von der Downtown Community School zum Spielen gebracht wurden, saß einmal ein Exhibitionist auf einer Bank. Meine Klassenkameraden und ich diskutierten sehr ernsthaft über das moralisch richtige Verhalten in dieser Situation: uns so zu verhalten, daß er auf keinen Fall das Gefühl bekam, daß wir ihn als merkwürdig betrachteten, nicht hinzustarren und ihn nicht zu necken, so wie wir gelernt hatten, nie Krüppel oder Ausländer, die sich vielleicht komisch verhielten, anzustarren oder zu necken; keine Angst zu zeigen, denn das könnte seine Gefühle verletzen. Später sah ich in der Eight-Avenue-Subway-Station, in der ich jeden Tag warten mußte, als ich zur Brearley-Schule ging, ab und zu Exhibitionisten und war überrascht, als sich herausstellte, daß meine Mutter über solche Vorfälle unterrichtet werden wollte und sie an die Polizei weitergab. Als sie das einmal tat, verbarg ich die Tatsache, daß der fragliche Exhibitionist in diesem Fall ein Schwarzer war, denn ich hatte gelernt, die allzu leichte Assoziation von schwarzer Haut mit Gewalttätigkeit abzulehnen, und fürchtete, daß jeder angezeigte Fall, in dem die Rasse erwähnt wurde, Vorurteile verstärken könnte.

Wie erkennt man, ob Verhaltensweisen kulturell bedingt sind – und daher funktionale Teile eines menschlichen Kultursystems, wie seltsam sie auch anmuten möge – oder individuell und daher möglicherweise auch pathologisch? Um mir diese Problematik zu verdeutlichen, erzählte mir Margaret, daß sie sich oft gefragt hätte, als sie sich in Gregory verliebte, wieviel ihrer Liebe eigentlich einem bestimmten englischen Stil galt und wieviel der Person, und als ich meinen Mann kennenlernte, stellte ich mir die gleiche Frage in bezug auf die armenische Kultur. Sie berichtete freilich auch von einer Studentin, einer Irin, die dauernd behauptete, *Leprechauns* (irische Kobolde) zu sehen. Margaret fand, sie müsse ihr Urteil darüber, ob dies nun einfach Ausdruck eines ihr nicht vertrauten kulturellen Musters sei, zurückhalten – bis eines Tages ein irischer Polizist, der die beiden zusammen gesehen hatte, auf sie zukam und sagte: «Wissen Sie, Lady, das Weibsbild da ist völlig übergeschnappt.»

Abgesehen von den Risiken, scheint mir, daß der Respekt vor Andersartigkeit und die Erwartung, Muster zu finden, auf die man eingehen und innerhalb derer man leben kann –, daß dies zu den schwierigsten und wichtigsten Dingen gehört, die man Kindern zu vermitteln hat, ebenso wie man ihnen beibringt, mit ihren eigenen

Kulturmustern zu arbeiten. Als Vanni noch nicht ganz drei war, nahm ich sie zu einem längeren Aufenthalt bei einer traditionellen iranischen Familie mit und war ein bißchen besorgt, wie sie sich mit den tiefgreifenden Unterschieden arrangieren würde: Den ganzen Tag lang würde sie ausschließlich Persisch hören; sie würde sich in einer sehr dichten Gruppe von Menschen befinden (die zehn Kinder des Haushaltes teilten drei kleine Zimmer); sie würde auf Matten auf dem Fußboden schlafen und persische Mahlzeiten essen, eine Erdtoilette und Wasser statt Toilettenpapier benutzen; sie würde sich damit auseinandersetzen müssen, daß mein Kopf ständig bedeckt sein würde.

Eine Woche vor unserer Abreise begann ich also, ihr eine Reihe von Geschichten zu erzählen, die in den Rahmen dessen, was sie damals verlangte, hineinpaßten – «erzähl mir eine Geschichte über Stacy, die Kuh» –, wie meine Mutter Geschichten und Kinderbücher benutzt hatte, um mich etwas über Rasse oder Sex zu lehren. Eines Tages entschloß sich Stacy, die Kuh, mehr über Pferde zu lernen, die am anderen Ende des Stalles lebten, und so zog sie zu ihnen. Und sie fand heraus, daß sie in Boxen wohnten, vor einen Pflug gespannt wurden, Hafer *und* Heu zu futtern bekamen und miteinander wieherten – nicht muhten. An einem anderen Abend, bevor es Zeit war, schlafen zu gehen, wollte Stacy die Hühner besser kennenlernen und zog ins Hühnerhaus. Und da pickten sie ihre Körner vom Boden auf und ließen sich vom Hahn herumkommandieren. Und so zog Stacy die ganze Woche lang auf ethnographische Erkundungsreisen, zu den Schweinen und den Schafen und den Ziegen und allen Tieren auf dem Bauernhof. Und jedesmal, wenn wir in dem iranischen Haushalt in Schwierigkeiten zu geraten drohten, erinnerte ich Vanni: «Weißt du nicht mehr, wie schwer es für Stacy war, auf der Hühnerstange einzuschlafen? Erinnerst du dich noch daran, wie schwierig es für sie war, zu den Schafen nett und höflich zu sein, wenn die doch immer nur Bäh-Bäh sagten?»

Am Ende mußte ich freilich doch dafür sorgen, daß sie jeden Tag ungefähr eine halbe Stunde mehr oder weniger allein mit mir sein konnte, und in dieser Zeit zog sie mir gewöhnlich das Kopftuch vom Kopf, als ob sie sich vergewissern wollte, daß ich noch dieselbe war. Außerdem hatte sie ständig Schwierigkeiten mit dem großen Löffel, den man ihr zum Essen gab, und ich mußte einen kleineren für sie finden. Sie spielte mit den Kindern des Hauses und lernte die Konventionen, die mit den Sandalen verbunden waren – auf Teppichen immer barfuß zu gehen, aber nie im Garten oder zur Außentoilette. Die Mutter bewarf die Kinder mit Steinchen, wenn sie zu laut waren, und der Vater bedrohte sie einmal mit einem großen Messer, wenn sie nicht stillsäßen. Sie beobachtete mich genau und hätte es an meiner Betroffenheit erkannt, wenn dies etwas anderes als nur eine kulturell stilisierte, ungefährliche Art gewesen wäre, Kinder zu verwarnen.

Bei Vanni versuchte ich frühzeitig und schnell einen Grad von Flexibilität und Offenheit zu erreichen, der sich bei mir über eine längere Zeitspanne hinweg hatte entwickeln können, denn ich war schon sieben, als mich meine Mutter zum erstenmal nach Übersee mitnahm. In der Zeit zwischen meiner Geburt und 1953 unternahm sie keine Feldforschungsreisen, und als sie 1953 wieder nach Neuguinea ging, nahm sie mich nicht mit. Tatsächlich ist es am besten, ein Kind schon in sehr frühen Jahren zur Feldforschung mitzunehmen, wenn es am fähigsten ist, die Lebensweise einer anderen Kultur schnell aufzunehmen und dabei der Mutter ganz nah sein kann, die wiederum sein Spiel mit den anderen Kindern als Basis für Kontakte zu deren Müttern benutzen kann. Aber als ich in jenem Alter war, war Margaret mit dem Krieg und verschiedenen «Fernstudien» europäischer Kulturen der Nachkriegszeit beschäftigt. Die Teenager-Jahre sind viel schwieriger, weil die Jugendlichen sich da um eine gewisse Distanz zu ihren Eltern bemühen und die Sicherheit der Konformität mit Gleichaltrigen suchen. Doch obwohl ich weder in Neuguinea noch in Samoa heranwuchs, lehrte mich Margaret doch, Unterschiede zu erkennen und zu schätzen und das eigenständig Interessante daran hervorzuheben, statt sie als Abweichungen von einem Idealtypus zu betrachten.

Sie scheute keine Mühen, um mir Gelegenheit zum Kontakt mit unterschiedlichen Menschen zu verschaffen, und wenn ich irgendein neues Interesse entwickelte, schickte sie mich oft zu jemandem, der mir aus persönlicher Erfahrung mehr dazu sagen konnte. Gelegentlich äußerte sie Besorgnis darüber, daß mein Horizont immer noch zu eng war. Sie hatte angenommen, daß es Gelegenheiten für mich geben würde, früh eine zweite Sprache zu lernen, aber das geschah nicht, bis ich etwa zehn Jahre alt war, und sie befand schließlich, der Kontakt in Österreich mit Kindern, die kein Englisch sprachen, habe mir den Unterschied von «Das *ist* eine Tasse» und «Das *nennen wir* eine Tasse» – und damit die *Idee* einer fremden Sprache – beigebracht (ohne daß ich damals eine Fremdsprache gelernt hatte), so daß ich sie, wenn nötig, jederzeit lernen könne. Sie steckte viel Zeit und Arbeit in die Downtown Community School, die ich bis zu meinem zehnten Jahr besuchte, aber das für Fremdsprachen notwendige Auswendiglernen paßte nicht in das progressive Modell dieser Schule.

Wenn meine Schule auch erfolgreich durchsetzte, daß es eine nennenswerte Anzahl schwarzer Schüler und einige schwarze Lehrer gab, fürchtete sie doch, daß die schwarzen und weißen Kinder aus sozial allzu gleichartigen Gruppen kamen. Ich kam nach Hause und fragte, warum die schwarzen Kinder (aus Familien, die in den Mittelstand hinaufstrebten) soviel prüder in bezug auf unanständige Wörter seien als die weißen Kinder (aus politisch liberalen oder gar radikalen Familien).

Margaret machte sich auch darüber Gedanken, daß ich in der Welt der späten vierziger Jahre sowenig Gelegenheiten hatte, außerhalb der Schule schwarze und weiße Erwachsene zusammen arbeiten zu sehen. Sie war der Meinung, daß Rassenunterschiede manchmal so auffällig sind, daß man von einem Kind ohne Aufklärung über Vorurteile nicht erwarten kann, sie einfach zu ignorieren, und daher sei eine echte Vertrautheit so wichtig, wenn auch nicht immer leicht zu arrangieren. Und so hielt sie eines Tages den Atem an, weil sie nicht wußte, wie ich reagieren würde, als ich nach Hause kam und ins Wohnzimmer hineinplatzte, wo sie mit drei Mitgliedern des Verwaltungsrates vom Hampton Institute eine Sitzung abhielt – alle männlich, alle schwarz, sehr vornehm angezogen. Ich balancierte einen Augenblick auf der Türschwelle, mein Springseil in der Hand, während sie mich begrüßte, schaute umher und bemerkte dann, ganz im Tonfall der liebenswürdigen Gastgeberin: «*Ich* bin die einzige Person in diesem Zimmer, die Blau trägt.» Nicht schlecht – für jemanden, dem man jahrelang beigebracht hatte, Unterschiede zu akzeptieren und Individualität hoch einzuschätzen.

*Margaret und Gregory vor dem Krieg*

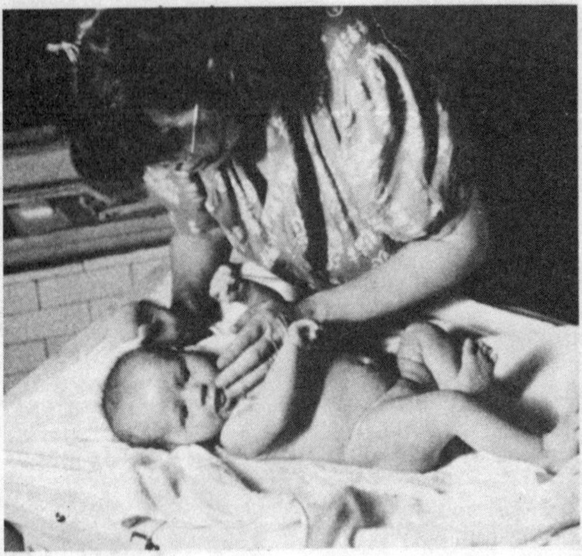

*Babybilder*

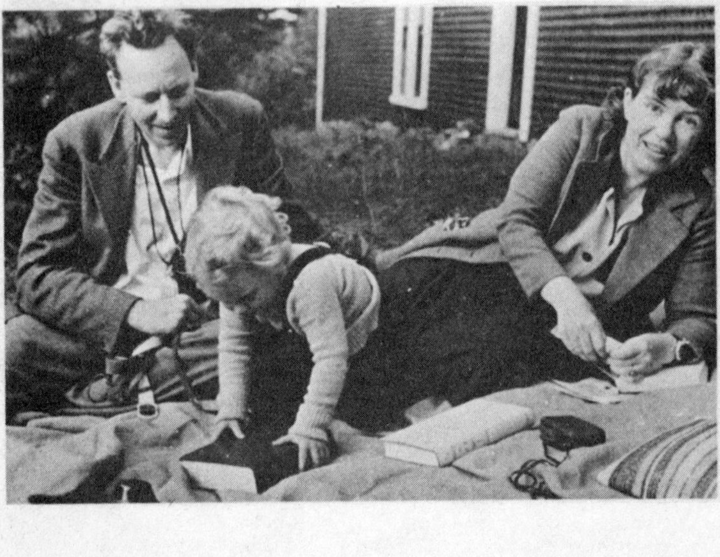

KARSTEN STAPELFELDT

*Eine Familie kurz vor der Trennung*

KEN HEYMAN

*Onkel Larry mit Margaret in den fünfziger Jahren*

MARTHA WOLFENSTEIN

*Daheim mit Margaret*

LOTTE JACOBI

FRED ROLL

*Eine letzte Begegnung*

6

# Ein weißer Handschuh und der Klang einer klatschenden Hand

Eine Freundin erzählt mir: Als sie Margaret und Gregory zum letztenmal zusammen sah, fünfundzwanzig Jahre nach ihrer Scheidung und unmittelbar vor ihrem Auftritt bei einer Podiumsdiskussion, versuchte Margaret, Gregory zu überreden, Socken anzuziehen, bevor er aufs Podium ging. Warum? Warum war das offenbar wichtig für sie, aber nicht für ihn? Auf dem Hintergrund anthropologischen Wissens und einer Jugend in den zwanziger Jahren, als sich Gruppen von Künstlern und Intellektuellen von konventionellen Verboten befreit hatten, wählten Margaret und Gregory verschiedene Stilformen und trafen sehr unterschiedliche Entscheidungen. Im großen und ganzen brachte mir Margaret bei, Socken zu tragen – oder was dem in meinem Fall entsprach. Im großen und ganzen brachte mir mein Vater nichts dergleichen bei.

Beide führten ein zutiefst unkonventionelles Leben, machten sich aber ernsthafte Gedanken über das Wesen von Ordnung sowohl im gesellschaftlichen Leben als auch in der Natur. Es war wichtig für Margaret, wie andere sie wahrnahmen, während Gregory es ganz zufrieden war, als jemand zu gelten, der Konventionen verspottete. Dennoch suchte Gregory am Ende seines Lebens nach einer im Ästhetischen gründenden Moral, in der Gleichgewicht und Symmetrie die Grundlage für ökologischen Frieden bilden würden. Beide mußten ihre eigenen Ausdrucks- und Aussageformen auf dem Hintergrund ihres Wissens um die Vielfalt des menschlichen Daseins finden. Und als Elternteil mußte jeder für sich Entscheidungen darüber treffen, welche Sitten und Gebräuche sie bei sich zu

Hause einführen wollten und wie sich traditionelle Elemente einfügen ließen, die sie entweder erhalten oder verändern wollten.

Für meine Mutter war gutes Benehmen wichtig, weil es einem Wahlmöglichkeiten verschaffte und Türen öffnete. Neben der Fähigkeit, sich verschiedenen Umgebungen anpassen zu können, war es wichtig, die von der größeren Gesellschaft geschätzten Formen zu kennen, sie zu beherrschen und aus Respekt anderen gegenüber zu praktizieren. Feine Tischmanieren wurden nicht in allen Haushalten, die ich besuchte, erwartet, aber Margaret wollte, daß mir gute Manieren in den Grundzügen zur Gewohnheit würden. Wenn wir auf eine Hochzeitseinladung zu antworten hatten, verbrachte ich Stunden damit, die förmlichen Antwortzeilen elegant auf einem dicken, elfenbeinfarbenen Briefbogen unterzubringen. Als wir meine eigene Hochzeit planten, konsultierten wir bei jedem Detail Emily Posts *‹Buch der Etikette›* und entschieden dann, ob wir ihr folgen wollten oder nicht. In New York besuchte ich eine jener Tanzschulen, die Kinder darauf vorbereiten, das System der Tanztees und Hausbälle bis zum Debütantinnenball zu durchlaufen, denn sie wollte, daß ich daran teilhaben *konnte*, wenn ich *wollte*.

Wenn ich an den Tanzstundentagen früh aus der Schule kam, ging ich zum Lunch zu meiner Tante Edith, einer typischen Dame der patrizischen Oberschicht, die als Erwachsene genau jene Kultur verkörperte, welche die Tanzschule zu verewigen suchte. Mit der Zeit fand sie für sich ein eigenes Leben im Studium autobiographischer Kindheitsberichte – eine Matrone der Gesellschaft, aus der eine Intellektuelle wurde. Als ich das Debütantinnenalter erreichte, arbeitete ich in einem Kibbuz in Israel und hätte die ganze Idee absurd gefunden, aber nach all diesen langweiligen Nachmittagen in Taft- oder Baumwollsamtkleidern wäre ich der Sache durchaus gewachsen gewesen. Margaret war ein wenig besorgt, weil ich mit einer anderen Art von Unterricht natürlich eine bessere Tänzerin geworden wäre, auch mehr Freude am Tanzen gehabt hätte – aber das Lernziel dieser Tanzstunden war ja nicht in erster Linie das Tanzen, sondern es waren die richtigen gesellschaftlichen Umgangsformen und die Fähigkeit, auch mit einem schüchternen, ungeschickten Partner zu Rande zu kommen.

Kleidung war auch so eine Sache der Schicklichkeit. Margarets

Garderobe mußte den vielschichtigen Anforderungen des öffentlichen Lebens Genüge tun, genau den richtigen Grad von Formalität besitzen, feminin, aber nicht zu feminin sein – was sie trug, mußte stets ein Kompliment für die Menschen bedeuten, mit denen sie zusammen war. Sie hatte Freude an schöner Kleidung, und Hüte trug sie ganz besonders gern. Während meiner Kinderzeit gab es oben in ihrem Kleiderschrank immer vier oder fünf Hüte, jeder in einer eigenen Hutschachtel, die ich anprobieren konnte. Als kleine Person, meinte sie, müsse sie auch kleine Hüte tragen. Extravagant waren sie nie, aber etwas Spielerisches daran mochte sie gern – vielleicht eine Rose vorne drauf, ein kleiner Schleier oder, auf meinem Lieblingshut, ein Büschel Erdbeeren. Damals trug man Hüte zur Kirche und überhaupt zu allen formellen Anlässen. Ich besaß breitgeränderte Hüte mit hinten überhängenden Bändern und in einem Jahr einen prächtigen schwarzen Samthut mit ein bißchen weißem Pelzbesatz.

Sommers wie winters trug man Handschuhe. Mutter zeigte mir, wenn wir zusammen nur ein einziges sauberes Paar weißer Handschuhe zur Verfügung hatten, wie man mit einem einzigen weißen Handschuh damenhaft wirken konnte, indem man ihn, der Konvention gehorchend, in der Hand hielt und dabei die Tatsache, daß da nur ein einziger Handschuh war, nicht gänzlich kaschierte. Bis zu ihrem Tod trug sie immer ein Leinentaschentuch bei sich, ließ mich aber, wie es meine Generation tat, zu Kleenex übergehen. Sie kaufte ihre Taschentücher im Dutzend, denn sie ließ sie überall liegen und bekam sie dann oft nicht zurück, weil das Margaret-Mead-Etikett, das Tante Marie sorgsam in jede Taschentuchecke nähte, sie zu Souvenirs machte.

Margarets Neigung, in so vieler Hinsicht traditionellen Formen anzuhängen, beruhte auf ihrer Vorstellung von einem reichen Leben. Statt sich für einen leicht erfüllbaren Mindeststandard zu entscheiden, genoß sie Verfeinerung und Verspieltheit selbst im Trivialen als Teil dessen, was eine Tradition menschlich macht, und es widerstrebte ihr, irgendein menschliches Muster auf sein bloßes Gerüst reduziert zu sehen. So war Sprache für sie nicht nur ein System grammatikalischer Regeln, das man zur Kommunikation benutzen kann, sondern der Stoff, aus dem Gedichte und Kinderverse und Wortspiele sind. Ebensowenig betrachtete sie die Religion nur als System von Glaubenslehren oder metaphysischem Denken; sie war für sie der Sonntagsstaat, in den man Gefühle kleiden konnte, für Stadtmenschen eine Möglichkeit, sich mit Anmut durch die Jahreszeiten zu bewegen.

Jahrelang widmete sie sich der Verbesserung von internationaler und interkultureller Verständigung; daher interessierte sie sich zeitweilig für die Einführung einer Weltsprache und organisierte einen Kongreß zu diesem Thema. Damals wurde immer deutlicher, daß sich wie bei den Vereinten Nationen zwei oder drei Sprachen als Hauptträger interkultureller Verständigung herauskristallisieren würden. Sie fürchtete, daß dies – ob man sich nun auf eine oder mehrere Weltsprachen verließ – die Trennungslinie zwischen denen, die ihre eigene Sprache gebrauchten, und den anderen, die versuchten, sich in einer in der Schule gelernten Zweitsprache auszudrücken und diese zu verstehen, noch verstärken würde – eine Fortsetzung des Kolonialismus. Statt dessen, so argumentierte sie, sollte eine der weniger bekannten Sprachen der Welt, die mit keiner der Großmächte in Verbindung gebracht werden konnte, als zweite Weltsprache eingeführt werden. So ließe der ganze Übersetzungsaufwand sich in eine einzige Richtung lenken, und die Bürde des Fremdsprachenerwerbs wäre gleichmäßig verteilt, während die übrigen Weltsprachen weiterhin als Träger kultureller Vielfalt geschätzt blieben.

Als sie mit dieser Theorie herauskam, schlugen mein Mann und ich dafür das Armenische vor, da es überall in der Welt, im östlichen wie im westlichen Lager, kosmopolitische, vielsprachige Armenier gibt. Danach bezog sie sich in mehreren Vorträgen auf diese Idee, benannte freilich auch andere mögliche Kandidaten. Das machte sie außerordentlich beliebt bei der armenischen Gemeinde, die allerdings nicht bedachte, wie sehr ihre Sprache durch einen solchen Prozeß verändert und was es für die armenische Kultur bedeuten würde, wenn die Sprache aufhörte, ein privates Refugium zu sein.

Auf jeden Fall war das Schlüsselelement ihrer Gedankengänge die Überzeugung, daß eine echte, natürliche Sprache benutzt werden müßte – nicht Esperanto oder Interlingua, auch keine Computerkonstruktion –, denn nur eine echte, menschliche Sprache besitzt die zur menschlichen Kommunikation notwendige Redundanz. Künstliche Sprachen werden geschaffen, indem man eine Gruppe von abstrakter Prinzipien, nachgewiesenen universalen oder logisch notwendigen Komponenten nimmt und diese dann als Basis für ein effizientes, konsequentes und unzweideutiges System benutzt. Diese Aufgabe ist bisher nur mangelhaft gelöst worden; die Logik blieb fehlerhaft, und die Eigenarten bestimmter Sprachen oder Sprachfamilien wurden so behandelt, als ob sie logisch notwendig wären. Der Fehler liegt jedoch in dem ganzen Unternehmen selbst – als ob der menschlichen Verständigung mit einem System ohne Sprachspielereien, ohne Vieldeutigkeiten, ohne Wiegenlieder gedient wäre, als ob sich ein menschliches Grundmuster aus Prinzipien konstruieren ließe. In Neuguinea hatte sie den Gebrauch von Pidgin-Englisch (heute richtiger Neo-Melanesisch genannt) beobachtet, das vielen Völkern, die es als Zweitsprache lernen, als Verständigungsmittel dient, ähnlich wie Suaheli in Afrika. Sie zog das Pidgin den Kunstsprachen vor, denn es bietet tatsächlich eine effiziente gemeinsame Basis, aber die Sprache ist mit zu vielen Erinnerungen an Knechtschaft belastet, und sie ist zu jung, um Ausdrucksnuancen zu erlauben.

Die gleichen Einstellungen durchdrangen Margarets Reflexionen über den Welthunger. Ernährung war das Gebiet, auf dem sie schon während der frühen Kriegsjahre gearbeitet hatte, und sie kam in späteren Jahren immer wieder darauf zurück. Wenn man alle kulturelle Bedeutung und Verfeinerung beiseiteschiebt und Nahrung auf universale menschliche Bedürfnisse und tägliche Mindesterfordernisse – auf soundso viel Gramm Protein und Fett und bestimmte Vitamine – reduziert, dann ist das Resultat ziemlich seltsam und unattraktiv. Die Information kann helfen, muß aber in die kulinarische Sprache der jeweiligen Kultur eingebettet werden, und wenn man neue Nahrungsmittel einführt, sollten Köche die Rezepte entwickeln, nach denen sie verwendet werden können.

Als ich noch ziemlich jung war, vielleicht neun Jahre alt, verbrachte ich im Sommer einmal einen Tag in der Stadt bei Rhoda Metraux, einer Kollegin meiner Mutter, und sie sagte mir, ich könne zum Lunch alles haben, was ich wollte. Um die Grenzen des Angebots zu prüfen, fragte ich, ob ich ein Lunch haben könnte, das nur aus Nachspeisen bestehe, und sie sagte ja. Aber nach einigem Nachdenken stellte ich dann ein Menü aus mehreren Gängen zusammen, das verspielt und vernünftig zugleich war; als Hauptgericht Käsekuchen und eine Auswahl von Früchten, dazu Milch – ein einigermaßen gesundes Essen mit etwas Klebrigem zum Abschluß. Es machte uns riesigen Spaß, die schönsten Früchte einzukaufen, aufzuschneiden und zu arrangieren, wobei das Dekorieren schon der halbe Genuß war.

Die Geschichte wurde zu einer Demonstration der im Füttern auf Verlangen verborgenen Werte – der Überzeugung, daß ein Kind, dem es erlaubt ist, seine Mahlzeiten selbst zu bestimmen, eine gut ausgewogene Ernährung wählen wird innerhalb einer kulturell gegebenen Formensprache, in der Nahrung Lust und menschliche Nähe ausdrückt. Menschen nehmen keine Nährstoffe, sondern Nahrung zu sich: Nahrung mit symbolischer Bedeutung, Geschmack, Farben und Gerüchen, Nahrung in Form traditioneller Gerichte, die Fest- und Fasttagen angemessen sind, die etwas über die Beziehungen zwischen Mann und Frau, Eltern und Kindern sagen. Wir entdecken erst heute, wie gut traditionelle menschliche Ernährungsgewohnheiten bestimmte Ernährungsbedürfnisse befriedigen – wie das Mahlen von Körnern mit einem bestimmten Stein oder ihre Aufbewahrung in einem bestimmten Topf ein notwendiges Mineral beigesteuert haben oder wie gesund die beliebten Kombinationen von Mais und Bohnen oder Brot und Käse sind.

Margaret war der Meinung, daß weder Ernährungs- noch Kommunikationsbedürfnisse durch ein aus abstrakten Bausteine zusammengesetztes System zu erfüllen seien; und ich glaube, sie traf dieselbe Entscheidung in bezug auf Moral. Sie gab mir die Chance, Menschen, die ihren unterschiedlichen Lebensformen mit Schwung und Hingabe nachgingen, gewissermaßen hautnah kennenzulernen, statt mir eine Sammlung abstrakter Vorsichtsmaßnahmen und Regeln anzubieten, nach denen ich das Leben leben sollte. Allgemeine Prinzipien sind ohne Details kaum überzeugend, und Tugend ist eine sterile Abstraktion, wenn im Alltag nicht Kunst und Liebenswürdigkeit blühen. In solchen Dingen, die ein tiefes Engagement berührten, wurde sie zugleich vehement und lyrisch, und sie argumentierte nie rein abstrakt, sondern verließ sich auf Echos der Tradition und die Sprache der Dichter als Träger ihrer Überzeugungen. So kam es auch, daß Margaret mir in bezug auf Religion keine feste Lehre versetzte, an die ich zu glauben hatte, sondern sich daran machte, mir zu vermitteln, wie es sich anfühlte zu glauben;

denn der große Riß zwischen denen, für die der Glaube eine lebendige Kraft ist, und jenen, für die er bedeutungslos ist, entsteht ja nicht aus einer Meinungsverschiedenheit über Tatsachen, sondern aus nicht vergleichbaren Erfahrensweisen.

Wenn ich an die Weise denke, in der sie mir als Kind ihre eigene tiefe Verwurzelung im Christentum vermittelte, dann fällt mir auf, daß sie kaum jemals über Glaubenssätze oder persönliche Gebete sprach. Wir teilten die Geschichten und Gedichte der Religion miteinander: die Geschichten vom Leben Jesu, die Weihnachtsgeschichte aus dem Lukas-Evangelium lasen wir jedes Jahr laut zusammen; zum Geburtstag schenkte sie mir ein Psalmenbuch für Kinder; und dann waren da Überbleibsel aus ihrer Kindheit wie *‹A Child's Book of Saints and Friendly Beasts›* (Ein Kinderbuch von Heiligen und freundlichen Tieren), voll von zumeist irischen Legenden über Heilige und ihre Freundschaft mit Tieren, die ihrer Wildheit entwöhnt worden waren. Sie ließ mich viele Wochenenden bei Tante Marie verbringen, die mich dann in die episkopalische Kirche mitnahm und mir abends beim Zubettgehen das Vaterunser beibrachte, ohne freilich die komplizierte Beziehung zwischen Teilnehmer und Beobachter, Metapher und Überzeugung anzusprechen, über die sich Margaret für sich und ihren eigenen Glauben lieber nicht deutlich äußerte.

Sie kaufte mir schöne Postkarten mit Reproduktionen von Renaissancegemälden, die Evangelienszenen darstellten, damit ich die während der Predigten anschauen konnte, statt mich zu langweilen, und als ich älter wurde, ließ sie mich in einem Kinderchor singen, statt mich in der Sonntagsschule zu langweilen. Ich glaube, sie tat das aus der Überzeugung heraus, daß ein Gutteil der Religion durch ein Mißverständnis verzerrt wird – das Mißverstehen der absoluten Ernsthaftigkeit und Wahrheit der Metapher als Metapher. Der Wortschwall von Predigt und Sonntagsschule enthielt eine verzerrte Botschaft, als ob nur Prosa wahr sein könnte; und sie entzog sich dieser Botschaft, indem sie während der Predigten döste oder zum Frühgottesdienst ging, denn in der episkopalischen Kirche wird frühmorgens überhaupt nicht gepredigt. An den hohen, dramatischen Festtagen ging ich mit ihr zur Kirche – am Karfreitag, Ostern und zur Mitternachtsmesse an Weihnachten.

Die Weihnachtstradition wurde mir als eine große, reichhaltige

Mischung vermittelt, eine Bouillabaisse menschlicher Phantasie und Wunder, aus der Fülle individueller Leben zusammengebraut und zu einem spärlichen, faden Minimum eingekocht. An ihrem Schlüsselring hatte sie eine Christopherus-Medaille, und sie besuchte vorzugsweise episkopalische Kirchen, in denen man niederkniete und das Kreuz schlug, was Zweifel und Trennung überbrückt. Nie sagte sie: «Dies ist wahr», sondern nur: «Dies ist mir wichtig, und es macht mich froh», und sie lehrte mich, den von der Tradition vorgeschriebenen Feinheiten zu folgen. Sie besaß zum Beispiel ein Buch über die Gottesdienste der Heiligen Woche, das sie von ihrer Patin bekommen hatte, und am Karfreitag gingen wir in die strengste der episkopalischen Kirchen von New York. Das war die Kirche St. Mary the Virgin, von Luther Cressmans Mitseminaristen «Smoky Mary» genannt, womit sie sagen wollten, daß der Bischof draußen vor seinem Büro ein Auto mit laufendem Motor stehen hatte, damit er dort hinsausen und sie davon abhalten konnte, irgendein neues Detail des anglo-katholischen Rituals einzuführen. Mir scheint, daß sie kein tiefes Bedürfnis verspürte, sich der Tradition im Detail zu fügen, sondern sie in ihrer Ganzheit schätzte – daß das Mysterium der Passion als ästhetisches Ganzes ausgedrückt wurde.

Sie vertraute darauf, daß das Wesentliche am ehesten in Erscheinung trat, wenn es in verfeinerte menschliche Ausdrucksformen eingebettet war. Die Schönheit der Verfeinerungen, die Tatsache, daß sie ein ästhetisches Urteil und zugleich etwas Spielerisches ausdrückten und in vertrauten, traditionsgeprägten Formen erschienen, garantierte für sie eine gewisse Integrität. Sie glaubte, daß anständige und liebevolle menschliche Beziehungen durch rücksichtsvolle Höflichkeit erhalten blieben. Und so war es klar, wenn sie über Sexualität und menschliche Körperfunktionen sprach, daß sie mich zu einem Menschen erziehen wollte, der sowohl anständig – äußere Formen respektierend – als auch frei und spielerisch sein konnte, sich an der eigenen Weiblichkeit freute und nicht durch sein Geschlecht eingeengt war. Es machte Spaß, eine Frau zu sein. Und während ich lernte, daß es für intelligente und entschlossene Frauen in dem, was sie erreichen wollten, keine Grenzen gab, lernte ich zugleich auch die Tatsache schätzen, daß ich eine Frau war, ja, das ganze Ausmaß weiblicher Möglichkeiten im Bereich von Spiel und Verfeinerung, und mich auf die Mutterschaft zu freuen. Als kleines Kind fragte ich sie einmal, als wir am theologischen Seminar vorbeigingen, ob Mädchen Priester werden könnten; und als sie verneinte, sagte ich zuversichtlich: «Na ja, bis ich groß bin, haben sie das auch erfunden, daß Mädchen Priester werden.»

Sie erzählte mir Geschichten von den Frauenrechtlerinnen auf beiden Seiten der Familie – wie die Frau meines Urgroßvaters darauf bestanden hatte, Arm in Arm mit ihm zu gehen, als er Vizekanzler der Universität Cambridge war, jener Bastion männlicher Privilegien. Aber dabei spielte sie die traditionellen Aspekte des Weiblichen keineswegs herunter, sondern zeigte mir bei gemeinsamen Spaziergängen, daß es Spaß macht, in Kinderwagen hineinzuspähen. Sie schenkte mir Puppen, aber nicht viele, denn wie wäre es auch möglich, mütterliche Fürsorge an einer Menge austauschbarer und unpersönlicher Puppen auszuprobieren statt an nur einer oder zwei? Als ich anfing, mich für Make-up zu interessieren, schickte sie mich zu ihrer Schwester Priscilla, die auf der Universität Schönheitskönigin gewesen war. Sie hatte immer das Gefühl, daß ihr eigener Umgang mit Make-up und Mode den scharfen Augen und übertriebenen Standards der Frauen ihrer Generation nicht ganz gemäß war.

In den frühen und mittleren fünfziger Jahren, als ich anfing, auf Parties und Tanzveranstaltungen zu gehen, erblühte auch sie zu neuem Charme und Attraktivität. Sie kaufte Kleider des italienischen Designers Fabiani, die ihr sehr gut standen, und wir trugen beide Schichten von gerüschten Taftpetticoats. Ein Entweder-Oder gab es nicht, nie das Zugeständnis, daß eine Frau Opfer bringen oder schwere Entscheidungen treffen müsse, wenn sie etwas erreichen wollte. «Du mußt einfach lernen, dich nicht um die Staubflocken unter den Betten zu kümmern», sagte sie.

Margaret ging an die sexuelle Aufklärung mit einer gewissen Ausgewogenheit heran, die es verhinderte, daß die Sexualität zu einem allumfassenden Problem wurde. Es war eine Zeit, in der manche psychoanalytisch «aufgeklärten» Eltern ihre Kinder geradezu in ein frühes, angespanntes Bewußtsein sexueller Möglichkeiten hineindrängten. Das wollte sie vermeiden. Als Amerikaner zum erstenmal ihr Buch ‹*Coming of Age in Samoa*› (Erwachsenwerden in Samoa) lasen, verstanden sie es als Beschreibung einer Gesellschaft, die von totaler Freizügigkeit und freier Liebe geprägt war, und ein Rezensent beschrieb das Verhalten der Samoaner – billigend? – als fast promiskuitiv. Aber niemand, der heute, in den achtziger Jahren, das Buch wieder liest, dürfte es mit diesem Eindruck aus der Hand legen. Statt dessen findet man das, was sie in einem unveröffentlichten Teil des Manuskriptes zu ‹*Brombeerblüten im Winter*› so beschreibt: «. . . ein gewisses Maß an sexueller Freizügigkeit, aber nicht zuviel, denn aufgezwungene Sexualität kann soviel Streß bedeuten wie aufgezwungene Keuschheit; die Bereitschaft, Kinder und junge Menschen sich so langsam entwickeln zu lassen, wie sie es wünschen . . .» Die Heranwachsenden in Samoa sagen *laititi a'u*, «ich bin noch jung», wenn sie zu irgendeiner Form der Frühreife gedrängt werden, sexuell oder auf einem anderen Gebiet. Vor diesem Hintergrund gesehen, kam den jungen Samoanerinnen, die jungfräulich blieben, der fehlende Entscheidungsdruck ebenso zugute wie jenen, die Beziehungen eingingen.

Margaret betonte, daß es den jungen Mädchen freistand, ob sie zu einem Rendezvous gehen wollten oder nicht. Sie zitierte diese Freiheit als mögliche Erklärung für die niedrige Anzahl vorehelicher Schwangerschaften und spekulierte darüber, daß die jungen Mädchen in ihrem freien Körpergefühl vielleicht wußten, wann sie eine Schwangerschaft riskierten, und dann einfach nicht zum Strand hinuntergingen. Diese Entscheidung mag sie von dem Druck befreit haben, sich dem Rhythmus männlicher Begierde zu fügen, der für viele amerikanische Mädchen über ihre Teilnahme am geselligen Leben der Jugendlichen bestimmt. Sie konnte freilich nicht sagen, wie die jungen Mädchen gewußt haben könnten, wann sie ohne Risiko gehen konnten, aber heute wissen wir, daß sich Empfängnis weitgehend durch die Ovulationsmethode kontrollieren läßt, die nicht auf Kalendern oder Thermometern beruht, sondern auf der Bereitschaft von Frauen, Veränderungen in der Konsistenz ihrer eigenen vaginalen Sekretionen wahrzunehmen – und auf ihrer Entscheidung (dies vielleicht seltener), «nein, heute nicht» zu sagen.

Margaret war entschlossen, daß ich mit einem Gefühl der «Freundlichkeit» dem eigenen Körper gegenüber aufwachsen sollte und insbesondere ohne negative Gefühle in bezug auf die Menstruation. Sie war überzeugt, daß es ganze Völker gibt, die nicht unter

Menstruationsbeschwerden leiden, oder daß zumindest in manchen Gruppen die körperlichen Gefühle zu Beginn einer Menstruationsperiode normalerweise nicht als Beschwerde betrachtet werden. Mit beachtlichem Erfolg unternahm sie es, konsequent einen positiven Ton vorzugeben, und so muß sie doch ziemlich enttäuscht gewesen sein, als ich sie von Kalifornien aus anrief (wo ich mich nach der Wiederverheiratung meines Vaters aufhielt), um ihr zu berichten, daß ich meine erste Periode gehabt hatte. Ich weiß noch, daß ich leicht erstaunt war, als Betty, seine neue Frau, sich nach meinem Befinden erkundigte, ob ich Schmerzen oder Übelkeit hätte und ob ich mich wirklich wohl genug fühlte, um auf die geplante Campingfahrt mit meinem Vater zu gehen – sollte ich mich etwa schlecht fühlen? Und damals hörte ich zum erstenmal den Ausdruck *«the curse»* (der Fluch) für die Menstruation.

Aber als ich im nächsten Monat mit meiner Mutter auf eine Australienreise ging, die sechs Monate lang dauern sollte, konnte sie ihr Programm fortsetzen. In Hawaii bemühte sie sich, mir den Gebrauch von Tampons beizubringen, denn sie hatte die Erfindung der Tampons als unglaublich befreiend empfunden und hoffte, die ganzen Peinlichkeiten und Unbequemlichkeiten der Binden könnten mir erspart bleiben. Dann erinnere ich mich an einen sonnigen Tag in Australien irgendwo auf dem Lande; an dieses schöne Gefühl von Leichtigkeit, das einen oft zwei oder drei Tage nach Beginn der Periode durchflutet. Ich hüpfte in einem Garten herum und sagte, wie glücklich ich mich fühlte, und sie sprach davon, daß sie die Möglichkeit von Liebe und Geburt und Wachsen als Formen des Schenkens empfinde, und über das Gefühl einer Kommunion mit der Natur im Teilhaben an den biologischen Vorgängen. Ich weiß noch, ich dachte: «Sie bemüht sich zu sehr», und spürte, daß mein Glücksgefühl fröhlich war statt mystisch.

Wenn man mit Kindern über Sexualität spricht, stellt sich immer die Frage, wie man ihnen Kenntnisse vermittelt, ohne sie zu belasten. An jenem Tag verwirrte sie mich, indem sie Vergleiche verwendete, die sich auf andere Körperzonen bezogen – wie es sich anfühlt, den Darm zu entleeren, und über die Freude am Essen und Küssen, was mir einfach unzusammenhängend vorkam. Es ist seltsam, diesen Moment von zwei verschiedenen Blickpunkten aus betrachten zu können – aus der Position von mir, wie ich damals war, und wie ich heute bin. Sicher habe ich höflich reagiert, tolerant dem gegenüber, was sie versuchte, aber wahrscheinlich wird sie es als Rückzug von mir empfunden haben, daß ich so wenig darauf einging. Dennoch habe ich den Augenblick in Erinnerung behalten, und es scheint mir eine direkte Verbindung zu bestehen zwischen dem, was sie damals sagte, und meiner heutigen Überzeugung, daß der Zyklus, wie ihn Frauen – und aus zweiter Hand auch Männer – erleben, eines der Phänomene sein könnte, die unsere Sensibilität für die Rhythmen natürlicher Systeme schärfen.

Ich glaube, zwei wichtige Überlegungen standen hinter ihrer Art, über Sex und den Körper zu sprechen. Da war einmal das Bemühen, klar und ehrlich zu sein, die korrekten wissenschaftlichen Ausdrücke zu benutzen und den immer wiederkehrenden Fehler der Sexualerziehung zu vermeiden – nämlich endlos um den zentralen Punkt herumzureden, mit dem Ergebnis, daß sich Kinder am Ende immer noch fragen, was denn nun tatsächlich passiert. Zum anderen wollte sie das Romantische nicht zerstören, ein warmes, positives Leuchten; das Staunen über das Wunder des menschlichen Körpers und die vielfältigen Freuden, die er zu schenken vermag. Einen Ausflug in das Gebiet der Sexualerziehung beschloß sie damit, daß sie Sex als etwas bezeichnete, worauf man sich freuen könnte wie auf das Erwachsenwerden; und ich weiß noch, daß ich sie fragte, ob ich auch Colin davon erzählen könnte, «damit er sich auch darauf freuen kann».

Sie haßte es, daß die bekannten Vier-Buchstaben-Wörter benutzt werden, um Zorn auszudrücken, und wenn sie für den Geschlechtsverkehr *«making love»* sagte, niemals *«fucking»*, dann war das kein Euphemismus, sondern eine Frage der Genauigkeit. Überhaupt war sie fähig, so offen und deutlich über Sexualverhalten zu sprechen, wie das von einer Anthropologin zu erwarten ist, und da sie den Gebrauch blasphemischer oder obszöner Ausdrücke nie so aufregend emanzipiert fand, wie es vielen bis heute vorkommt, vermied sie es, sie unbedacht in den Mund zu nehmen. Sie lehrte mich (und ich habe das an meine Tochter weitergegeben), keine Sprachgewohnheiten zu entwickeln, die einem unversehens in einer Situation herausschlüpfen können, in der sie als verletzend empfunden werden. Dinge, die mit unserem Körperverständnis zu tun haben, sind einfach zu wichtig, als daß man Gespräche gedankenlos damit spicken könnte, bis sie so häßlich und deplaciert wirken wie Bierflaschen in der Wildnis.

So wuchs ich gut informiert, aber mit einer etwas feierlichen Einstellung zum Sex heran, tat mich mit meinen Freundinnen zwecks Informationsaustausch zusammen und strafte die kichernden kleinen Jungen mit Verachtung, die ihre albernen, schmutzigen Kinderwitze erzählten und die für so ernste, wichtige Dinge noch viel zu unreif waren. In all den Jahren, während ich aufwuchs, fiel es mir nie ein, daß Sex weiterhin einen Platz im Leben meiner Mutter haben könnte, da sie ja nicht mit einem Ehemann lebte; und ich glaube, ihre konsequente Diskretion rückte alles in eine gewisse Distanz und war der Grund dafür, daß mir sehr wenig vom Spielerischen der Sexualität vermittelt wurde. Als ich ein Teenager war, machte sie manchmal Bemerkungen, mit denen sie mir offenbar klarmachen wollte, daß es ganz in Ordnung sei, sich an der Sexualität auf vielfältige Weise zu freuen. Aber da hatte ich schon genug Bücher gelesen, um nicht weiter darauf einzugehen – immerhin gehörten Fragen der Sexualität und der Geschlechter zu den Hauptthemen des Haushaltes, und ich hatte bereits in Vorveröffentlichungsexemplaren des ‹*Kinsey-Report*› geblättert. Guter Geschmack war jedoch genauso wichtig, und dazu gehörte eine gewisse Zurückhaltung.

Meine Eltern neigten beide dazu, Sex als einen natürlichen Ausdruck einer intensiven Beziehung zu betrachten. 1968, nach dem Kongreß über bewußte Zielsetzung und menschliche Anpassung, bei dem Gregory und ich zum erstenmal begeistert und intensiv als Erwachsene zusammengearbeitet hatten, während wir Österreich und die Schweiz bereisten, Naturgeschichte betrieben und den ganzen Tag lang miteinander redeten – da schaute mich mein Vater eines Tages ziemlich nachdenklich an und meinte, eigentlich sei doch der einzige Grund, warum wir nicht miteinander schlafen sollten, die Gefahr genetischer Schäden, falls ich schwanger würde. Und ebenso beiläufig erwiderte ich, daß es da meiner Ansicht nach auch noch andere Gründe gebe. Die Frage kam so verhalten daher, daß wir unser Gespräch über abgebrochene Entwicklungen im evolutionären Prozeß sehr schnell entspannt weiterführen konnten.

Gregory stand außerhalb der Konventionen dieser Gesellschaft, aber er konnte sich gewissen gesellschaftlichen Erwartungen anpassen, wenn sie anderen Menschen am Herzen lagen. So war er zur Zeit meiner Hochzeit bereit, nach New York zu kommen und die zeremonielle Rolle des Brautvaters zu spielen. Er trug einen gemieteten Cutaway und stand beim Empfang neben Margaret, aber die Details waren für ihn nicht so interessant wie für mich und meine Mutter.

Als wir unsere Hochzeit planten, hatten mein Verlobter und ich die Blumen für die Sträuße und Ansteckbuketts mit größter Sorgfalt ausgewählt, aber bei all dem Wirbel der letzten Vorbereitungen kam Margaret – obwohl dies doch ihre einzige Chance im Leben war, Brautmutter zu spielen – ohne ihr Ansteckbukett in die Kirche. Dann brachte ihr, als sie bereits in der ersten Reihe wartete, eine adrette, uniformierte französische Zofe eine Gardenie und steckte sie ihr ans Kleid. Das sei eindeutig ein Engel gewesen, sagte sie, der nur gesandt worden war, damit auch alle Details stimmten; denn obwohl wir später herausfanden, woher die Gardenie kam (sie war am Portal für jemand anderen bereitgehalten worden), fanden wir nie heraus, woher die Zofe gekommen war. Vielleicht sei es der gleiche Engel gewesen, meinte meine Mutter, der sie so oft behütet habe; denn sie hielt sich für einen Menschen, der eigentlich immer Glück hatte. Mein Vater spielte gutmütig seine Rolle, bis der Empfang etwa zur Hälfte vorüber war – dann entschlüpften wir beide durch die Menge, um zusammen einen Spaziergang durch die Straßen von New York zu machen; wie wir auch am Tag zuvor mit meinem Halbbruder John hinausgeschlüpft waren, um in den Bronx-Zoo zu gehen.

Gregory sah alles in Mustern – aber er verstand «Muster» ganz anders als Margaret. In seinem späteren Werk betont er sein Interesse am *«pattern that connects»*, an dem Grundmuster, das alle Lebewesen durch ähnliche Formen von Wachstum und Anpassung verbindet, den Delphin wie den Krebs und die Blume. Um diese Muster überhaupt wahrzunehmen, muß man möglicherweise Unmengen von oberflächlicher Vielfalt ignorieren: die für Gregory wesentliche Realität war nahezu mathematisch. Letzten Endes war es für ihn auch nicht so wichtig, ob er die Iatmul in Neuguinea oder Schizophrenie oder Lernprozesse der Delphine studierte, denn die gleichen formalen Muster ließen sich an ganz unterschiedlichen Erscheinungen beobachten. Die Schicklichkeitsregeln des Lebens und die Details der Sitten und Gebräuche – ob man nun in der Öffentlichkeit Socken trug oder nicht, Briefe beantwortete, an Geburtstage dachte –, solche Dinge erschienen ihm immer belangloser.

Genauer betrachtet, war Gregorys Interesse an Abstraktionen jedoch nicht eigentlich die intellektuelle Basis seiner Unkonventionalität. Es war intellektuell entscheidend für ihn, den Wald zu sehen und nicht die Bäume; und doch besteht der Wald aus Bäumen, und die Details der Gebräuche, die das Gewebe des Lebens ausmachen, sind für eine Kontinuität wesentlich. Gregory durchwanderte intellektuelle Pfade der Vereinfachung und Abstraktion, glaubte aber im Prinzip, daß nur ein voll entwickeltes Kultursystem stabil sein könne.

Zuweilen sprach er von «ewigen Wahrhaftigkeiten» – Wahrheiten wie «Zweimal zwei ist vier», mathematischen und wissenschaftlichen Gesetzen in ihrer abstraktesten Form. Die beiden theoretischen Gebiete, mit denen er sich am meisten beschäftigte, Kybernetik und Informationstheorie, sind außerordentlich abstrakt und formalistisch, aber es sind Denkinstrumente für die Beschäftigung mit lebendigen Systemen. Für ihn war Kybernetik das Studium der Mechanismen, mit denen ein (vielleicht aus vielen Teilen bestehendes) System einen komplexen Prozeß aufrechterhalten kann, so daß Unregelmäßigkeiten korrigiert werden und das System innerhalb eines bestimmten Parameters gehalten wird: So wird mit Hilfe eines Thermostats die Temperatur eines Raumes – innerhalb eines vorher bestimmten Rahmens – durch ständigen Umlauf konstant gehalten. In ähnlicher Weise bedarf es ständiger, viele Prozesse einschließender Anpassung, um in einem Wald das Verhältnis zwischen den Raub- und Beutetieren zu steuern oder den Zuckergehalt des Blutes (der Begriff Kybernetik kommt von dem griechischen Wort für «Steuermannskunst»).

In all diesen Prozessen steckt der Transfer von Information, die Vermittlung von *«news of difference»* (Nachrichten über Veränderungen, Unterschiede). In dem Raum, dessen Temperatur durch den Thermostat geregelt wird, muß irgendein Instrument die Temperatur registrieren und die Nachricht von einer Veränderung rückmelden, damit die Heizleistung korrigiert werden kann. In ähnlicher Weise muß die Information über das Absinken meines

Blutzuckerspiegels in ein Signal übersetzt werden, das mich auf die Suche nach einem Sandwich schickt. Gregory betrachtete ein Gespräch etwa so, wie er einen Wald oder einen See betrachtete: als ein System, das so komplex ist, daß die Frage, was es eigentlich aufrechterhält und durch welche Maßnahmen der Selbstkorrektur die Gesprächsteilnehmer in ihrer gegebenen Rolle verharren, mindestens so rätselhaft ist wie die Frage, wie Veränderung überhaupt stattfinden kann.

Als Beispiele für das Wesen kultureller Stabilität und Anpassung erzählte Gregory gelegentlich Anekdoten aus der britischen Tradition, ganz besonders der Universitätstradition, wie er sie in seiner Kindheit erlebt hatte. Dazu gehörte die berühmte Geschichte der Deckenbalken des New College in Oxford: Als es Zeit war, sie zu ersetzen, stellte sich heraus, daß die Bäume für diesen Zweck in einem jahrhundertelangen Zyklus der Selbstkorrektur bereits vor Generationen gepflanzt worden waren. Es ist nicht zufällig, daß Gregory die Unterhaltung zwischen den College-Verwaltern und dem Oberförster in einer Weise wiedergab, daß zugleich das Klassensystem durchschimmerte – der Förster tritt ein, zieht an seinen Stirnhaaren und sagt im Dialekt: «Wir haben uns schon gedacht, daß Sie bald fragen kommen.» Die Kontinuität der Klassenbeziehungen, ausgedrückt in Details des Sprachgebrauchs und der Kleidung, ist ein wesentlicher Bestandteil der Stabilität, und es war etwas, was Gregory zugleich haßte und liebte; denn wenn er auch im Prinzip stabilisierendes Brauchtum gut fand, rebellierte er doch auch gegen die Kultur seiner eigenen Kindheit. Gregory zitierte häufig Blake: «Wer einem anderen Gutes tun will, muß es in den winzigsten Einzelheiten tun. Das allgemeine Gute ist die Ausrede des Schurken, Heuchlers und Schmeichlers.» Aber die Aufmerksamkeit, die er den Einzelheiten menschlicher Beziehungen zuteil werden ließ, war bestenfalls sporadisch, und was die Möglichkeit anging, Gutes zu tun, war er ohnehin sehr skeptisch.

Nach dem Verlust der eigenen «winzigen Einzelheiten» durch seine Einwanderung in die Vereinigten Staaten befand er sich in einer zwiespältigen Situation – ohne eine detaillierte, sich selbst tragende Tradition, auf die er sich stützen konnte. Zwar sagte er sich von den Lebensmustern, mit denen er aufgewachsen war, los, übernahm aber dafür keine anderen voll und ganz. Passiv akzeptierte er manchmal die Muster seiner verschiedenen Ehefrauen, die sich ihrerseits mit seiner Gleichgültigkeit oder Widerspenstigkeit arrangierten, so gut sie konnten. Am Ende machte er sich eine Kritik an der modernen westlichen Kultur zu eigen, von der aus er die meisten (für andere wichtigen) «winzigen Einzelheiten» als trivial oder gar destruktiv einstufen konnte; denn er argumentierte, daß die seit Descartes die westliche Kultur charakterisierende Vorstellung von der Körper-Geist-Beziehung so grundfalsch sei, daß jede darauf aufgebaute Kultur von vornherein unstabil sein und Gefahr laufen müsse, mit wachsender Geschwindigkeit auf dem Weg der Selbstzerstörung fortzuschreiten. Man hatte den Eindruck, daß er das ganze System als etwas ansah, was von Grund auf so völlig falsch angelegt war, daß es unbrauchbar sein mußte; und so zeltete er gewissermaßen innerhalb der Kultur, ohne ihre Formen zu achten oder zu schützen.

Die Situation, die er zeichnete, ist ein bißchen wie ein Streich, den man jemandem mit einer elektrisch heizbaren Bettdecke mit zwei Schaltern spielen kann. Kehrt man die Position der Schalter um, dann wird der erste Versuch einer der beiden Personen unter der Decke, die Temperatur zu verändern, einen Zyklus von sich verschlimmernden Fehleinstellungen in Bewegung setzen – mir ist kalt, also stelle ich den Schalter an meiner Seite auf wärmer, dir wird es zu heiß, und du stellst deinen Schalter auf kühler, worauf meine Seite kälter wird und so weiter. Der Versuch einer Korrektur verstärkt den Fehler – ein Prozeß, der in der Kybernetik *regenerative feedback* (regenerative Rückkopplung) genannt wird. Die Aneignung der gegensätzlichen Ideen von Geist und Materie, Gedanke und Gefühl, Mensch und Natur – die durch einen langen Prozeß philosophischen Denkens in die Annahme eines «gesunden Menschenverstandes» eingegangen sind – war für Gregory so etwas wie die Fehlschaltung der elektrischen Bettdecke – sind Schaltung und Drähte erst einmal an der verkehrten Stelle, dann ergeben alle Bemühungen, die Sache zu ändern, nur Beschönigungen oder Schlimmeres. Sie können sogar von Übel sein, wie es Gregorys Meinung nach der Fall ist, wenn man den Hungernden Nahrung gibt – dann werden nämlich noch mehr Menschen zum Verhungern geboren, was sowohl das Leiden als auch den ökologischen Schaden vergrößert. Die intellektuelle Aufgabe, die er sich selbst gestellt hatte, war ein radikales Infragestellen dieser ganzen Prämissen und die Suche nach neuen (oder sehr alten) Ideen, die als wahre Grundvoraussetzungen fungieren könnten, so daß die Menschheit in ihrer Beziehung zur Natur tatsächlich ein einziges, sich selbst korrigierendes System werden könnte, statt auf Selbstzerstörung hinzustreben. Dies ist die Hauptaufgabe, gefolgt von der sekundären Aufgabe, in der Zwischenzeit die nukleare Zerstörung zu verhindern und jene Formen des Bewußtseins in den Künsten und Religionen zu bewahren, die weiterhin eine andere Denkweise vertreten.

Es war diese tiefe Skepsis, die ihn zu einem so unbequemen Mitglied im Aufsichtsrat der Universität von Kalifornien machte. Zur Zeit der Klage eines schwarzen Studenten auf Zulassung zum Medizinstudium erklärte er, es sei völlig unwesentlich, ob nun ein weiterer mittelmäßig Begabter in einem schwarz- oder weißhäutigen Körper Unterweisung in einem nur sich selbst dienenden medizinischen Materialismus erhalte, und er beschwor den Aufsichtsrat, sich lieber um die Frage zu kümmern, ob die Universität ein Ort sein könnte, an dem in fundamentalen Dingen Fortschritte gemacht wurden und wo sich ein Bildungssystem entwickeln konnte, das auf jenen abstrakten Mustern aufbaute, die sämtliche Wissensgebiete verbinden. Kein Wunder also, daß er nicht viel Verständnis für meine jahrelange Arbeit in der akademischen Verwaltung hatte, während der ich versuchte, Strukturen zu schützen und zu verbessern, die er am liebsten radikal abgeschafft hätte. Die westliche Zivilisation, und besonders ihre amerikanische Version, war für ihn ein Schaufenster, das längst auf unverzeihliche Weise mit zusammengewürfeltem Ramsch vollgestopft war.

Während Margaret in bezug auf die Kultur, in der sie aufgewachsen war, im Zweifelsfall immer noch für den Angeklagten plädierte, tat Gregory nichts dergleichen. Er schaute sich auf der amerikanischen Szene um, sah die wachsende Korruption und gebrauchte den Vergleich mit der Suchtkrankheit – eine weitere Form regenerativer Rückkopplung –, um viele Aktivitäten und Institutionen zu beschreiben. Margarets Beliebtheit in breiten Bevölkerungskreisen hatte auch damit zu tun, daß sie billigend und mit Respekt von der amerikanischen Lebensweise sprach, von ihrer Anständigkeit, ihren Bestrebungen, auch wenn sie selbst sie nicht teilte. Auch Gregory wurde in der letzten Dekade seines Lebens populär, aber vor allem in der Gegenkultur – bei denen, die zeitgenössische Formen ablehnten. Doch hinter seiner Ablehnung stand eine Wertschätzung von Form und eine Forderung nach geistiger Disziplin, die die meisten seiner Anhänger nicht anerkannten.

Ich glaube, das war es, was hinter Gregorys Hinwendung zum Zen-Buddhismus stand und ihn so aufnahmebereit für dessen extreme Betonung formaler Details machte, wenn er auch dort immer an der Peripherie blieb. Es gab auch eine Verwandtschaft zwischen seiner sich entwickelnden Sicht vom Heiligen als einem in der geistigen Struktur der natürlichen Welt angelegten Moment und dem buddhistischen Sinn für das Heilige. In den fünfziger Jahren begann er zum erstenmal über das Zen-Training zu sprechen, in dem Studenten so mit unlösbaren Problemen konfrontiert werden, daß der Versuch, den Klang *einer* klatschenden Hand wahrzunehmen, zu einer Erleuchtung führen kann. Er verglich diesen Prozeß mit der *double bind*-Theorie, bei der unlösbare Probleme in Zusammenhang mit Schlüsselbeziehungen in der Kindheit gestellt werden, die eine Schizophrenie auslösen können; sah aber auch Ähnlichkeiten mit Humor und Kreativität.

Zuletzt, glaube ich, fand er in der Zen-Gemeinschaft von San Francisco eine Gruppe, deren Ideen und Handlungen so eng zusammenhingen, wie er es immer vermißt hatte. In *‹Zen und die Kunst des Bogenschießens›* wird ein Grad von geistiger Disziplin beschrieben, der das Abschießen des Pfeiles nicht mehr als eine vom Bogenschützen trennbare Entscheidung erscheinen läßt, sondern als Ausdruck seines ganzen Seins. Nur bei solcher Ganzheit ist es sinnvoll, sich um die konkreten Details des Lebens zu sorgen, denn die Zen-Aufmerksamkeit entspringt direkt einer Theorie des Geistes: Dann ist es wirklich von Bedeutung, welcher Fuß sich zuerst über die Schwelle bewegt, welcher Finger den Daumen berührt. Das Arrangement einer einzigen Blume ist keine das Auge erfreuende Feinheit, sondern ein metaphysischer Versuch.

# 7

# Fort von diesem vertrauten Land

Es scheint mir wichtig, hier in der Mitte dieser Darstellung meiner Eltern, wie ich sie kannte, die Schritte nachzuvollziehen, die mich von zu Hause wegführten, und das Muster zu erklären, nach dem sich meine Laufbahn von da an entwickelte. In diesen Jahren hielten oder zogen mich meine Eltern zuweilen zurück, und manchmal halfen sie mir vorzupreschen, mit dem Mut oder auch der Gleichgültigkeit, die dazu gehörte, mich fliegen zu lassen. Häufig haben mich gerade die Entscheidungen, durch die ich mich weit von ihnen zu entfernen schien, ihnen wieder sehr nahe gebracht. Nachdem er meine Mutter verlassen hatte, sah ich meinen Vater nur ab und zu. Er hatte mit den alltäglichen Entscheidungen über meine Versorgung nichts zu tun, und so war unsere Beziehung zueinander als Erwachsene kaum anders als zu der Zeit, als ich noch ein Kind war – eine Sache von Besuchen und Begegnungen vor unterschiedlichen Hintergründen. Margaret hatte einen Großteil ihres Lebens nach dem Krieg um ihre Aufgabe als Mutter herum organisiert. In der Mitte der fünfziger Jahre war ich jedoch kein Kind mehr, und meine Versorgung stand, je älter und unabhängiger ich wurde, nicht mehr so stark im Mittelpunkt.

1953, als ich dreizehn war, ging sie zum erstenmal nach dem Krieg für nahezu ein Jahr fort, auf eine Forschungsreise in die pazifische Region. Als sie schlank und neu belebt zurückkehrte, erfüllt von einem neuen Optimismus und von neuen Ideen zu der Möglichkeit selbstgewählter Veränderungen in menschlichen Gesellschaften, da war ich weitgehend aus dem Nest. Sie war fast das ganze Jahr 1953 lang fort und schrieb hauptsächlich

Briefe, die an die ganze Familie und alle Freunde gerichtet waren – Briefe, die von ihrem Büro vervielfältigt wurden und als einzeilig beschriebene lila Kopien ankamen. Ich las sie oberflächlich oder gar nicht.

In diesem Jahr war ich intensiv mit der Schule beschäftigt – ich hatte endlich Lehrer gefunden, die mich forderten, und einen Freundeskreis, der meine Interessen teilte. Noch andere Faktoren trugen dazu bei, daß ich mich in diesem Jahr sehr veränderte und reifer wurde. Im November erfuhr ich von dem Selbstmord eines Jungen, mit dem ich Gedichte und Briefe über Lyrik ausgetauscht hatte, und das war für mich wie ein Angelpunkt gewesen, um den sich mein Leben drehte. Ich war nicht wirklich verliebt in ihn, aber er war jemand, mit dem ich mich identifizieren konnte, ein Sohn von Sozialwissenschaftlern, der schrieb und meinen Drang zu schreiben ernst nahm.

Wenn man von einem kleinen Kind häufig fort ist und seine Versorgung anderen überläßt, verpaßt man möglicherweise das erste Wort oder den ersten selbständigen Schritt. Man kann die eigene Beteiligung nicht an den herausragenden Markierungspunkten oder Ereignissen messen, sondern nur an der sich langsam entfaltenden Landschaft. Man kann auch nicht wissen, was für ein Zufall einen bestimmten Tag markieren wird, ob ein Schneefall im November einen Trauerschleier über ein ganzes Jahr legt – auch wenn man an einem solchen Tag unbedingt anwesend zu sein wünscht. Statt dessen muß man glauben, daß die Reaktion auf eine Krise in tausend kleinen Ereignissen und Gesprächen vorbereitet wurde, daß die Fähigkeit oder Unfähigkeit, Krisen zu bewältigen, längst festliegt, im Prozeß begründet liegt und nicht darin, wie man ein einzelnes Trauma bewältigt. Ich kann nicht wissen, was meine Mutter hätte sagen wollen, wenn sie dagewesen wäre, aber ich hatte den Kopf voll von Gedichten, mit denen ich arbeiten konnte, und so schrieb ich lange Zeit Gedichte und Kurzgeschichten über Selbstmord, über Spiegel, die zerschmettert wurden oder durch die man hindurchfiel, in dem Versuch, das Rätsel der Endlichkeit eines anderen Menschen zu ergründen. Obwohl meine Mutter und ich wenig darüber sprachen, hatte ich ihr über die Jahre hinweg meine Gedichte und Geschichten gezeigt, und sie müssen ihr weiterhin einen Hinweis darauf gegeben haben, wo ich stand, ebenso wie ihr die Gedichte, die ich mit zehn und elf Jahren geschrieben hatte, die Möglichkeit gaben, meine Reaktion auf ihre Scheidung zu überprüfen. Wie immer las sie sowohl mit geschärftem, klinischem Blick als auch mit literarischem Interesse und muß erkannt haben, daß ich – ungeachtet all der gütigen Erwachsenen um mich herum – doch den Schluß gezogen hatte, daß ich jetzt und wahrscheinlich auch in Zukunft selbst mit den Dingen fertig werden mußte.

Nach Margarets Rückkehr von ihrer Forschungsreise wurde der Haushalt in der Perry Street aufgelöst. Die Franks zogen nach Massachusetts, und wir zogen zum Waverly Place 193, wo wir in vieler Hinsicht die Gegebenheiten der Perry Street rekonstruierten. Wir lebten immer noch in Greenwich Village, aber diesmal in einem kleineren, eleganteren Haus mit Ziegelfront, das Rhoda Metraux gekauft hatte, die mit ihrem Sohn Daniel und ihrer haitischen Haushälterin Tulìa die oberen Stockwerke bewohnte. Die Zeiten änderten sich, und in den folgenden Jahren war meine Mutter seltener in New York, reiste häufiger, erschien auch öfter im Fernsehen und machte das Untergeschoß immer seltener zu einem separaten Heim. Während meines vorletzten Jahres in der High School bewarb ich mich um vorzeitige Aufnahme am Radcliffe College und wurde abgelehnt, aber ich war jetzt bereit, Haus und Schule zu verlassen, und wartete nur darauf, die richtige Gelegenheit zu entdecken.

Im Sommer 1956 fuhr ich mit Margaret nach Israel. Man hatte sie dorthin als Beraterin zum Problem der Assimilation von Einwanderern aus unterschiedlichen Kulturkreisen eingeladen; es ging besonders um orientalische Juden, und dies bot eine Gelegenheit, den Kontrast zwischen realer kultureller Verschiedenheit und symbolisch behaupteter Einheit zu studieren. Es fanden sich junge Leute, mit denen ich meine Zeit verbringen konnte, und bald fuhr ich mit ihnen im Land herum, besuchte verschiedene Arten von Kibbuzim und hörte zu, wenn sie aus dem Alten Testament und moderner hebräischer Lyrik vorlasen. Nach zehn Tagen versuchte ich, Margaret telefonisch in Tel Aviv zu erreichen, und diktierte dann einem Hotelangestellten eine Botschaft für sie in den paar hebräischen Wörtern, die ich inzwischen aufgegabelt hatte (aber nicht hätte schreiben können): *«Shalom, Ima, ani biyrushalayim.»* (Hallo, Mammi, ich bin in Jerusalem.) Als sie kam, blickte der nächste

Angestellte vom Dienst, der sie kannte, auf die Botschaft und meinte, es müsse ein Irrtum vorliegen, aber sie bestand darauf, daß sie eine Botschaft von ihrer Tochter erwarte. «Also, wenn das so ist . . .» Und eine Woche später, am Tag vor ihrer Abreise, beschlossen wir, daß ich in Israel bleiben würde, wo ich dann auch Hebräisch lernte, eine hebräische High School besuchte, ein israelisches Abschlußdiplom erhielt. Ein Jahr später kehrte ich in die Vereinigten Staaten zurück und begann mit dem College.

Ich habe nie wieder mit meiner Mutter zusammen gelebt. Ich glaube nicht, daß es möglich ist, das, was ich über meine Eltern schreibe, oder auch meine besondere Art der Nähe zu ihnen in späteren Jahren ohne diese so entscheidende Abreise und Trennung ganz zu verstehen. Ein Vierteljahrhundert später spüre ich noch immer, wie sich meine Gesichtsmuskeln unwiderstehlich zu einem frohlockenden Grinsen verziehen, wenn ich an jene telefonische Botschaft denke und an das Gefühl von Schlauheit und Unabhängigkeit, die sie mir gab, diese Botschaft – «Ich bin schon ganz zu Hause hier und außerhalb deiner Reichweite!» Ein Vierteljahrhundert später kann ich innehalten und ihre Leistung betrachten, die darin bestand, mich dableiben zu lassen – die Geschwindigkeit, mit der sie reagierte, ihren Respekt.

1971 schickte ich Margaret eine Muttertagskarte, auf der das stand, was sie am liebsten von mir hören wollte, wie ich meinte. Man fand sie nach ihrem Tod im Krankenhaus bei ihren persönlichen Dingen, abgenutzt und verblichen, in der Sammlung von Familienbildern, die sie immer bei sich trug und auf ihren Reisen quer durch die Vereinigten Staaten und um die Welt den Leuten zeigte, als ob sie sagen wollte, schaut nur, ich habe wirklich eine Familie, ich habe Wurzeln, ich bin keine Institution oder Ikone. Auf der Karte steht ein William-Blake-Zitat – *«No bird soars too high, if he soars with his own wings»* (Kein Vogel, der auf eigenen Schwingen fliegt, schwingt sich zu hoch empor) –, und auf dem Bild sind Vögel hoch oben am Himmel zu sehen. Dazu hatte ich geschrieben, daß sie diese Wahrheit wie nur wenige Mütter verstehe.

In *‹Brombeerblüten im Winter›* spricht Margaret von ihrer Angst davor, daß sie, nach einer Reihe von Fehlgeburten, eine allzu beschützende Mutter werden könnte. Sie zwang sich, stumm dabeizustehen, mit einem Gefühl wie von Nadelstichen in den

Waden, als ich die hohen Kiefern hinter Briarfield hinaufkletterte, nachdem mein Vater mich auf die untersten Äste gehoben hatte. Aber Eltern können schon erkennen, ob ein Kind grundsätzlich vernünftig ist, wie ich das auch bei Vanni beobachten konnte, als sie zu laufen begann und jedes neue Abenteuer geradezu sichtbar auskalkulierte, Dinge ausprobierte, die schwierig waren, aber nie zu schwierig. Ich weiß noch, wie Gregory mir erklärte, daß ich jeden Zweig zu prüfen hätte, bevor ich ihn mit meinem Gewicht belastete, und daß ich mich beim Aufstieg immer wieder umdrehen und den Weg hinunter planen müßte.

1925 war Margaret allein nach Samoa gereist – entgegen den Warnungen ihres Professors Franz Boas und den Versuchen ihres Vaters, sie im Durchschnittlichen festzuhalten. Dieses Eintauchen in ein anderes kulturelles System und das Erkennen, daß das Unterschiedliche eine eigene Ordnung besitzt, ein elegantes Muster: das bedeutet für einen Anthropologen den Ausgangspunkt zu tieferem Verstehen. Allein in Israel zurückzubleiben und mich ins Studium des Hebräischen zu stürzen, hatte für mich die gleiche Funktion dank einer Kindheit, in der man mich auf solche Muster aufmerksam gemacht und mich gelehrt hatte, im Kontext von Unterschieden zu leben.

Ich glaube, auch für meine Mutter war es an der Zeit, daß sich unsere Wege trennten; denn sie war im Begriff, eine ganz neue Phase ihres Lebens zu beginnen, eines Lebens, das spannend und aufregend war, aber fragmentiert, zentrifugal und öffentlich. Sie sprach damals vom *«postmenopausal zest»* – (dem postklimakterischen Elan) –, von den Energien und gesellschaftlichen Rollen der Frauen, die sich, sobald sie aus dem gebärfähigen Alter heraus und von frauenspezifischen Fesseln befreit sind, viel freier in der Gesellschaft bewegen können; und sie beschrieb, wie in einigen Gesellschaften die alten Frauen tabak- oder betelnußkauend mit den Männern zusammensitzen und Obszönitäten austauschen, reich an Wissen und Traditionen. So waren wir beide bereit, uns voneinander frei zu machen. Ich schlug die Idee, allein in einem neuen Land zu bleiben, fast wie eine Selbstverständlichkeit vor: Da sie nun einmal sie war und wußte, wer ich war, konnte sie ihre Zustimmung einfach nicht verweigern.

Es blieb fast keine Zeit für irgendwelche Arrangements. Einige der Leute, die mit ihr zusammengearbeitet hatten, versprachen, eine Familie zu finden, bei der ich wohnen konnte, mich einem Hebräischlehrer vorzustellen und mir bei den Formalitäten der Einschulung behilflich zu sein. Margaret stellte zwei Bedingungen: Eine war, daß ich die Colleges, die mich interessierten, anschreiben würde, um sicherzugehen, daß mein Aufenthalt in Israel – egal, ob ich den israelischen Schulabschluß schaffen würde oder nicht – mich nicht daran hindern würde, im folgenden Jahr mein Studium zu beginnen; die andere Bedingung war, daß ich im Fall eines Krieges nach Hause käme. Es muß immer die Möglichkeit geben, den Baum wieder hinunterzuklettern. Ich würde in Jerusalem leben, aber Freunde in Tel Aviv würden «das Sagen» haben, und von deren Wohnung aus schickte ich ihr dann auch ein Telegramm, als der Sinai-Feldzug begann – ich wollte bleiben.

Zu diesem Zeitpunkt war ich bereits aus dem Haushalt, in dem ich anfangs gewohnt hatte, ausgezogen und hatte mir, wie die vielen Universitätsstudenten in der Stadt, allein ein Zimmer gemietet. Alles Weitere ergab sich von selbst, denn sobald ich mich da eingerichtet hatte, war es klar, daß ich meine eigenen Entscheidungen treffen würde. Israel war eine Gesellschaft unabhängiger, autonomer junger Menschen, die sich leidenschaftlich mit einer Vielzahl von Ideologien auseinandersetzten und die, ständig mit der Möglichkeit eines Krieges konfrontiert, ihre sexuellen und gesellschaftlichen Sitten selbst bestimmten. Ungeachtet aller Verbindungen mit uralten Traditionen, die mich mindestens so stark beschäftigten wie die Gegenwart, strahlte Israel unüberhörbar die Botschaft aus, man könne die eigene Zukunft selbst bestimmen. In ihrer Analyse des Generationskonfliktes, ‹*Culture and Commitment*›, benutzte Margaret Israel als Modell zum Verständnis von Gesellschaften, in denen die Jungen voneinander lernen, weil ihre Eltern, als Neuankömmlinge, ihnen keine vollständigen Vorbilder bieten können. Für mich als Nichtjüdin, voll von jugendlichem Zynismus gegenüber der amerikanischen Kultur am Ende der fünfziger Jahre und mit einem kaum mehr als oberflächlichen Verständnis religiöser Tradition überhaupt, war es ein Modell beispielhafter Hingabe. Ich beneidete meine Gefährten und Klassenkameraden, weil sie wußten, wo sie hingehörten, und sich voll und ganz zu ihrer jüdisch-israelischen Tradition bekannten.

Es war ein Wunder, daß ich überhaupt in die Vereinigten Staaten zurückkehrte. Im Frühling nach den Kämpfen erwartete mich meine Mutter – während ich per Anhalter durch Israel zog, zusammen mit Klassenkameraden, die die High School absolviert hatten und kurz vor dem Wehrdienst standen – und machte sich Sorgen, daß ich mich vielleicht ebenfalls dazu entschließen könnte. Sie war entschlossen, mich davon abzuhalten, daß ich meine Staatsbürgerschaft und meine Zukunft aufs Spiel setzte. Vielleicht wäre ich wirklich geblieben, hätte nicht ein geliebter Mensch zärtlich und fest darauf bestanden, daß eine Rückkehr nach Amerika und aufs College die nächsten Schritte in meinem Leben zu sein hätten, daß meine Zeit mit ihm und in seinem Land vorüber und mein Platz anderswo sei. Damals kamen auch die Gewohnheiten des Kosmopolitanismus und Relativismus langsam wieder zu ihrem Recht: An Weihnachten war ich auf die jordanische Seite der Grenze gereist und hatte Flüchtlingslager besucht, denn ich wollte beide Seiten des Konfliktes verstehen. Ich hatte Araber kennengelernt, der arabischen Sprache gelauscht, dem Hebräischen verwandte Wörter wiedererkannt und wurde für immer vom Klang einer nicht europäisierten semitischen Sprache verzaubert.

Als ich Israel verließ, glaubte ich mich von den Interessen meiner Eltern völlig getrennt zu haben, glaubte in einer Welt engagiert zu sein, die ihnen unbekannt und unverständlich war, aber ich war neugierig auf ihre Welt und auf meine eigene Generation. In Paris schnupperte ich zögernd Luxusluft, als ein alter Freund meine Mutter und mich zu Austern und Champagner einlud, und dann ging meine Mutter mit mir einkaufen – eine vollständige Garderobe einschließlich spitzenbesetzter Unterwäsche, um den Kontrast zu dem spartanischen Leben, das ich gerade hinter mir hatte, zu markieren. Während wir über das Engagement in Israel als gesellschaftlichem Phänomen sprachen, kamen wir einander wieder näher, und im Verlauf dieses Sommers sprach ich dann auf einer Tagung der *British Association for the Advancement of Science* in Dublin über Jugendbewegungen in Israel. Als ich im Herbst am Radcliffe College ankam, fühlte ich mich fremd und irgendwie leer, als läge der Höhepunkt meines Lebens schon hinter mir, während die anderen Studienanfänger um mich herum von Spannung und Vorfreude erfüllt waren; und so stürzte ich mich auf das einzige, dessen ich gewiß war, mein Interesse für das Arabische, und das bedeutete, daß ich mich in ein kleines, von einem Dutzend Studenten der oberen Semester überfülltes Seminar hineinboxen mußte.

Mein Vater behandelte das alles als ziemlich unwesentlich. Als ich ihn im Oktober kurz sah, redete er fast ausschließlich über seine eigene Arbeit, aber er gab mir etwas zu lesen – Doughtys ‹*Arabia Desert*› und Rebecca Wests Buch über die Völker des Balkan, ‹*Black Lamb and Grey Falcon*› – zwei Bücher, die mit ihren dichten Beschreibungen der Völker des Nahen Ostens sein Interesse an Ethnographie ausgelöst hatten.

Meine Mutter hörte meinen Erzählungen und Erklärungen zu, sie nahm das Aufregende wahr, das ich zu unserem Treffen in Paris mitgebracht hatte, das Gefühl von Einsicht und Verstehen, das ich beim Studium des Hebräischen gewonnen hatte. Als ich dann New York verließ, um nach Cambridge zu gehen, gab sie mir ein Exemplar von Edward Sapirs ‹*Language*› als Lektüre im Flugzeug mit. Sie erwähnte dabei weder, daß sie Sapir gekannt hatte, ja, halb in ihn verliebt und beruflich eng mit ihm verbunden gewesen war, noch daß Sapir Anthropologe war. Dies war ein Buch über Sprache, und Sprache war es ja, wofür ich mich inzwischen so leidenschaftlich engagiert hatte, so daß ich nach der Lektüre des Buches überzeugt war, daß ich zwar mein Interesse für den Mittleren Osten weiter verfolgen, aber auch Linguistik studieren würde, ein, wie ich dachte, von der Anthropologie völlig getrenntes Fach.

Knapp einen Monat später wurde ich wegen meines Interesses für Arabisch einem jungen Ingenieurstudenten aus Syrien vorgestellt, Berkev Kassarjian. Am Tag zuvor hatte mich meine Mutter – neben einem Dutzend von Freunden und Kollegen im ganzen Land – mit der Bitte angerufen, Reaktionen auf den Sputnik, den ersten Erdsatelliten, zu sammeln. Den ganzen Tag lang hatte ich mir Analysen von Sputniks Wirkung auf das Gleichgewicht der Mächte angehört oder obskure Kommentare, aus denen hervorging, daß dieser Schuß ins Weltall irgend etwas Heiliges verletzte: «Der Mensch gehört nicht in die Dunkelheit da draußen», oder: «Ich glaube, jetzt verstehe ich das Wesen der Sünde.» Barkev, der in Wirklichkeit Armenier, nicht Araber war, wie sich herausstellte, war der erste meiner Gesprächspartner, der das Ganze einfach für eine aufregende menschliche Leistung hielt. Die Beziehung gedieh, erfüllte mein erstes Collegejahr und vertrieb das Gefühl, mit dem ich aus Israel zurückgekommen war – daß es nie wieder etwas Aufregendes geben könnte und ich nur noch mechanisch die Routine des amerikanischen Collegelebens absolvieren würde, umgeben von unausgegorenem Geschwätz.

Als Barkev und ich uns vier oder fünf Monate lang kannten, gingen wir mit meiner Mutter zusammen essen und dann zu einem ihrer Vorträge in Boston. Ihr Thema war die Zukunft der Familie. Später an diesem Abend, in Barkevs Zimmer, begann ich über die zerbrochenen Ehen meiner Eltern zu reden; daß es mir solche Vorbilder unmöglich machten, jemals die Verpflichtung einer Ehe einzuhalten. Ich weinte, und Barkev tröstete mich, und irgendwie diskutierten wir am Ende des Abends darüber, wann und ob wir unsere Verlobung bekanntgeben sollten.

Zwei Jahre später haben wir dann geheiratet, nachdem ich gelernt hatte, auf armenisch mit meinen zukünftigen Schwiegereltern zu korrespondieren und armenisch zu kochen, und nachdem Barkev gelernt hatte, sich in dem komplizierten Netzwerk fiktiver Tanten und Onkel, mit denen ich aufgewachsen war, zurechtzufinden. Ein neuer armenischer Schriftsatz wurde für unsere Hochzeitseinladungen entworfen, so daß die englischen und armenischen Teile sich die Waage hielten. Als wir heirateten, hatte ich gerade meinen College-Abschluß, und Barkev hatte ein Jahr seines M.B.A. (Master of Business Administration) an der Harvard Business School hinter sich. Wir studierten beide weiter, bis wir promoviert hatten.

Meine Ehe war vor allem exogam: eine ‹Einheirat› in eine andere Kultur, keine Ehe mit dem Sprößling einer jener sozialwissenschaftlichen Hausgemeinschaften, in denen man Traditionen, Gespaltenheit und Entfremdung gemeinsam hatte. Diese Ehe war in gewissem Sinn die Weiterführung meines Engagements im Mittleren Osten; sie ließ mich an der gleichen Art von Identität teilhaben, die ich in Israel so beneidet hatte, an der Identität des Wanderers, der im tiefsten Grund doch nicht entfremdet ist, sondern ein Heimatgefühl in sich trägt und bewahrt. Als künftiger Schwiegersohn gebot Barkev meiner Mutter respektvoll, aber fest, die Autotür nicht selbst zu öffnen – offen und furchtlos stand er zu seinem eigenen Stil. Und Barkev zu Gefallen wurde aus Cathy bald Catherine.

Margaret fing sofort an, Verbindungen aufzuspüren: Obwohl wir aus verschiedenen Ländern kamen, so argumentierte sie, gebe es in unserer Herkunft eine wesentliche Ähnlichkeit. Wir kamen beide aus Lehrerfamilien; seine Tante wie Margarets Großmutter waren Schulleiterinnen gewesen. Sogar zum Mittleren Osten entdeckte Margaret zarte Bande, denn der Onkel meines Vaters war britischer Richter in Ägypten gewesen, und der Nachname meiner Großmutter mütterlicherseits, Fogg, stammte angeblich von einer sephardisch-jüdischen Familie, die sich im italienischen Foggia niedergelassen hatte. Im Juni 1960 kam Gregory zur Hochzeit, um mich zum Altar zu führen und beim Empfang neben Margaret zu stehen.

Der Rest dieser Geschichte hat mit den Augenblicken zu tun, an denen ich als Erwachsene meine Fühler wieder in die Lebenskreise meiner Eltern hineinstreckte, langsam der Rolle der verheirateten Tochter alle möglichen Formen professioneller Zusammenarbeit hinzufügte und an Kongressen oder Veröffentlichungsprojekten teilnahm. Mit der Zeit veränderte sich das Umfeld unserer Besuche. 1958 zog Betty aus dem Haus in der Colby Avenue aus, und Gregory lebte weiterhin allein dort, zuweilen zusammen mit seinem Sohn John Bateson, bis er Lois Cammack, eine psychiatrische Sozialarbeiterin, heiratete, die ihren mit John fast gleichaltrigen Sohn Eric ins Haus brachte. 1963 zog die Familie Bateson nach St. Thomas in der Karibik, wo Gregory mit John Lilly zusammen die Kommunikation der Delphine studierte. Von 1964 bis 1971 lebten sie in Hawaii, wo 1969 Nora Bateson zur Welt kam; und 1972, nachdem sie ein Jahr lang rund um die Welt gereist waren, ließ sich die Familie in Ben Lomond in der Nähe von Santa Cruz nieder.

Margaret blieb in New York, aber im Jahr nach meiner Heirat zogen sie und Rhoda aus dem Haus am Waverly Place in ein Appartementgebäude, das Beresford, am Central Park West, von wo aus sie das Museum bequem zu Fuß erreichen konnte. Angesichts ihrer vielen Reisen war es nicht mehr sinnvoll für meine Mutter, einen eigenen Haushalt aufrechtzuerhalten, und wenn wir auch im Beresford immer willkommen waren, bedeuteten unsere Besuche doch stets, daß Schlafplätze umarrangiert oder hergerichtet werden mußten, und so trafen wir uns immer mehr nur, wenn

Margaret zu uns kommen konnte oder auch zu meiner Tante Liza, die von New York nach Cambridge gezogen war. Barkev und ich verbrachen zehn der nächsten zwanzig Jahre in Übersee, zunächst auf den Philippinen und dann, nach der Geburt unserer Tochter im Jahr 1969, im Iran; in die Vereinigten Staaten kehrten wir nur auf Besuch zurück. Ich lernte neue Sprachen und wechselte die berufliche Etikette: Immer mehr wurde ich zur Sozialwissenschaftlerin. Auf den Philippinen und im Iran arbeitete Barkev an der Entwicklung eines Management-Training-Programms für graduierte Studenten, ein Ausländer, den doch die fremden Kulturen und seine Studenten zutiefst beschäftigten; während ich unterrichtete oder schrieb oder mit Planung und Beratung beschäftigt war.

Manchmal kommt es mir so vor, als hätte ich vier- oder fünfmal den Beruf wechseln müssen, um die Kontinuität des Familienlebens zu erhalten, fast so, wie meine Eltern und einige Bekannte meiner Generation ihre Ehen wechselten. Aber wenn es auch schwierig ist, eine neue Sprache oder den Gebrauch neuer Geräte zu lernen, sich in die Fachliteratur eines neuen Gebietes einzulesen oder mit neuen handelnden Personen klarzukommen – solche Diskontinuitäten sind doch nur oberflächlicher Art. Bei unserem ersten Aufenthalt auf den Philippinen wurde mir klar, daß es schwer sein würde, Arabisch beizubehalten, geschweige denn, diese Sprache beruflich zu verwenden, und in der Linguistik hatte sich das Schwergewicht in Richtung höchst formalistischer Studien verschoben. An diesem Punkt erkannte ich, daß ich meine Interessen nur in einem Zusammenhang halten konnte, wenn ich mich als Anthropologin verstand. Anthropologen betrachten die Linguistik als ein Teilgebiet ihres Fachs, und obgleich ich nur an wenigen Seminaren über andere Zweige der Anthropologie teilgenommen hatte, war ich ihr doch mein ganzes Leben lang in einem ständigen Strom von Gesprächen ausgesetzt gewesen; und so begann ich 1966 in Manila Anthropologie zu studieren und zu lehren. Schließlich hatte Margaret selbst einmal darauf hingewiesen, daß eine Promotion die Fähigkeit bescheinigt, in unabhängigem Studium neue wissenschaftliche Fragen zu stellen und zu untersuchen, daß sie kein berufliches Etikett darstellt. Früher hatte ich mit großer Bestimmtheit gesagt, ich würde nie in die Anthropologie gehen, aber am Ende wurde die Anthropologie für mich zum «alles verbindenden Muster».

Margaret hatte sich immer dagegen gewehrt, mich in eine bestimmte Richtung zu lenken, aber ich entwuchs meiner Kindheit mit der Überzeugung, daß Schreiben die normale menschliche Tätigkeit sei – nicht, wie man vielleicht erwarten könnte, Lehren: denn Lehren war für Margaret und Gregory eher eine gelegentliche Tätigkeit am Rande. Als 1942 ‹*And Keep Your Powder Dry*› (Und halt dein Pulver trocken) erschien, mir gewidmet, wurde mir das erste Exemplar in die Hände gelegt. Ich wußte zumindest, daß dies ein bedeutender Augenblick war, der irgend etwas mit dem endlosen Klappern der Schreibmaschine zu tun hatte, und ich nahm das Buch mit ins Bett. Als ich sieben war, fragte ich meine Mutter, wann ich denn selbst ein Buch schreiben könnte. Ein Jahr später, als Colin McPhee mir ein Kinderbuch über Bali widmete, bemerkte meine Mutter, ich hätte mich nicht beeindruckt genug gezeigt. Also schrieb ich über das Buch eine Rezension für ihn, die er an die Zeitung *Saturday Review* weiterschickte, und ich war ziemlich verschnupft, als sie mir nur einen Teil des üblichen Honorars zahlten.

Es wurde immer an Büchern gearbeitet, gewöhnlich je unten und oben an einem, da Tante Mary und Onkel Larry zusammen an einer Reihe von Büchern über die Entwicklung des Kindes arbeiteten. Berge von Fahnen, damals noch auf langen Bürstenabzügen, kamen ins Haus, die ich dann als Zeichenpapier benutzen durfte, wenn die Arbeit getan war. Als ich bei einer Sammlung für die Amerikanische Krebshilfe beteiligt war, hatte ich eine einfache Lösung: Ich würde mir von allen bücherschreibenden Leuten, die ich kannte, signierte Exemplare geben lassen, für einen Sonderverkauf. Eines der beiden großen Bücherregale im Wohnzimmer war weitgehend mit «Büchern von Freunden» gefüllt, das andere mit Gedichtbänden.

Außer der Idee, daß ich Bücher schreiben würde, hatte ich als Kind nur vage Vorstellungen davon, was ich einmal sein oder tun wollte; nur wußte ich, daß viel Studieren dazugehören würde, vielleicht in den Naturwissenschaften, und daß ich eines Tages Kinder haben würde. Während der High School-Zeit interessierte ich mich hauptsächlich für Lyrik und Mathematik und wunderte mich darüber, daß andere fanden, diese beiden Interessengebiete paßten nicht zusammen. Beide Interessen traten übrigens durch meinen Aufenthalt in Israel in den Hintergrund, sind aber seitdem in anderer Form wieder aufgeflackert.

Als ich ein Kind war, ließ sich Margaret einmal zu einer Antwort auf die Frage «Was glaubst *du* denn, was ich mal werde, wenn ich groß bin?» verführen und sagte: «Oh, vielleicht wirst du so etwas wie Embryologin oder Kristallographin» – eine merkwürdig spezifische Antwort, zweifellos angeregt durch irgend etwas, was sie gerade las. Was sie damit meinte, war: «Ich glaube, du wirst gern mit präzisen, komplexen Mustern arbeiten wollen.» Die Antwort verwirrte mich völlig, denn ich hatte Kristalle oder Embryos damals noch nie als etwas betrachtet, worüber es sich lohnte nachzudenken, und so neckte ich sie noch Jahre später wegen dieser Weissagung.

Tatsächlich aber war sie auf merkwürdige Weise akkurat, akkurat in ihrer Betonung eines intellektuellen Stils und in ihrem Sinn dafür, daß die Gegenstände bei einem beruflichen Wanderleben sich eher zufällig ergeben. Der Fächer verschiedener Interessen innerhalb der Anthropologie gab für mich den Rahmen ab, in dem ich über kulturell bedingte Verhaltensmuster nachdenken konnte – über Gedichte zum Beispiel, über Gespräche, religiöse Riten oder die Abfolge von Signalen, mit denen Individuen untereinander Vertrauen herstellen.

Meine erste linguistische Arbeit, meine Dissertation, war eine Studie vorislamischer arabischer Oden. Das sind lange Gedichte, deren ursprüngliche Attraktion für mich in ihrer lebendigen Bildlichkeit lag – es ging um Pferde und Kamele, Wüstenjagden und Tändeleien – und, bei meiner andauernden Romanze mit dem Arabischen, in ihrer klangvollen Sprache. Mein Thema war die Methode der Dichter, mit Hilfe des Stroms sprachlicher Formen Kontinuität und Diskontinuität zu schaffen, parallel zu Veränderungen im thematischen Inhalt der Gedichte.

Diese Studie – nicht über Formen an sich, sondern über ihre Wechselwirkung beim Vortrag – scheint von der Arbeit meiner Eltern weit entfernt zu sein, doch rückblickend kann ich die Verbindungen erkennen. Ohne mir dessen bewußt zu sein, war ich von Ray Birdwhistells Arbeiten angeregt worden, der in enger Zusammenarbeit mit Margaret und Gregory an Analysen von Verhaltensformen in familientherapeutischen Sitzungen arbeitete. Während meiner Collegezeit und in den Anfangsjahren meiner Ehe verbrachten wir das Thanksgiving-Fest immer bei Ray zu Hause. Er war fasziniert von der Fülle der Verhaltensweisen, die mit peinlichster Genauigkeit aufgezeichnet werden mußten, und was er über seine Arbeit zu erzählen wußte, wirkte durch seine Gesten und ausdrucksvollen Gesichtszüge noch reicher. Seine Forschungsmaterialien waren auf Film und Tonband aufgenommen. Meine vorislamischen Oden waren durch mündliche Tradition erhalten geblieben und erst später aufgeschrieben worden, aber sie besaßen jenen besonderen Reichtum an rhythmischen sprachlichen Mustern, den wir mit Dichtung assoziieren. Dazwischen gab es noch ein Projekt, das ich aber nie in die Tat umgesetzt habe – ich wollte gefilmte politische Reden in Arabisch studieren, um die Macht verstehen zu lernen, die mit dem arabischen Sinn für Beredsamkeit einhergeht. Auf Grund dieses nur in meiner Vorstellung bestehenden Projektes kann ich eine Beziehung erkennen zwischen dem, was ich gemacht habe – eine Studie scheinbar unveränderlicher «klassischer» Werke –, und der Studie gefilmter, wechselhafter Interaktionen.

1966 bis 1968 führte ich auf den Philippinen einige linguistische Arbeiten und Feldforschungsprojekte durch, aber vor allem unterrichtete ich Anthropologie. Unser erstes Kind, Martin Krikor, kam dort als Frühgeburt zur Welt und starb noch am gleichen Tag. Auf dem Rückweg von den Philippinen machten wir in Europa halt, wo Gregory seinen Kongreß über «Bewußte Zielsetzung und menschliche Anpassung» organisiert hatte; dann erhielt ich ein Stipendium und verbrachte das folgende Jahr damit, ein Buch über den Kongreß zu schreiben und Bücher über den Spracherwerb bei Kindern zu lesen. Diese Interessen führten mich zum Beschreiben gesprächsartiger Interaktionen und Spiele zwischen Mutter und Kind und der sich entwickelnden Ritualisierung einer charismatischen Gebetsgruppe. Im Herbst 1969 wurde unsere Tochter Sevanne Margaret – Vanni – geboren.

Gregorys Studenten beklagten sich immer, daß sie nicht wüßten, wovon seine Kurse eigentlich handelten. Delphine kamen darin vor, aber es ging nicht eigentlich um Delphine; da gab es Rituale in Neuguinea und Schizophrene und Alkoholiker und Kindererziehung in Bali, verwoben mit Zitaten von Blake oder Jung oder Samuel Butler, und Studenten wurden dazu herausgefordert, einen Krebs oder eine Muschel zu betrachten und zu erklären, wie sie diese als Produkt organischen Wachstums erkennen könnten; oder auch ein Sakrament anzuschauen und zu sagen, was denn dabei eigentlich vor sich gehe. Aber merkwürdigerweise betrachtete Gregory meine eigenen intellektuellen Entscheidungen mit derselben unangebrachten Forderung nach Konkretheit und setzte meine Arbeit über hebräische oder arabische Dichtung oder an der Organisation von Universitäten herab, als ob ich mit diesen Beschäftigungen mein Interesse an Kultur- und Lebensmustern aufgeben und mich in Details verlieren würde. Aber die Entscheidung, die ich immer wieder zu treffen hatte, war nicht so sehr diejenige zwischen dem Abstrakten und dem Konkreten, sondern für den besten Weg, eine moralische Grundhaltung auszudrücken, und das kam direkt von Margaret: an Projekten zu arbeiten, die helfen konnten, bessere Bildungsmöglichkeiten oder eine bessere Verständigung zwischen den Kulturen herbeizuführen.

1972 hielt mich ein Umzug nach Iran wieder einmal von meiner laufenden Arbeit ab, diesmal war es ein Projekt zur Mutter-Kind-Kommunikation, bei dem ich Film und Tonband sowie akustische Geräte des elektronischen Labors im Massachusetts Institute of Technology verwendete. Während ich mir überlegte, was ich als nächstes tun könnte, las ich ein Buch über Iran, das Mißtrauen und Zynismus sehr stark betont hatte, und impulsiv wollte ich sagen, ja – aber *wann* trauen die Iraner einander doch? Eine komplexe Gesellschaft kann doch sicher nicht ganz ohne Vertrauen funktionieren? Und was bewundern die Menschen dort, wie wollen sie werden? Wie kann interkulturelle Verständigung verbessert werden, indem man die positive Vision hinter der Fremdartigkeit wahrnimmt? Der gleiche Impuls führte mich später, im Iran und in den Vereinigten Staaten, in die Verwaltung und Planung von Universitäten, wo es möglich ist, eine bestimmte Denkweise in verschiedenen Situationen zu prüfen, und wo man gleichzeitig herausgefordert ist, ein geordnetes Umfeld zu schaffen oder zu erhalten, in dem Menschen gedeihen können. Die Arbeit eines akademischen Dekans ist freilich der Hausarbeit nicht unähnlich, und man kann sich in einem Morast von Wartungsarbeiten so festfahren, daß die zugrunde liegenden Muster unsichtbar werden.

In all den Jahren halfen mir Gespräche mit meiner Mutter, diese Zusammenhänge zu erkennen und immer wieder innezuhalten und darüber nachzudenken, was ich eigentlich tat und warum. Und doch, wenn ich auf diese Abfolgen zurückblicke, scheint es mir von entscheidender Bedeutung gewesen zu sein, daß sich unsere Wege zu einem frühen Zeitpunkt so deutlich trennten, so daß unsere Gespräche unter der Voraussetzung von Distanz stattfanden. Was sie als Mutter am meisten fürchtete, war, daß ihre Fähigkeit, sich in das Leben anderer hineinzudenken und sich Zukunftsmöglichkeiten vorzustellen, sie dazu führen könnte, mich in eine Richtung zu steuern, die ich später ablehnen würde. Was ihr in einem Streit zwischen uns am meisten weh getan hätte, weil es ihr schon so oft gesagt worden war, wäre die Anklage gewesen, daß sie mich beherrschte oder sich in mein Leben einmischte. In diesem Punkt war sie so verwundbar, daß wir beide stillschweigend alles taten, die Beziehung zu schützen – sie, indem sie sich aller Ratschläge enthielt und wirklich versuchte, ihre Phantasie in bezug auf mich zu zügeln, und ich, indem ich sorgfältig die Neigung zu Unentschiedenheit und Unsicherheit, die ich mit ihr teilte, im Auge behielt. Ich lernte, ihr meine Zukunftsvorstellungen erst vorzuführen, wenn sie bereits so lebendig Gestalt angenommen hatten, daß ich sie als meine eigenen akzeptieren konnte; wenn es nicht mehr möglich war zu sagen: Das ist dein Plan, nach dem ich gelebt habe, deine auf mich projizierte Vorstellung. Sie besaß die Fähigkeit, viele Leben zu leben, voll und ganz teilzunehmen, in vielschichtiger Einfühlung die Hände auszustrecken und Möglichkeiten zu ergreifen, die der Vorstellungskraft anderer Menschen bis dahin entgangen waren, und so mußte sie die Träume überwachen, die sie für andere träumte.

In ‹*Brombeerblüten im Winter*› benutzt Margaret immer wieder Metaphern, aus denen zu erkennen ist, wie sehr sie sich als Regisseurin, als Produzentin eines Spiels sieht, die Menschen zueinander in Beziehung setzt und eine bestimmte Konstellation herbeiführt. Als Kind stellte sie sich vor, Pfarrersfrau in einer Landgemeinde zu werden, wo sie das Leben sämtlicher Gemeindemitglieder organisierte. Zweifellos trat Margarets erster Mann, Luther, unter ihrem Einfluß zur episkopalischen Kirche über und verließ die Methodistenkirche, in der er aufgewachsen war; später absolvierte er die Pastorenausbildung. Es ist durchaus möglich, daß *er* sich bis zu einem gewissen Grad in eine Rolle hineindrängen ließ, von der *sie* jahrelang geträumt hatte (eine Rolle, für die sie ihn angesichts seiner

Ernsthaftigkeit und Güte geeignet hielt) – besonders, wenn man bedenkt, daß er später den geistlichen Beruf aufgab, weil er merkte, daß er gar nicht dazu berufen war. Ähnlich war Reo auf dem Weg zur Universität Cambridge, um weiter Psychologie zu betreiben, als Margaret von ihrer ersten Feldforschungsreise zurückkam, wo die Isolation ja ein Hauptproblem war; und die Vorstellung von kollegialer Zusammenarbeit geriet irgendwie in ihre intensiven Gespräche an Deck hinein, so daß Reo sich im folgenden Jahr als Anthropologe zu definieren begann.

Mehr als irgend jemand war es Gregory, der heftig zurückschlug, als sie versuchte, sein Leben zu dirigieren. Sie beschrieb mir einmal, wie sie mit Gregory zusammen in einem überhitzten Raum saß, ihn schwitzen sah und wußte, daß er das nur erduldete, weil er nicht daran dachte, daß er ja seine Jacke ausziehen könne; und sie wußte auch, daß er wütend über ihre Einmischung sein würde, wenn sie das vorschlüge – wütend, weil sie seine Situation eher erkannt hatte als er selbst. Sie sah ein Problem, und schon produzierte ihre Phantasie einen Lösungsvorschlag; sie konnte eine Möglichkeit sehen und sich auch gleich ihre Verwirklichung vorstellen, wobei sie ständig Gefahr lief, die Freude anderer am Entdecken vorwegzunehmen oder die Schuld am Mißlingen tragen zu müssen. Nur selten erlaubte sie sich den ungezügelten Ausdruck dieser Impulse, aber sie tat es im Flugzeug während schlimmer Turbulenzen oder wenn etwas nicht zu funktionieren schien. Dann konnte sie dasitzen und in Plänen schwelgen und sich in luxuriösen Details ausmalen, was für wundervolle Dinge ihre Erben mit der Versicherungssumme nach einem Unfalltod anfangen könnten.

Dieses «für andere Träumen» war etwas, dessen wir uns beide sehr bewußt waren und was wir mit großer Vorsicht angingen, bis wir mit der Zeit lockerer damit umgehen konnten. Zuerst schien der beste Schutz dagegen ein gewisser Abstand zu sein, durch den sie einfach nicht genug von meiner Welt wußte, um mit Zukunftsentwürfen zu beginnen. Als ich mich entschloß, mit den Studien des Mittleren Ostens weiterzumachen, warnte ich sie davor, dem Mittleren Osten zu nahe zu kommen, denn dies sei, erklärte ich, von jetzt an mein Revier – zwei Anthropologinnen, jede mit ihrem eigenen Völkerstamm –, und ich vermied es sorgfältig, auf ihre Vorschläge einzugehen, daß sie doch mal in Beirut haltmachen und meine Schwiegereltern kennenlernen könnte. Das bedeutete, daß wir uns, wenn wir über meine andere Familie oder meine Arbeit sprachen, innerhalb eines Bezugsrahmens bewegten, den ich bestimmte, und mein Sinn für ihre Art von Möglichkeiten war bereits enthalten in dem, was ich sagte. Sie hatte enge Freunde in Cambridge, Massachusetts, aber Harvard University war eine der wenigen Institutionen, denen sie wegen ihrer unhöflichen und ausbeuterischen Haltung Frauen gegenüber ständig grollte; und so hatte sie während der neun Jahre, in denen ich Studentin und junges Fakultätsmitglied in Cambridge war, fast überhaupt keine beruflichen Beziehungen zu Harvard. Wenn sie Barkev und mich in Manila oder Teheran besuchte, gaben wir ihr einen kurzen «Lagebericht» und bewunderten dann die Weise, in der sie unsere Informationen in ihre öffentlichen Auftritte einflocht. In ihrem Bemühen, den eigenen Appetit auf neue Einsichten zu befriedigen, klärte sie dadurch unsere Gedankengänge – und dann war sie wieder weg. Und ließ uns mit dem Gefühl der Freiheit und Kompetenz an den Orten zurück, die *wir* gefunden hatten.

Für uns bedeutete Margarets Vielseitigkeit und Beweglichkeit, daß sie uns mindestens einmal im Jahr besuchte, wenn wir in Übersee lebten; sie nahm dann Einladungen an, die sie sonst abgelehnt oder hinausgeschoben hätte, weil sie auf diese Weise auf unsere Seite des Erdballs kommen konnte. Sie kam und ging, betriebsam und produktiv, immer mit dem Wunsch, ein wenig an der Atmosphäre unseres Lebens teilzuhaben, über alles Bescheid zu wissen, was gerade in unseren Köpfen vorging, und es in das komplexe Mosaik, an dem sie ständig werkelte, einzufügen. Ihr Kommen gab uns manchmal die Gelegenheit, nach einem öffentlichen Vortrag eine große Party zu geben. Sie wollte wissen, was sich auf dem Feld der Familienplanung tat; wie sich die Rolle der Frauen in den Philippinen oder im Iran mit der Zeit veränderte; wie sich die Institutionen, an denen wir lehrten, im Ethos unterschieden, sie wollte schmecken, hören, Thesen aufstellen.

Während meiner Kindheit sagte Ray Birdwhistell einmal zu mir: «Deine Mutter hat einen so maskulinen Geist und dein Vater einen so femininen.» Ich zuckte verärgert zurück, denn damals, in den fünfziger Jahren, kam mir die Bemerkung wie eine Herabsetzung von Gregory vor. Margaret war damals bereits in der breiten

Öffentlichkeit berühmt, während fast niemand außerhalb eines kleinen Kreises von Anthropologen und Psychotherapeuten wußte, wer Gregory war. Leute, die mich fragten: «Wie ist das denn, wenn man eine so berühmte Mutter hat?» fragten dann weiter: «Und was macht dein Vater?» Ray sagte dann weiter: «Margaret schießt immer Tausende von Ideen in alle Richtungen ab wie Sperma. Und wenn Gregory eine Idee hat, dann sitzt er darauf und brütet sie aus wie ein großes Ei.»

Meine Beziehung zu Gregory als Erwachsene knüpfte direkt an meine Kindheitsbeziehung zu ihm an – sporadische Besuche, bei denen immer Gespräche im Mittelpunkt standen, manchmal eingebettet in das größere Gespräch eines Kongresses, in denen wir uns intensiv mit irgendeinem Naturphänomen oder seinen eigenen, sich entfaltenden Ideen befaßten. Die Zahl der Ideen war nicht groß – sein ganzes Leben lang verfolgte er nur eine kleine zusammenhängende Gruppe höchst abstrakter Themen, wenn auch die Beispiele und Parabeln, mit deren Hilfe er sie lehrte, rasch wechselten. Es war möglich, ein oder zwei Jahre weg zu sein, zurückzukommen und fast in denselben tiefen, ruhig dahinfließenden Fluß zu treten. Introvertiert und verschlossen, wie er war, kann man sein Denken sehr wohl als eine Art von Inkubation bezeichnen, und er war durchaus tolerant mit Menschen, die kamen und gingen, wenn sie sich für seine Ideen interessierten und sich damit auseinandersetzen wollten. Im Gegensatz zu Margaret versuchte er immer, mich von anderen Dingen, mit denen ich mich beschäftigte, abzuhalten, und wenn ich nicht mit ihm zusammen war, schien er beinahe zu vergessen, daß ich überhaupt existierte. Da er vermutete, daß das meiste, was ich tat, ohnehin Zeitverschwendung war, schlug er gelegentlich vor, daß Barkev und ich doch vielleicht in seiner Nähe leben könnten, so daß er und ich zusammen an der Entwicklung abstrakten Verstehens arbeiten könnten. Wenn ich dann von anderer Arbeit und anderen Orten sprach, schüttelte er ungeduldig den Kopf wie ein Pferd, das Fliegen abschüttelt.

Während ich schreibe, stehe ich noch unter den Nachwirkungen des Todes meiner Eltern, und vielleicht sehe ich deshalb heute meine Beziehungen zu ihnen von Abschieden akzentuiert. Margaret bejahte diese Abschiede, sie war so bereit, verlassen zu werden, wie es ihr wichtig war, weggehen zu können, am Zoll vorbei oder in die

Wartehalle, ohne zurückzublicken; und ebenso konnte sie mich gehen lassen in Welten, die ihr unverständlich waren. 1947 schrieb sie ein Gedicht für mich, ein Gedicht über die Freiheit, in eine unbekannte Zukunft aufzubrechen; aber in ihren Papieren finde ich Anzeichen dafür, daß sie vorübergehend meinte, dies drücke vielleicht auch ihre Gefühle Gregory gegenüber aus, der sich damals gerade von ihr zu lösen begann, und sie spielte mit dem Gedanken, das Gedicht so zu verändern, daß es sich auf ihn bezog.

*You must be free to take a path*
*Whose end I feel no need to know,*
*No irking fever to be sure*
*You went where I would have you go.*

Du mußt frei sein, einen Weg einzuschlagen,
dessen Ziel ich nicht unbedingt wissen muß,
kein lästiges Fieber, gewiß zu sein,
du bist dahin gegangen, wohin ich dich gehen lassen wollte.

Beim Lesen wird mir klar, daß Margaret, indem sie die Bedeutung des Gehenlassens bejaht, zugleich auch auf ihrer eigenen Freiheit besteht. Die Syntax der letzten Strophe klingt mir mit ihrer Vieldeutigkeit wie ein Echo durch den Kopf – wer verläßt eigentlich wen? Es kommt mir so vor, als sei es vielleicht Margaret, die weggeht und die Zukunft in meinen Händen läßt.

*So you can go without regret*
*Away from this familiar land,*
*Leaving your kiss upon my hair,*
*And all the future in your hands.*

So kannst du ohne Reue gehn
fort von diesem vertrauten Land,
und läßt deinen Kuß auf meinem Haar
und die Zukunft ganz in deinen Händen.

# 8

# Ein Leben teilen

1955 entwarf meine Mutter einen Brief «An die, die ich liebe» – einen Brief, der an eine Liste von Freunden geschickt werden sollte, falls sie einmal unerwartet sterben sollte. Vieles in ihrem Leben änderte sich zwischen jenem Zeitpunkt und ihrem Tod im Jahr 1978, und doch wurde der Brief in den dazwischenliegenden Jahren nie überarbeitet oder revidiert, sondern von Tante Marie getreulich aufbewahrt und mir ausgehändigt. Teile des Briefes sprechen noch heute zu mir, wenn ich an ihr späteres Leben denke.

> Immer deutlicher wird mir bewußt, in wie starkem Maße mein Leben segmentiert wird, jedes Segment mit einem anderen Menschen geteilt, selbst da, wo ich innerhalb von Zeit und Raum dieses Segmentes das Gefühl habe, ich selbst zu sein, und zwar ganz ich selbst, in dieser bestimmten Beziehung. Zum Teil hat das mit dem Alter zu tun; seit Ruth Benedicts Tod lebt niemand mehr, der alles gelesen hat, was ich geschrieben habe; niemand, weder ein ergebener Student noch ein enger Mitarbeiter hätte jetzt Zeit für das alles. Seit dem Zusammenbruch meiner Ehe teile ich viel weniger von meinem Leben mit einem Menschen, und eine Vielzahl von besonderen Beziehungen, Zusammenarbeit, kleinen Vergnügungen und partiellen Intensitäten haben den Platz einer Ehe eingenommen, die einmal so viel von meiner Zeit und Aufmerksamkeit forderte. Distanz trennt mich jetzt von Menschen, die einmal fähig waren, die meisten Fäden in ihren Händen zu halten . . .

Der Brief endet mit einer Affirmation:

> Ich ziehe ein Leben vor, in dem jedes wichtige Gefühl, jeder Gedanke mit einem Menschen, den man liebt, geteilt werden kann, Freund oder Ehepartner – mehrere Freunde, Lehrer, Schüler. Es ist nicht meine Absicht gewesen, irgendeinen von euch über einen wichtigen Teil meines Lebens im dunkeln zu lassen, noch war es ein Mangel an Vertrauen – in irgendeinen – von meiner Seite aus; es hat vielmehr mit den Gegebenheiten der Mitte des zwanzigsten Jahrhunderts zu tun, wenn jedem von uns – zumindest denen in meinem Alter – ein Leben bestimmt zu sein scheint, das nicht mehr zu teilen/mitzuteilen ist.

Diese Sehnsucht nach Ganzheit und die Trauer um die Gefährdung dieser Ganzheit ist ein Thema, das sich wie ein roter Faden durch das Leben meiner Eltern zieht. Die Trauer, die in diesem Briefentwurf anklingt, blieb bestehen und vertiefte sich, solange sie lebte, als Hintergrund für ihre Leistungen und Erfolge der nächsten fünfundzwanzig Jahre. Ganzheit war unabdingbar für ihre Arbeit, denn all ihre Einsichten in die Funktionen menschlicher Gesellschaften basierten auf ihrer intimen Kenntnis kleiner geschlossener Gemeinschaften, in denen sie jede einzelne Person kennen konnte, und zwar so, wie sie sich innerhalb eines Netzwerkes von Beziehungsgeflechten definierte. Doch in ihrem Privatleben existierte die wachsende Fragmentierung, die der Brief beschreibt, während ihr Leben gleichzeitig immer größere Kreise zog und sie immer mehr zur internationalen Berühmtheit wurde.

Margaret sprach zuweilen von einem «anthropologischen Sample» – keine Gruppe von Informanden, die so ausgewählt werden, daß sie möglichst repräsentativ sind, und zufällig ausgewählt, was alle Unterscheidungsmerkmale betrifft, sondern eine Gruppe von bestimmten Personen, die nur als repräsentativ erkannt werden können, wenn ihr Platz im Beziehungsgeflecht genau bekannt ist. Im Kontext dieses Systems können die Königin von England oder die Prostituierte an der Ecke jeweils als repräsentativ für bestimmte Positionen im sozialen Gewebe betrachtet werden, in das ihre jeweiligen Eigenarten genau hineinpassen. Keiner von uns hat solch ein vollständiges Bild von meiner Mutter, eine Karte des Beziehungsgeflechtes, das ihre Lebensweise ausmachte, und so sind wir nicht fähig, voll und ganz zu begreifen, wer sie war. Der zitierte Brief vermittelt ihre Trauer darüber, daß man sie langsam immer weniger kennt – gerade als sie auf dem Höhepunkt ihres Ruhmes stand. Dann fährt sie fort: «Ich habe nicht das Gefühl, daß ich unerklärbar geworden bin», und doch spricht sie von einem Leben, daß «nicht mehr mitteilbar» geworden ist.

So groß war Margarets Lebendigkeit, daß selbst in Menschen, mit denen sie nur im Vorübergehen Kontakt hatte, das Gefühl entstand, einem ganzen Menschen begegnet zu sein. Ihre Zahl wuchs von Jahr zu Jahr, während sie sich bemühte, auch dünne Bande zu erhalten und verstärken. Ich gehe ihre Liste der Weihnachtskarten durch, deren Umschläge sie jedes Jahr handschriftlich adressierte und denen sie gewöhnlich Fotografien von sich oder von mir und meiner Familie beilegte, und finde Dutzende von Namen, die ich nicht identifizieren kann. Die Zeit vergeht, ich spreche mit anderen und denke darüber nach, was ich von ihr weiß, und dabei entdecke ich sogar in Beziehungen, von denen ich wußte, daß sie überaus wichtig waren, immer neue, unerwartete Schichten.

Ein Elternteil stirbt, und man tappt im dunkeln nach einer Gewißheit über den Menschen, der nicht mehr da ist. Immer mehr scheint es mir, daß die Vorstellung von einem Individuum – die Idee, daß man einen Menschen unabhängig von den Beziehungen, in denen er spürbar wird, kennen kann – einfach ein Irrtum ist. Eine Beziehung zerbricht, eine neue entwickelt sich: ein neuer Mensch entsteht. So erschaffen wir einander, bringen einander ins Dasein, indem wir Teil der Grundsubstanz werden, in der die andere Person existiert. Wir versuchen verzweifelt, den Menschen, der von uns gegangen ist, als Ganzheit zu empfinden, um glauben zu können, daß wir als ganze Menschen bleiben und weiterleben werden, aber einmal aus der ständigen Fruchtbarkeit unseres Beieinanderseins gerissen, wird der Übrigbleibende in ein neues Leben hineingestoßen. Und außerdem schuf sich meine Mutter bleibende Bilder von Personen und Beziehungen so, wie sie sie haben wollte, und das tat sie mit solcher Intensität, daß andere die Welt durch ihre Augen sahen und sich selbst durch ihre Phantasiegebilde definierten – Bilder, die nur sehr langsam verblassen.

Margaret arbeitete intensiv und unablässig daran, Beziehungen zu erhalten, und am wichtigsten waren ihr solche, in denen verschiedene Arten der Intimität einander ergänzten und bereicherten – das gemeinsame Genießen eines exquisiten Essens, der Ringkampf intensiver intellektueller Zusammenarbeit, die Freuden der Liebe. Ihr Brief benennt Ruth Benedicts Tod im Jahr 1948 und die Auflösung ihrer Ehe mit meinem Vater, die in der gleichen Zeitspanne langsam unwiderruflich wurde, als das Ende einer Art von Vollständigkeit. Ruth und Gregory waren die beiden Menschen, die sie am tiefsten und beständigsten geliebt hat, mit denen sie alle Möglichkeiten persönlicher und intellektueller Nähe ergründet hat. Die Intimität, zu der Margaret und Ruth gelangten, nachdem Margaret ihr Studium beendet hatte, wurde das Modell für eine Achse ihres Lebens; die zweite definierte sich durch die Männer, die sie liebte oder heiratete. Nach Margarets Tod fragte ich meinen Vater, was er bei der Vorstellung einer Liebesbeziehung zwischen Margaret und Ruth empfunden habe, einer Beziehung, die begonnen hatte, bevor Margaret und Gregory sich kennenlernten, und die bis in ihre Ehejahre hinein andauerte. Er sprach von Ruth als der Älteren, als einem Menschen, vor dem er großen Respekt, aber auch immer ein Gefühl der Distanz empfand, von ihrer unnahbaren Schönheit. Was deutlich herüberkam, war das Gefühl, daß jede Art von Eifersucht oder Konkurrenzneid völlig absurd gewesen wäre.

Als letzten Tribut an Ruth Benedict schrieb Margaret ihre Biographie. Während vieler Jahre meiner Kindheit lagen Ruths persönliche Papiere im Wohnzimmer meiner Tante Marie ausgebreitet, die sie systematisch durcharbeitete und katalogisierte, so daß sie für meine Mutter leicht benutzbar wurden. Ruth war eine Frau, die langsam und unter Schmerzen im Laufe vieler Jahre häufiger Depressionen und Verwirrungen einen Weg fand, der sie fort von den traditionellen, von der Gesellschaft an Frauen gestellten Erwartungen und hin zu ihrer ureigenen Identität und Kreativität führte. In diesem Prozeß stieg sie aus einer frustrierenden, kinderlosen Ehe aus und schuf, aus ihrer dichterischen Sensibilität heraus, einen neuen Stil anthropologischer Arbeit. Während ich immer mehr über sie erfahre, merke ich, wie sehr ich wünschte, sie wäre am Leben und genösse diese späte Erfüllung – sowohl im Beruf als auch in allen möglichen Freundschaften mit jüngeren Frauen, als Lehrerin, Gefährtin oder Geliebte – und auch die neuen Arten der Beziehungen zwischen Männern und Frauen, die durch eine klare professionelle Identität möglich geworden sind. Ich suche die ganz feinen Erinnerungssträhnen zusammen, die mich mit ihr verbinden, und bin froh darüber, daß sie mir ihr Tafelsilber zugedacht hat, daß sie mich als erwachsene Frau vorausgesehen hat, die an ihren eigenen Verknüpfungen arbeitet.

In Margarets Geschichte gab es diese Entfremdung und diese unbefriedigten Bedürfnisse nicht. Ihr Leben lang bejahte sie die Möglichkeit vieler Arten von Liebe, mit Männern ebenso wie mit Frauen, sie lehnte keine ab, lebte ihr Leben nicht etwa mit einem Gefühl der Verarmung, sondern verlangte nach immer neuen, bereichernden, intensiven Erfahrungen, mit einem ungeheuren Elan, der ihre Mitmenschen gelegentlich erschöpfte, und ohne Geduld mit besitzergreifender Liebe und Eifersucht. Einen wesentlichen Teil ihres Lebens lang hielt sie eine intime Beziehung zu einem Mann und eine zweite zu einer Frau aufrecht. Diese Doppelgleisigkeit muß befriedigend und bereichernd gewesen sein, gleichzeitig schuf sie aber auch eine Isolation, die durch die Notwendigkeit der Geheimhaltung bedingt war.

Der Brief, den sie 1955 schrieb, schien mir zunächst Ausdruck ihrer Sorge zu sein, daß Einzelheiten ihres Lebens, vielleicht durch einen Unfall, unter skandalösen Umständen ans Licht kommen könnten, unter Umständen, die es ihr nicht mehr ermöglichen würden, denen, die sie liebte, die Dinge zu erklären und sie zu beruhigen. Doch ich komme immer mehr zu der Überzeugung, daß die Liste derer, an die sie sich hätte wenden wollen, mit der Zeit immer länger geworden wäre, und die wirkliche Beruhigung, wenn man so will, lag in der Wiederherstellung von Ganzheit und Aufrichtigkeit. Außerdem ist die Möglichkeit der Enthüllung nicht etwas, womit man nur im Fall eines plötzlichen Unfalls zu rechnen hat, sondern nahezu Gewißheit, sobald die Forschung sich mit ihrem Leben beschäftigt und immer mehr Dokumente verfügbar werden. Gleichzeitig wird die Wahrheit in dem Maß verständlicher und akzeptabler, in dem das öffentliche Bewußtsein sich verändert, und wir sind heute nicht mehr in den fünfziger, sondern in den achtziger Jahren.

Indirekt hat sie diese Sorgen ausgedrückt. 1957 stellte sie an ihre Freunde die Frage, wie sie einmal unfreiwillig spurlos verschwinden könnte. Während wir uns phantastische Geschichten von Gedächtnisverlust und politischer Intrige ausdachten, erfand sie eine Handlung, in der sie mit einem alten Freund, den niemand kannte, ein Rendezvous in einem kleinen, schäbigen Hotel hatte, das niederbrannte. Zu jener Zeit traf sie sich mit ihrem damaligen Geliebten in einer geborgten Wohnung, und man kann sich vorstellen, daß eines Tages in der Nachbarschaft ein Feuer ausgebrochen war; oder vielleicht war auch nur die Feuerwehr mit bedrohlich schrillem Getöse vorbeigefahren – Anlaß zum Entstehen einer Geschichte, die sich in ihrem Kopf fortspann. Sie hätte sich um die Wirkung auf seine Familie Sorgen gemacht, aber mehr noch um Menschen, die den Tenor ihres Lebens und ihren Platz darin zu kennen glaubten und die nun plötzlich schockiert erkennen müßten, daß sie Geheimnisse vor ihnen gehabt hatte. Offensichtlich war sie überzeugt, daß es korrekt und verantwortlich war, diese Dinge geheimzuhalten, als Vorbedingung dafür, daß sie die Arbeit, die sie für wichtig hielt, vollenden konnte und daß man ihr in Dingen, die gesagt werden mußten, Gehör schenkte. Heute ist ihr Geliebter jener Jahre tot wie sie, und die Segmentierung ihres Lebens, die sie damals in einer begrenzten Anzahl von Beziehungen sah, scheint mir wie ein Metapher dafür, wie schwierig es überhaupt ist, ein Leben zu teilen, oder auch dafür, daß nur durch Teilen unser gemeinsamer Planet erhalten werden kann.

Als der Brief geschrieben wurde, war ich fünfzehn, eine von denen, die ihn erhalten hätten. Bis nach ihrem Tod wußte ich nur wenig von den Liebesbeziehungen mit Männern und Frauen, die sie eingegangen war, so daß mein Versuch, sie rückblickend als Person und als meine Mutter zu betrachten, dadurch kompliziert wurde, daß ich mein Bild von ihr in wesentlichen Aspekten revidieren und mich mit der Tatsache der Verheimlichung auseinandersetzen mußte. Zuweilen war ich zornig, weil ich bewußt getäuscht wurde und zweifellos auch noch an meiner eigenen Täuschung mitgearbeitet habe, indem ich meine Wahrnehmung auf die Bilder begrenzte, die sie mir zu sehen gestattete. Manchmal habe ich mich auch als zweifach beraubt empfunden, weil ich meine festen Vorstellungen von ihr so radikal überprüfen mußte und damit auch, in Beziehung zu ihr, mein Bild von mir selbst, wer ich war und bin – am Ende überrascht durch das Gefühl ständigen Wiedererkennens.

Was sie sorgfältig verbarg, will ich nun aufschreiben und veröffentlichen. Ich bin schließlich zu der Überzeugung gelangt, daß wir so ehrlich wie möglich herausfinden müssen, wer sie eigentlich war – wenn wir das Wertvolle und Befreiende an ihrem Werk heraussieben wollen. Ich bin nicht der Ansicht, daß Kinder ins Schlafzimmer ihrer Eltern gehören; auch gehört die Öffentlichkeit nicht in die Schlafzimmer jener Menschen, die sie ihres Witzes oder ihrer Schönheit oder ihrer Weisheit wegen zu öffentlichen Figuren gemacht hat. Aber Margaret Mead ist durch tausend Schlafzimmer gegangen, ist zum Prüfstein für Eltern geworden, die versucht haben, die Sexualität und sexuelle Orientierung ihrer Kinder zu verstehen, und sie hat Frauen, die sich selbst zu verstehen suchten, ebenso geholfen wie behindert. Ich meine, daß diejenigen, die auf ihre Worte hörten, das Recht haben, etwas von ihren Erfahrungen zu wissen, wenn es ihnen auch hoffentlich klar ist, daß niemand in einem einzigen Menschenleben das ganze menschliche Potential seiner Vision verwirklichen kann.

Wir müssen diese intimsten Beziehungen auch der Dinge wegen verstehen, die sie viele Jahre lang über Freundschaft gelehrt hat; denn sie sagte immer, jene Männer und Frauen, die am heftigsten gegen jede Art von gleichgeschlechtlicher Zärtlichkeit protestierten, seien zu Freundschaft unfähig. In den fünfziger Jahren, bevor Frauen die Freundschaft und Unterstützung, die sie einander schuldig sind, wiederentdeckten, wurde ich mit der Mahnung groß, niemals eine Verabredung mit einer Frau abzusagen, um dafür eine mit einem Mann anzunehmen. Zur gleichen Zeit sprach sie auch davon, daß Frauen wirkliche Freundschaften mit Männern bräuchten, die keine Liebhaber seien, und vom Glück einer Freundschaft, die sich auf dem Boden der Leidenschaft herausgebildet hat.

Weiteres Material zum Verständnis ihres doppelten Musters von Intimität hinterließ sie in ihrer Diskussion des Buches ‹*Portrait of a Marriage*› von Nigel Nicolson, 1974 unter dem Titel ‹*Bisexuality: What's It All About?*› in der Zeitschrift *Redbook* veröffentlicht. Darin beschreibt sie die Erkundung sexueller Beziehungen mit Männern und Frauen als Ausdruck von Kreativität und eines breiten Spektrums potentieller Innovation «in Gruppen, in denen die Pflege der Individualität einen zentralen Stellenwert hat» – Menschen, für die «die Unterschiede zwischen Männern und

Frauen und die Unterschiede zwischen Individuen in Temperament und Begabung die Basis für Liebesbeziehungen großer Intensität und Bedeutung waren . . . als Teil einer Welt, in der Politik, Kunst, Musik, Theater und Intellektualität völlig ineinander verwoben waren.»

In diesem Artikel besprach sie den gegenwärtigen allmählichen Rückgang schlimmer Tabus und Gesetze gegen Homosexualität, aber sie sprach auch von einer Tendenz, unser Verständnis für sexuelle Varianten einzuschränken; so daß wir, selbst bei größter Offenheit, dazu neigen, uns eine Spiegelbildgruppe von Homosexuellen als Gegensatz zu den Heterosexuellen vorzustellen, deren Neigungen genauso umrissen sind und die ihre Solidarität in einer Gruppe oder Befreiungsbewegung finden können, die den gleichen Dingen verpflichtet ist. Bisexualität wird meistens so verstanden und akzeptiert, daß sich Neigungen mit der Zeit verändern können; daß man in einer Lebensphase ausschließlich Beziehungen mit einem Geschlecht erkundet und in einer anderen Phase mit dem anderen, denn wir leben in einer Gesellschaft, die (zumindest gegenwärtig) von uns verlangt, daß wir eine Wahl treffen. Dieses Etikettieren lehnte sie ab.

In Margarets Jugend war es nicht unmöglich für eine Frau, sich für eine aktive Karriere zu entscheiden, aber häufig war das eine Entscheidung, die Häuslichkeit ausschloß. Margaret weigerte sich gewöhnlich, das, was sie bejahte, als Ablehnung von etwas anderem auszudrücken; wie sie sich auch weigerte, ihre Ehen als wertlos herabzusetzen. Sie kritisierte frisch geschiedene Freunde wegen jener rückblickenden Verfälschung, die da lautet: «Wir waren ja nie glücklich; es war von Anfang an ein Fehler.» Sie erinnerte sich an jeden ihrer Ehemänner mit Zuneigung und an Gregory mit fortdauernder Liebe, obgleich er sie verlassen hatte; und sie bemühte sich um Freundschaft mit ihnen und ihren Frauen. Daß es noch unausgeschöpfte Möglichkeiten gab, bedeutete ihr viel. Mir scheint da eine Verbindung zu bestehen zwischen der Offenheit, die es ihr ermöglichte, das gegenwärtige Gute nicht als das einzige Gute und die gegenwärtige Entscheidung nicht als die einzig mögliche Entscheidung auszugeben, und jener Offenheit gegenüber unterschiedlichen Lebens- und Denkweisen, die für ihre anthropologische Arbeit so wesentlich war.

Von unseren gewohnten Ideen am weitesten entfernt scheint mir heute ihr Glaube an die Möglichkeit, zur gleichen Zeit mehr als eine tiefe, intime Liebe aufrechtzuerhalten. In unserer Kultur besteht die Überzeugung, daß die wahre Liebe den Charakter der Ausschließlichkeit hat, möglichst ein Leben lang. Diese Überzeugung sitzt so tief, daß wir häufig auf die Möglichkeit lang andauernder Paarbindungen hinweisen, wenn wir die Homosexualität verteidigen wollen. Als ich klein war, sagte sie zu mir: «Eines Tages merkst du vielleicht, daß du zwei Menschen gleichzeitig liebst, und denkst, das sei unmöglich. Aber wenn zwei Menschen wirklich verschieden voneinander sind, kann man tatsächlich beide lieben.» Sie stritt mit mir über die Gültigkeit solcher Begriffe wie «beste Freundin» oder «Lieblingsfarbe» und sagte, jede Person habe viele Aspekte. In einer bestimmten Stimmung oder für ein bestimmtes Tun suche man eben den einen oder anderen Gefährten, genauso wie es Zeiten gäbe, in denen man dem Gelb ein Blau vorziehe, und zu anderen Zeiten umgekehrt. Sie sprach vom Glück des Ähnlichen und vom Glück des Kontrastes, von Beziehungen mit Frauen, in denen man die Geborgenheit des Vertrauten finde, und von Beziehungen mit Männern, die immer das Element willkürlicher und geheimnisvoller Unterschiedlichkeit in sich trügen.

Wenn ich ihren Brief von 1955 nun wieder lese, wo ich ihre vielfältigen Bindungen allmählich besser verstehe, komme ich immer wieder auf das Wort *teilen* zurück. Einer der Gründe für Margarets enorme Produktivität war, daß sie alles, was auf sie zukam, erst im Akt des Teilens und Mitteilens wahrhaft genoß – Ideen ebenso wie mehr materielle Dinge. Sie verbrachte zwar in ihrem Leben ziemlich viel Zeit allein, doch den größten Teil dieser einsamen Zeit verbrachte sie mit intensiver, disziplinierter Arbeit, mit Lesen oder mit der Erledigung ihrer Postberge oder auch damit, daß sie sehr früh am Morgen aufstand, um «fünftausend Wörter vor dem Frühstück zu schreiben.» Einsame Entspannung suchte sie nicht, und es war geradezu ein Tabu, Mahlzeiten allein einzunehmen – sie bemühte sich stets, mit jemandem zusammen zu essen, denn alle Freuden waren für sie Freuden der Geselligkeit. Mit Geoffrey Gorer teilte sie das Vergnügen an Gourmet-Mahlzeiten und exquisiten Weinen sowie an Besuchen von Gemäldegalerien und Spaziergängen durch schöne Gärten; aber er sagte einmal zu mir, daß sie den Geschmack des Essens kaum wahrgenommen habe, wenn die Freude daran nicht Teil einer Beziehung war. Menschliche Gesellschaft entzog ihr keine Energie, im Gegenteil, sie gab ihr neue Kraft. Noch wichtiger war ihr die Fruchtbarkeit einer Wechselbeziehung als Quelle neuer Ideen und Einsichten. Sie dachte laut oder auf einem Stück Papier, und wenn sie allein war, stellte sie sich die Gruppe oder Person vor, mit der sie die Idee teilen würde.

Mit den Jahren wurden Margaret immer mehr private Mitteilungen anvertraut, und sie häufte immer mehr Erfahrungen an, die sie nicht mehr in eine neue Beziehung einbringen konnte, und so wurde das Selbst, das sie darstellte, immer wählerischer. Ebenso wie man von niemandem, außer vielleicht von einem zukünftigen wissenschaftlichen Biographen, erwarten kann, daß er durch die Masse ihrer Publikationen hindurchfindet, so machte sie es sich zur Aufgabe, wenn sie eine Beziehung eingehen wollte, schnell *einen* Kontaktpunkt oder ein gemeinsames Interesse zu finden. Immer häufiger fand sich dieser Punkt in der Arbeit oder den Erfahrungen der anderen Person. Was mich betrifft, so scheint mir, daß ich wie viele Kinder meine Neugierde auf meine Mutter klein hielt und mich so für die Aufgaben meines eigenen Lebens freisetzte. Ich habe nie versucht, ihre sämtlichen Schriften zu lesen, und habe nur etwa die Hälfte der Bücher gelesen, die sie veröffentlicht hat, und auch das erst, als ich schon erwachsen und ihre Kollegin war – es war zu wichtig für mich, eine eigene Sichtweise zu entwickeln. Aber sie las alles, was ich veröffentlichte, verfolgte die verschiedenen literarischen Zeitschriften, an denen ich während meines Studiums mitarbeitete; las manchmal mehrere Entwürfe, watete durch eine Dissertation und durch linguistische Fachdiskussionen, während meine Interessen den ihren allmählich immer näher kamen.

An einem bestimmten Punkt, als ich Mitte Zwanzig und sie in den Sechzigern war, wurde es anscheinend wichtig für sie, mich irgendwie wissen zu lassen, daß sie noch ein Liebesleben hatte, damit ich nicht jenem Irrglauben verfiele, der viele Amerikaner mittleren Alters in ihrer Intimsphäre so einengt – daß nämlich graues Haar und sexuelle Aktivität nicht zusammenpassen. Wie Mütter das tun, wenn sie mit ihren Töchtern über solche Dinge zu reden versuchen, muß sie sehr sorgfältig überlegt haben, wieviel sie mir erzählen sollte, was nützlich wäre und was sie mir zumuten konnte, und so erzählte sie mir dann kurz von dem Mann, der viele Jahre lang ihr Geliebter gewesen war – umrißhaft, ohne Details, Namen oder Ortsangaben. Seine Identität verhüllte sie mit der (falschen) Behauptung, er sei ein pensionierter Militär, mit dem sie nichts weiter verbände – keine gemeinsamen Interessen außer der Freude an einer besonderen, gelegentlichen Intimität. Daß sie die pure Sexualität dieser Beziehung so betonte, kam mir unwahrscheinlich und irgendwie vulgär vor – ich konnte mir einfach keine wichtige Beziehung in ihrem Leben vorstellen, die nicht von intensiven Gesprächen überschäumte –, aber dabei blieb es, bis sie mir viele Jahre später erzählte, daß ihr Geliebter gestorben sei. Seine Identität schützte sie noch immer voll und ganz. Das Gespräch erlahmte, und ich fragte nicht weiter.

Ich glaube, daß nur ein Mensch über all ihre Doppelbeziehungen Bescheid wußte, ohne ein Urteil zu fällen, ohne lüsterne Neugier und ohne Eifersucht, und das war Tante Marie, der sie ihr Privatleben, ihre Finanzen und einen Großteil meiner Erziehung anvertraute und der sie auch die Briefe und Papiere übergab, die nicht der Library of Congress vermacht werden sollten. Marie schenkte ihr eine fraglose Liebe und akzeptierte alles, was Margaret tat und sagte, mit einer gewissen Naivität – einer Naivität, die vielleicht daher rührte, daß sie erst nach Jahren in einem Tuberkulosesanatorium aufs College gekommen war. Marie genoß Margarets Leben gewissermaßen aus zweiter Hand, gab sich mit einem begrenzten Teil ihrer Zeit zufrieden und gab ihr Wissen zuverlässig an mich weiter – voller Vertrauen darauf, daß das, was immer Margaret getan hatte, richtig war, und daß es sich als gut für mich herausstellen würde, davon zu wissen. Wenn Margaret für ihr Rendezvous einen Ort brauchte, wo sie kochen und mit ihrem Geliebten eine Mahlzeit teilen konnte, bevor sie sich liebten, ging Marie ins Kino und überließ ihr ihre Wohnung: dieselbe Wohnung, in die mich Margaret als Neugeborene aus dem Krankenhaus brachte, dieselbe Wohnung, in der ich mich für meine Hochzeit ankleidete.

Heute wünschte ich, daß meine Mutter mir mehr über die Beziehungen hätte erzählen können, die ihr über Jahre ihres Lebens am wichtigsten waren; aber vielleicht glaubte sei, sie habe dazu nicht das Recht, weil ja auch andere daran beteiligt waren. Beim Ordnen dieser Dinge war es wichtig für mich zu sehen, daß das, was sie mir erzählte, zu dem, was sie für die Wahrheit hielt, nicht in tiefem Widerspruch stand, so daß die Wahrheit sich nun eher als Variation des gleichen Themas herausstellt und nicht als Dissonanz. Und tatsächlich steht einzig die merkwürdige Maskerade des Geliebten, mit dem sie angeblich nichts verbunden hatte, als echte Dissonanz da – befremdlich und unglaubwürdig.

Ich habe mich gefragt, wann in der Zeit meines Aufwachsens sie über solche Dinge hätte sprechen mögen. Kurz nach meiner Rückkehr aus Israel kam ich eines Abends spät nach Hause, und da saß sie wach im Bett und wartete voller Sorge auf mich – und das, nachdem ich ein Jahr lang ganz allein in einem anderen Land gelebt hatte. Dann redeten wir noch stundenlang, und ich erzählte ihr vieles, was nie in meine Briefe gelangt war, und dazu gehörten auch alle möglichen Romanzen. Ich hatte dort eine kurze und mir nur teilweise bewußte Liebesgeschichte mit einer jungen Frau erlebt, eine Beziehung, deren ganze Bedeutung ich eigentlich erst verstand, als ich ihren Schmerz bei der Trennung bemerkte. Wenn jemals, dann war das der Zeitpunkt, an dem sie mir hätte sagen können, daß sie sowohl Frauen als auch Männer geliebt hatte, denn ich brachte ihr mein Vertrauen als Geschenk, wohl wissend, daß ich damit mich selbst zu ihr zurückbrachte, und das sollte sie spüren, nachdem sie mir ihr Vertrauen bewiesen und mich allein hatte fortziehen lassen. Freilich waren die Menschen, von denen ich sprach, Tausende von Meilen entfernt, viele von ihnen würde sie nie kennenlernen, und ich stand am Ende eines Kapitels. In ihre eigene Erzählung eingebettet, hätte sie vielleicht nicht den gleichen Grad von Freiheit empfinden können; aber nur wenig später gab sie mir einen Roman, *‹Dusty Answer›* von Rosamond Lehmann, über eine junge Engländerin, die durch eine Reihe bisexueller Liebesbeziehungen verwirrt und bereichert wird. Doch in jener Nacht brachte sie mich aus der Fassung, als sie das Gespräch von meinen vertraulichen Geständnissen über erlebte Zärtlichkeit und allerlei Experimente weg und auf eine Diskussion darüber hinführte, was es für ihre Karriere bedeutet hätte, wenn ich in einen Skandal verwickelt gewesen wäre.

Wenn wir in späteren Jahren über Beziehungen diskutierten, dann in einer zugleich direkten und metaphorischen Sprache, und vielleicht waren wir uns nie ganz klar darüber, auf welcher Sprachebene wir uns gerade befanden, wenn wir die Verpflichtungen einer Freundschaft mit denen einer Ehe verglichen oder darüber sprachen, wie sich Reibungsflächen entwickeln, wenn Beziehungen immer verwandtschaftsähnlicher werden oder wenn wir den Augenblick intellektueller Erleuchtung mit dem Augenblick verglichen, in dem man entdeckt, daß man sich verliebt. Wenn Metaphern überzeugen, dann ist die Verständigung ausreichend. Tatsächlich verhüllen Margarets Worte nur für jene Leser etwas, die es vorziehen, bei konventionellen Interpretationsweisen zu bleiben. Lese ich heute ‹*An Anthropologist at Work*› oder ‹*Brombeerblüten im Winter*›, dann ist meine Reaktion auf bestimmte Stellen ein «Ja, natürlich, *das* meint sie.» Jetzt verstehe ich, warum sie Ruths Zeilen zitiert: «I shall lie once with beauty/breast to breast . . .» (Einmal werd ich Brust an Brust mit Schönheit liegen . . .) oder diese:

*We have but this: an hour*
*When the life-long aimless stepping of our feet*
*Fell into time and measure*
*Each to the other's tune.*

Wir haben nur dies: eine Stunde,
in der die lebenslangen ziellosen Schritte unserer Füße
in Gleichklang mit Zeit und Maß kamen,
jede im Einklang mit der Melodie der anderen

Ich lese die Beschreibungen des Briefwechsels zwischen Margaret und Ruth und Edward Sapir und die Gedichte, die sie einander schrieben, und weiß jetzt, daß Ruth und Margaret an einem Punkt beschlossen, daß keine von ihnen weitere Nähe mit Sapir wählen würde, sondern daß sie einander vorzogen. Margaret schilderte Marie, wie sie über dem Grand Canyon saßen und sich in ihrem Gespräch allmählich dieser Entscheidung näherten.

Als Margaret es unternahm, sich über ihr Leben in Form einer Autobiographie mitzuteilen, hatte sie die Absicht, bis in die Gegenwart hineinzugehen und mit den späten sechziger Jahren aufzuhören. Beim Schreiben entdeckte sie, wie schwierig es war, einen zusammenhängenden Bericht über ihr Leben nach dem Zweiten Weltkrieg zu geben. ‹*Brombeerblüten im Winter*› erschien 1972 mit dem Untertitel ‹*Meine früheren Jahre*›, ein zweiter Teil war jedoch nicht geplant. Anderthalb Dekaden später scheint mir diese Entscheidung die Sorge wiederzuspiegeln, die der Brief von 1955 ausgedrückt hatte. Zum Teil aus Gründen der Diskretion und der Notwendigkeit, es Lesern unterschiedlichster Gruppierungen möglich zu machen, ihre Ideen ohne Unbehagen nachzuvollziehen, und zum Teil auch, weil die Aktivitäten ihrer späteren Jahre so vielfältig waren, daß Biographen wohl lange mit dem Entwirren der vielfachen gedanklichen und organisatorischen Stränge zu tun haben werden, gab sie den Versuch auf, das Lebensmuster ihrer späteren Jahre mit anderen zu teilen, sich selbst erklärbar zu machen. Statt dessen verfolgte sie nur einen Faden über das Jahr 1939 hinaus: die Erfahrung, Mutter und Großmutter zu sein, eine Zentralerfahrung ihres Lebens und zugleich eine, die mitteilbar war.

Das sind die Rollen, in denen ich sie am besten gekannt habe, aber es ist unvermeidlich, daß mein Wissen um sie bis in die Zeit vor meiner Geburt zurückreicht, in die Jahre und Beziehungen, die sie (ihrer Ansicht nach) prägten, und bis in die Geschichten, durch die sie mir die Gegenwart verständlich machte. Ihre Erzählungen über Feldstudien und Ehen gleichen für mich den Berichten über Seereisen von Vorfahren: sie sind mit Legenden verwoben. Wenn sie für die Öffentlichkeit schrieb, benutzte sie ihre Beziehung zu mir und meiner Tochter als Linse, durch die sie ihre komplexe Gegenwart projizieren konnte; aber ich selbst ertappe mich ständig dabei, wie ich in die Vergangenheit und frühere Beziehungen zurückblicke, um zu verstehen, wer sie für uns war.

Was ich über die Beziehung meiner Mutter zu Ruth schreibe, klingt ein wenig traurig, fast wie ein Klagelied, wie sehr ich auch versuche, einen anderen Ton zu finden. Ein Teil dieser Traurigkeit muß von meiner eigenen Erfahrung des Getäuschtwerdens herrühren. Wie sehr ich heute auch zu rationalisieren und mich in ihre Entscheidungen einzufühlen versuche, muß ich mich doch mit der Tatsache auseinandersetzen, daß sie mir das nicht zugetraut hat; und wie sehr ich auch den Grad der Ehrlichkeit in ihren Worten anzuerkennen versuche – sie war nicht vollständig. Aber manchmal möchte ich über Margarets Weigerung, sich Entscheidungen aufzwingen zu lassen, einfach laut lachen. Ruths Foto hatte sie auf dem Kaminsims stehen und das von Gregory auf ihrem Schreibtisch, und wenn andere über ihr Privatleben zu spekulieren versuchten, deutete sie beharrlich eine fortdauernde Liebe zu dem Mann an, der sie verlassen hatte, als wäre das die letzte Liebe ihres Lebens gewesen. Ich glaube, es war wirklich eine fortdauernde Liebe, aber sie war keineswegs ausschließlich, und sie begnügte sich danach auch nicht mit einem Leben ohne Liebe. Sie sagte mir einmal, ihr Laster sei ihre Gier nach immer neuen und reicheren Erfahrungen, und sie beschrieb sich selbst als ein ausgelassenes Kind mit einem Springseil:

*And when at last she tore a star*
*Out of the studded sky,*
*God only smiled at one whose glee*
*Could fling a rope so high.*

Und als sie schließlich einen Stern vom Himmel riß,
lächelte Gott nur über eine,
deren überschäumende Fröhlichkeit
ein Springseil so hoch schwingen konnte.

Sie hätte in ihrem Leben wohl gern mehr Beständigkeit und ein intensiveres Miteinander gehabt und trug eine lebenslange Sehnsucht danach mit sich herum, was meine eigene Entscheidung für ein beständiges Familienleben beeinflußt haben mag; aber es gab tatsächlich nur wenige, die über längere Zeit mehr als einen Bruchteil ihrer Aufmerksamkeit fordern konnten. Und so bewegte sie sich großzügig durch eine Vielzahl der verschiedensten Beziehungen, war verletzt und überrascht, wenn andere mit Eifersucht reagierten, und vertraute auf ihre Wärme und ihr Bestreben, alles ins Lot zu bringen.

# 9

# Sex und Temperament

Während ich über meine Eltern und die Geometrie ihrer Beziehungen nachdachte, fiel mir auf, wie stark mich die Zeit vor meiner Geburt fasziniert: ihr erstes Zusammentreffen und ihre gemeinsame Arbeit, die Feldforschung, die mir während meiner Kindheit so weit entfernt vorkam. In der Perry Street hatten wir zwischen zwei Fenstern einen jener gewölbten Spiegel, die den ganzen Raum reflektieren, nicht nur einen Teil, und ihn dabei in ein rundes Gebilde umformen, das neue und bestürzende Symmetrien hervorbringt. So war das, besonders für Margaret, mit diesen Feldforschungsreisen: sie erlaubten ihr nach der Rückkehr, die vielfältig gebrochene moderne Gesellschaft als ein Ganzes zu sehen. Indem ich auf sie zurückblicke, verändert sich die Sehweise, mit der ich damals meine Eltern betrachtete; sie formen sich um.

Margaret und Gregory lernten sich 1932 kennen und verliebten sich während theoretischer Gespräche ineinander, die sie als berauschend fruchtbar erlebten. Das war an den Ufern des Sepik-Flusses in Neuguinea, wohin Margaret mit Reo, ihrem zweiten Mann, gekommen war, um gemeinsam mit ihm zu forschen. Gregory, ein magerer, gewinnender Junggeselle, war in dem Iatmul-Dorf Kankanamun bereits an der Arbeit, als sie ankamen. Den Prozeß der Ablösung von Reo und die neue Liebe zu Gregory stellte sie in den Kontext ihrer anthropologischen Arbeit und der theoretischen Fragen, die sie damals beschäftigten.

Als Margaret in *‹Brombeerblüten im Winter›* diese Periode beschrieb, betonte sie die bedrängende Enge in dem neun Quadratmeter großen moskitosicheren Raum, den sie und Reo sich in

Chambri (damals Tchambuli) hatten bauen lassen, wo sie sich für eine dritte Forschungsphase einrichteten, nachdem sie monatelang in zwei anderen Gesellschaften Neuguineas gearbeitet hatten – zuerst bei den sanften, mütterlichen Arapesh und dann bei den rauhen, kriegerischen Mundugumor. Zusammen mit Gregory saßen sie in diesem Raum und redeten Hunderte von Stunden lang. Dies war eine Phase, in der sowohl persönliche wie intellektuelle Fragen – Fragen, die mit Geschlecht und genetischer Ausstattung, mit Kultur und Persönlichkeit zu tun hatten – einen kritischen Punkt erreichten. Das theoretische Schema, das sie entwickelten, erschien Margaret damals als eine Synthese ihrer gesamten Feldforschung bis dahin und gleichzeitig als die Auflösung tiefer Identitätskonflikte in ihr selbst. Dazu gehörte auch die Frage, wie es möglich sei, mehr als einen Menschen auf einmal zu lieben, wenn dies Menschen unterschiedlicher Art waren. Dort in dem winzigen Raum mit den Wänden aus Moskitogittern waren nicht nur sie drei anwesend, sondern auch Eltern und Freunde und Geliebte, vor allem Ruth, deren Stimme ganz unmittelbar gegenwärtig war, denn ihr Manuskript zu ‹*Patterns of Culture*› war gerade eingetroffen. Gregory schrieb diesem Manuskript den intellektuellen Anstoß zu, der ihm für seine eigene Feldforschung die Blickschärfe gab.

Es ist schwer, sich die fieberhafte Atmosphäre, die diese Zeit geprägt haben muß, richtig vorzustellen. Unter anderen Umständen hätte diese große Intensität vielleicht sofort zu einer Affäre zwischen Margaret und Gregory geführt; aber daß es dazu kam, halte ich für unwahrscheinlich in Anbetracht des Mangels an Privatsphäre und Reos puritanischer Eifersucht. Vor allem aber verlangte es Margarets Ethos, daß bei Feldstudien die wissenschaftliche Arbeit und Produktivität immer an erster Stelle standen. Eine Explosion von Liebe und Eifersucht auf so engem Raum hätte ihre Fähigkeit, mit dem Volk draußen zu arbeiten, sofort beeinträchtigt. Statt dessen wurden alle Leidenschaften in Ideen umgeschmolzen, und Margaret und Reo telegrafierten an Boas, sie würden mit bedeutenden neuen wissenschaftlichen Einsichten heimkehren.

Seit dem Zweiten Weltkrieg ist es modern geworden, den anthropologischen Begriff *Kulturschock* zu leihen, wenn man das Gefühl eines Menschen beschreiben will, der – einer fremden Kultur ausgesetzt – von der Andersartigkeit überwältigt wird. Diese Anleihe ist durchaus nützlich bei der Ausbildung von Mitarbeitern für den Auslandsdienst oder von Austauschstudenten, die in Gesellschaften arbeiten sollen, in denen es oberflächliche Ähnlichkeiten zu der eigenen und profunde Unterschiede gibt; aber die Situation eines Anthropologen, der eine Gruppe studiert, die kaum Kontakt mit der westlichen Welt gehabt hat, ist eine ganz andere. Fast jeder zweite Mensch aus den westlichen Kulturen, der mit dieser Situation konfrontiert war, ist kläglich daran gescheitert – nicht, weil er kulturellen Nuancen gegenüber völlig unsensibel gewesen wäre, sondern weil er sich hartnäckig weigerte, die Eingeborenen als Mitmenschen zu betrachten und daher so gut wie nichts an ihnen verstand.

In so einer Situation ist ein allein arbeitender Feldforscher ein kaum verständlicher, feindlicher Fremder, der in der anderen Kultur Beziehungen herzustellen sucht, wohl wissend, daß seine eigenen Gedanken und Motive, die sich auf eine unbekannte Welt zurückbeziehen, praktisch nicht zu vermitteln sind. Da gibt es nicht einen zeitlich begrenzten «Schock», denn das Gefühl der Andersartigkeit ist von Anfang an vorhanden, noch verstärkt durch ständigen Kontakt mit verzierten oder kaum bekleideten Körpern, fremdartigen Gerüchen und Nahrungsmitteln sowie durch die rein körperlichen Anpassungsschwierigkeiten, wenn man zum Beispiel versucht, auf dem nackten Boden zu hocken oder kerzengerade an einen Pfahl gelehnt zu sitzen. In diesem Gefühl der Fremdheit sucht man menschlichen Kontakt, findet aber nur Schichten um Schichten von subtil sich entfaltenden Unterschieden, wobei jede Schicht eine Form der Anpassung an allgemein menschliche Probleme darstellt. Statt von Kulturschock sollte man bei dieser Erfahrung während der Feldforschung besser von Kulturstress sprechen – von einem ständigen, zunehmenden Stress, der schließlich zu einem Infragestellen des eigenen Ich führt.

Nach Samoa beschloß meine Mutter, nie wieder allein auf eine lange Feldforschungsreise zu gehen, und sie gliederte sich auch nie wieder so ein wie in Samoa, wo sie von der Gemeinschaft als Mitglied der Gruppe unverheirateter Mädchen betrachtet wurde, wenn sie auch in einem westlichen Haushalt lebte, was eine Erleichterung war. Bei den Arapesh hatte sie einen Kollegen, aber Reos lange Reisen ins Innere des Landes und seine Verachtung für die ängstliche und fürsorgliche Gemeinschaft, mit der sie, von der Außenwelt abgeschnitten, lebte – er meinte, sie besäßen überhaupt keine Kultur, die den Namen verdiente –, brachten sie doch in eine ähnliche Isolation. Im Land der Mundugumor stellte sich die Isolation in anderer Form dar – Reo fühlte sich dort viel mehr zu Hause, und Margaret stellte fest, daß sie die Leute einfach nicht mochte.

Natürlich ist es für Anthropologen nichts Ungewöhnliches, Feldstudien in einer Gesellschaft zu unternehmen, die sie nicht mögen, denn in einer so intensiven Beziehung ist es nicht möglich, eigene Gefühle völlig zu verdrängen; aber wo eine solche Antipathie besteht, ist die Arbeit immer weniger produktiv. Auf meine Fragen, warum sie in dieser oder jener Gesellschaft nicht gearbeitet habe, antwortete meine Mutter oft, sie habe eine Unvereinbarkeit mit der Kultur empfunden. Die Mundugumor waren wild und liebten Konkurrenzkämpfe; Männer wie Frauen lehnten Kinder ab und verkörperten fast so etwas wie eine Karikatur westlicher Männlichkeitsvorstellungen. Bis vor kurzem waren sie Kopfjäger gewesen, es war also notwendig, eine gewisse Distanz zu halten und ständig wachsam zu sein. Reo trug immer einen schweren Armeerevolver bei sich, den wir fünfzig Jahre später, nach Margarets Tod, in einer Materialienkiste fanden und der New Yorker Polizei übergaben.

Margarets ursprüngliches theoretisches Interesse bei dieser Reise – außer ihrer Aufgabe, ethnographische Basisforschung über bislang unbeschriebene Kulturen zu leisten – war auf Muster von Persönlichkeitsunterschieden im Zusammenhang mit den Geschlechterrollen gerichtet gewesen. Sowohl die Arapesh als auch die Mundugumor schienen von Männern und Frauen etwa den gleichen Persönlichkeitstyp zu erwarten, wenn auch eine deutliche Arbeitsteilung zwischen den Geschlechtern praktiziert wurde. Doch in Chambri war Margaret froh, mit einer Gruppe von Menschen zusammenzusein, die ihr weitaus mehr lagen als die Mundugumor; außerdem entdeckte sie viel auffälligere Persönlichkeitsunterschiede zwischen den Geschlechtern. Gregory fand solche Unterschiede auch bei den Iatmul, wenn sich dort auch der Kontrast zwischen Männern und Frauen sehr anders ausnahm.

Margaret stellte die Hypothese auf, daß sich die kulturelle Prägung auf vorgegebene, genetisch verschieden angelegte Charaktertypen in einer Gruppe auf zweierlei Weise auswirken konnte: Entweder würde die kulturelle Prägung auf einen einzigen Persönlichkeitstyp für alle Individuen hinarbeiten, oder sie könnte die als männlich oder weiblich Geborenen selektiv so formen, daß sie zwei verschiedenen, kulturell definierten Idealtypen zu entsprechen versuchten. Das biologische Geschlecht steuert eine Komponente zum Temperament bei, aber die kulturelle Prägung ist stark genug, ein vorgegebenes Temperament so umzuformen, daß die meisten Individuen den kulturellen Erwartungen angepaßt sind, und dazu gehören kulturbedingte Vorstellungen von Männlichkeit und Weiblichkeit. Die Situation der Chambri war jedoch durch kulturelle Brüche kompliziert worden, denn vor nicht langer Zeit hatten wildere, benachbarte Gruppen sie aus ihrem heimatlichen Territorium verdrängt. Bei den Chambri sah Margaret eine Art Umkehrung von westlichen Geschlechtsstereotypen – was aber in der Zwischenzeit zum Teil als Anpassung an zutiefst demoralisierende Umstände erklärt worden ist, in deren Folge die Männer sich entmännlicht fühlen, während die Frauen sich den Problemen stellen und sie bewältigen. Innerhalb kurzer Zeit hatten Margaret und Reo in drei sich scharf voneinander unterscheidenden Gesellschaften gelebt, von denen jede auf andere Weise ein Modell für die Einwirkung der Kultur auf das Individuum darstellte. Dabei entdeckten sie, wie unterschiedlich sie selbst reagierten und sich einbrachten, wobei der Kontrast zwischen ihnen als Individuen durch den Kontrast der Kulturen noch verstärkt wurde.

Sie waren nicht nur ermüdet und angestrengt von einer Periode intensiver Arbeit, sondern litten auch an wiederholten Malariaanfällen. Wer heute in den Tropen arbeiten will, beginnt schon vor der Abreise mit der Malariavorbeugung, nimmt die Medikamente auch nach der Rückkehr noch ein und erkrankt nicht an Malaria. Aber zu der Zeit, in der Margaret und Gregory ihre wichtigste Feldforschung leisteten, konnte man Malariaanfälle noch nicht verhindern, wenn sie sich auch mit Chinin einigermaßen in Grenzen halten ließen, so daß niemand mehr daran starb, wie das bei Missionaren und Kolonialbeamten früherer Zeiten häufig vorkam. Zum Rhythmus der Feldforschungsarbeit gehörten also auch nur teilweise vorhersehbare Anfälle von hohem Fieber, Delirium und starken Dosen von Medikamenten. Da sie den Verlauf des Fiebers kannten und wußten, daß es kontrollierbar war, bemühten sie sich, den Verlust an Arbeitszeit auf ein Minimum zu beschränken. Margaret hatte einen Malariaanfall, der am Tag nach meiner Geburt anfing, und sie behandelte sich selbst mit Chinin, und ich erinnere mich aus meiner ganzen Kindheit an solche Anfälle, die allmählich seltener kamen. Als wir 1951 nach Australien gingen und die stark wirkende Typhusimpfung der damaligen Zeit mir einen Nachmittag mit Fieber und Schüttelfrost bereitete, packte sie mich in dicke Decken und sagte, das sei wie Malaria. Bei meinem Vater hatte ich einmal eine Grippe mit hohem Fieber, und er las mir aus Tania Blixens *‹Out of Africa›* vor, so daß ich halluzinierte, es würden Geschöpfe des tropischen Busches durch das Schlafzimmer wandern, und wieder vermengte ich meine Erfahrung mit den Geschichten, die sie mir erzählt hatten.

Tatsächlich gehörten unter solchen Bedingungen veränderte Bewußtseinszustände zur Feldforschung; der physische Stress wurde durch den ständigen Druck anderer Denkweisen noch verstärkt, und nur durch Arbeitsdisziplin, durch detailliertes und sorgfältiges Aufzeichnen konnte man die eigene Identität wahren.

Das also war das Umfeld, in dem Margaret und Reo auf Gregory trafen, alle drei nach Gesprächen dürstend. In Anbetracht all dieser Schwierigkeiten und emotionaler Strömungen ist es wahrhaft erstaunlich, wieviel ethnographische Arbeit sie tatsächlich geleistet haben.

In ihren intensiven Gesprächen entwickelten die drei ein Modell auf der Grundlage des Kompasses, das sie «die Quadrate» nannten. Es war ein System zur Benennung von Persönlichkeitstypen, wie sie durch das Zusammenwirken von genetischer Mitgift und kultureller Prägung entstehen. Margaret selbst betrachtete das Schema am Ende eher als Teil ihrer Autobiographie, nicht ihrer wissenschaftlichen Arbeit.

Dennoch benutzten Margaret und Gregory das Kompaß-Schema ihr ganzes Leben lang gelegentlich als eine Art Kurzschrift zur Charakterisierung von Individuen oder Kulturen. So sprachen sie von «Nordmenschen» (Leute wie Reo) und «Südleuten» (Leute wie Margaret). «Westleute» waren Managertypen wie Diaghilev, der große Impresario jener Zeit; «Ostleute» dagegen Menschen wie Nijinsky, der große Tänzer, der schließlich wahnsinnig wurde.

In ihrem Manuskriptentwurf zu ‹*Brombeerblüten im Winter*› zitierte Margaret eine indirekte Äußerung von Reo über seine Beziehungen zu Margaret und der Frau, die er vor ihr geliebt hatte (und zu der er später zurückkehrte): «Wenn du zu einem Tanz gehst», sagte er, «und du bist ein Nordmensch, dann wirst du entdecken, daß du mit einem Mädchen tanzen willst, das auch ein Nordmensch ist. Sie wird nur mit dir tanzen, wenn sie das Gefühl hat, dich erwählt zu haben; ein Mädchen, das ein Westmensch ist, tanzt nur kurz mit dir, denn sie hat gelernt, daß sie ihre Gunst gleichmäßig verteilen soll; eine Ostfrau wird sich weigern, lange mit dir zu tanzen, denn sie sieht sich wie auf einer Bühne, in Konkurrenz mit all den anderen; aber eine Südfrau, eines der Mädchen, dessen Schultern so rund sind, daß die Träger runterrutschen, die wird den ganzen Abend mit dir tanzen, nur weil du es gern möchtest.» Und in dieser Charakterisierung des weiblichen Südmenschen, der Frau, die dem anspruchsvollen Nordmann alles recht zu machen versucht, sah sich Margaret in ihrer Beziehung zu Reo, und im Gegensatz zu Reo sah sie Gregory ebenfalls als Südmenschen.

Das System ließ sich auch in zwei Gegensatzpaaren ausdrücken: besitzergreifend/anschmiegsam sowie fürsorglich/sorgsam – wobei

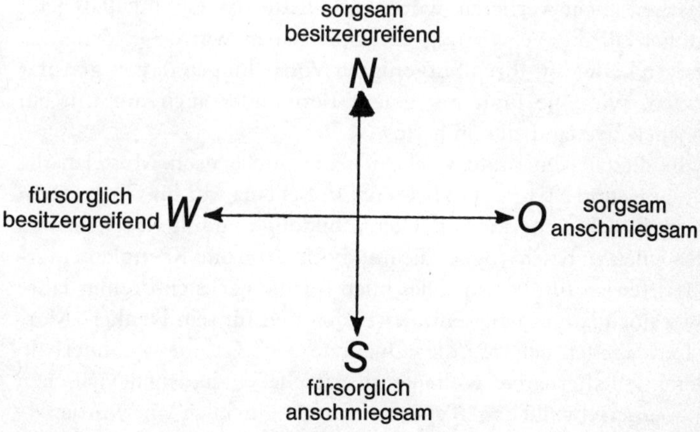

«sorgsam» hier Fürsorge für die eigenen Gefühle bedeutet, wie beispielsweise Reos ständige Beschäftigung mit seiner Eifersucht auf den damals bekanntesten Anthropologen Malinowski und natürlich auch auf Margaret und Gregory und Ruth. «Fürsorglich» dagegen bedeutet Sorge um den anderen. Als Margaret in Kankanamun ankam, erkannte Gregory ihre tiefe Erschöpfung und ging darauf ein. «Du bist müde», sagte er, und für sie waren das «die ersten zärtlichen Worte», die sie seit Monaten gehört hatte.

Während sie also in jenem winzigen Raum redeten und stritten, ordneten die drei sich selbst und all die Gesellschaften, die sie studiert hatten, nach diesem Schema ein. «Unser Entdeckergefühl war völlig im Einklang mit unserem ganz persönlichen Gefühl der Selbstentdeckung – Reo als Nordmensch, ich als Südmensch und Gregory als ein Südmensch, der dem Osttyp ein wenig näherstand als ich. Reos Deutung des Lebens gegenüber wirkten Gregory und ich beide wie Südmenschen, er die maskuline und ich die feminine Version eines Temperaments; was Reo dazu brachte, in regelmäßigen Abständen anzukündigen, daß er sich jetzt eine Nordfrau suchen würde; und schließlich spekulierten wir alle über unsere Eltern, Geschwister, Freunde und früheren Geliebten. Für uns als Individuen war es geradezu eine Offenbarung herauszufinden, wer wir wirklich waren. Das paßte sehr gut zu meinem schon sehr früh gehegten Wunsch, meiner eigenen Identität sicher zu sein – einer Identität, die auch nach vielen Jahren des Lebens in der Fremde an Klarheit nicht verlieren würde. Ich hatte das Gefühl, daß jetzt endlich all die Verwirrung ein Ende haben würde, in die mich andere Leute mit ihren festgefügten Vorstellungen davon gestürzt hatten, wie eine Frau mit einem Beruf oder auch nur mit ein bißchen Verstand zu sein hätte.»

In diesen «Quadraten» sehe ich die Suche nach Mustern, die Gregory und Margaret so liebten. Das Schema war für Gregory ein Anstoß, sich weiterhin mit Theoriebildung und mit verschiedenen Modellen zu beschäftigen, die mit Symmetrie und Komplementärbegriffen zu tun hatten. Dies blieb für die nächsten dreißig Jahre oder noch länger von zentraler Bedeutung für sein Denken. Margaret dagegen lieferten die «Quadrate» eine Geometrie, innerhalb derer sich alternative Welten entwerfen ließen, in denen Menschen von unterschiedlichem Typus auf immer glücklich sein würden.

In der Tat stellten die «Quadrate», gemessen am damaligen Stand der Theorie, einen Schritt vorwärts dar. In ‹*Patterns of Culture*› hatte Ruth Benedict den wichtigen neuen Gedanken entwickelt, daß eine Kultur durch eine einzige, alles durchdringende kulturelle Konfiguration – in einem Idealtypus enthalten – gekennzeichnet werden könne, und Margaret hatte sowohl die Arapesh als auch die Mundugumor unter diesem Gesichtspunkt des alles verbindenden Musters betrachtet. Vielleicht war es auch diese Erwartung einer inneren Einheitlichkeit, die sie dazu führte, das begrenzte Verständnis der jungen Mädchen in Samoa für ihre eigene Kultur zu akzeptieren, was dazu führte, daß sie, Margaret, die samoanische Kultur so sah wie die Mädchen – so gemäßigt in allem, so friedlich-gelassen – und sich um die aggressiveren kulturellen Tendenzen der jungen Männer nicht kümmerte. Die Diskussionen am Sepik-Fluß bereiteten den Boden für die nächste wichtige Einsicht, die nämlich, daß eine Kultur höchst widersprüchliche oder gegensätzliche Themen umfassen kann, die häufig, aber nicht immer, den Geschlechtern zuzuordnen sind. Gegen Ende des Zweiten Weltkrieges konnten Anthropologen daher bereits von «Schichten komplexer Paradoxe» reden, und Ruth charakterisierte die Japaner mit den Begriffen «Chrysantheme» und «Schwert».

Mit Hilfe der «Quadrate» beschrieb Margaret auch eine Reihe ihrer eigenen nächsten Beziehungen. Ihren Vater, einen Wirtschaftswissenschaftler an der Universität von Pennsylvania, als Mensch dominierend und anspruchsvoll, sah sie als dem gleichen Typus zugehörig wie Reo, dem des Nordmenschen. Auch Ruth setzte sie zu diesem Typus in Beziehung, aber näher zum Osten hin – eine Nordostfrau. In der Tat kommt Margarets persönliche Beziehung zu Ruth bereits in dieser Charakterisierung zum Ausdruck, denn die meisten andern Leute – und auch ich – haben Ruth als Menschen mit «Ost»-Merkmalen in Erinnerung: zurückhaltend und distanziert, während Margaret an Ruth auch ihre Fähigkeit zur Intensität, zu eifersüchtiger Leidenschaft anzog.

Luther Cressman und Marie Eichelberger, die in all den Jahren für Margaret zu den wichtigsten Menschen zählten, nannte sie Westmenschen. Was Margaret und Gregory gemeinsam hatten, war ihre «Südlichkeit» – die Gabe des Hegens und Pflegens. Ruth und Gregory hatten ein gewisses Maß an «Östlichkeit» gemeinsam, eine gewisse Introvertiertheit und Zurückgezogenheit.

Ich glaube, für Margaret muß es eine Offenbarung gewesen sein zu erkennen, daß es möglich ist, klar zwischen zwei Arten von Verschiedenheit unterscheiden zu können, beide angeboren und beide tiefgreifend verändert durch kulturelle Prägung. Es war für sie von größter Bedeutung, daß die Arten von Temperament, die sie «nördlich» und «südlich» nannte, bei Männern so gut wie bei Frauen vorkommen konnten. Zwar kann dieser Unterschied des Temperaments in einer Kultur dazu benutzt werden, ausschließliche Verhaltensmodelle für Männlichkeit oder Weiblichkeit zu liefern – wie die westliche Kultur von der idealen Frau verlangt hat, daß sie «südlich», und vom idealen Mann, daß er «nördlich» sei –, aber er ist nicht notwendig eine Sache des Geschlechts. So glaubte sie, daß ihre Beziehung zu Gregory sowohl auf Ähnlichkeiten (in Temperament und Veranlagung) als auch auf Unterschieden (dem Geschlecht) beruhte, während in ihrer Beziehung zu Ruth die Dinge genau umgekehrt lagen: gleiches Geschlecht und gegensätzliche Temperamente.

Das Schema ermöglichte ein weiteres Nachdenken über Kulturen, in denen ein einziger Verhaltens- und Veranlagungstypus zum Ideal erhoben wird, ohne besondere Betonung des Geschlechterkontrasts.

Während sich die Diskussion entfaltete, wurden die möglichen Positionen im System bestimmten Gesellschaften zugeordnet, von denen eine, Bali, zwar keinem von ihnen aus unmittelbarer Anschauung bekannt war, doch nach allem, was sie darüber gelesen hatten, schien ihnen Bali gut in das Rahmengerüst zu passen. Und dies war der erste Schritt in Richtung auf die gemeinsame Feldforschung in Bali, die Margaret und Gregory später unternahmen.

Das Modell hilft einem auch, sich darüber klarzuwerden, auf welche Art und Weise man zum Außenseiter in der eigenen Kultur werden kann, zum *Misfit*. Ruth Benedict hatte versucht, sich mit der Situation des *misfit* auseinanderzusetzen, und zwar aus der Perspektive einer Frau, die versucht hatte, ihre eigenen Energien und Ambitionen dem kulturbedingten Ideal von Weiblichkeit unterzuordnen. Sie hatte eine ganze Reihe von Anpassungsmöglichkeiten untersucht – ein Mensch, der nicht in seine Gesellschaft ‹paßt›, lebt vielleicht einfach mit dem Unbehagen des Kompromisses oder unter dem Stress erzwungener Konformität, oder es wird ihm oder ihr eine Sonderrolle für *misfits* zugewiesen. Es schien klar, daß manche Menschen aus Temperament und Veranlagung so stark mit ihrer Kultur uneins sind, daß sie in den herrschenden Stil oder den herrschenden Stil für ihr Geschlecht einfach nicht hineinpassen. Eine Möglichkeit zur Bewältigung dieses Problems wäre es, die Abweichung noch zu verstärken und sie zu Spezialisten zu machen – wie zum Beispiel die *berdaches*, männliche Transvestiten in einigen Indianergesellschaften, die nicht fähig waren, die wilde, kämpferische Kriegerrolle zu spielen, die ihre Gesellschaft von Männern verlangte; die aber dennoch einen Platz in der Gesellschaft fanden, indem sie sich eine Variante der weiblichen Rolle aneigneten, aber nicht unbedingt eine veränderte sexuelle Orientierung.

Die Theorie der «Quadrate» betrachtet die individuelle Persönlichkeit als zusammengesetzt aus einander beeinflussenden Schichten: Geschlecht, physiologisch bedingtes Temperament oder Veranlagung und Charakter – der Prägung, die Lernen und Umwelt auf den beiden angeborenen Faktoren hinterlassen, wobei Richtung und Einwirkung wiederum von Geschlecht und Temperament abhängig sind. Für Margaret war es von entscheidender Bedeutung, daß die Verknüpfung zwischen diesen Schichten nicht fest ist. In unserer Kultur haben wir in langer Tradition versucht, den weiblichen Charakter – ungeachtet des angeborenen Temperaments – so zu formen, daß er mit einem bestimmten Typ, dem «südlichen», übereinstimmt, obwohl dieser Typ nach der Theorie von Natur aus in beiden Geschlechtern auftauchen kann; und man hat zugleich versucht, Männer von diesem Typus wegzusteuern.

An irgendeinem Punkt muß ihnen klargeworden sein, daß es die Perfektion, mit der sich dies alles zusammenzufügen schien, nur in einer Art Trunkenheit gab, im Malariawahn. In Panik widerrief Reo die ganze Denkweise und beschuldigte Margaret, das Schema nur benutzt zu haben, um eine neue Romanze zu rechtfertigen; während Margaret und Gregory versuchten, Elemente des Schemas weiter zu verwenden. In ‹*Naven*› befaßte sich Gregory mit polarisierten Geschlechterrollen; und Margaret analysierte die drei Kulturen der Arapesh, Chambri und Mundugumor in ihrem Buch ‹*Sex and Temperament*›, aber sie sagt darin kaum etwas über ihre Ideen zum Thema Temperament.

Der Angelpunkt war jedoch für sie ohne Zweifel die Entdeckung einer Methode, mit der sie zwei Arten von biologischen Gegebenheiten voneinander trennen konnte, Temperament und Geschlecht. Das ermöglichte es ihr, die Entscheidungen zu verstehen, die sie in ihren Beziehungen traf (und wie sie von kulturell vorgegebenen Mustern abwich), ohne das eigene Geschlecht abzuwerten, denn sie war gerne eine Frau. Die Gegebenheiten des Temperaments haben Margaret ihr Leben lang fasziniert. Das war auch ein Grund für ihr Interesse an Tests und Aufzeichnungen im Entbindungssaal, und sie hat das Interesse am Studium von Körpertypen nie verloren.

Es gibt noch einen weiteren Grund, warum der Ideenkomplex, der in den «Quadraten» zum Ausdruck kam, niemals vollständig veröffentlicht wurde. Als Margaret und Reo 1933 von der Feldforschung zurückkehrten, kamen sie in eine Welt, in der es immer dringender wurde, daß Anthropologen auf die Fähigkeit aller Menschen hinwiesen, jedes kulturell vorgegebene Modell für das Menschsein zu erlernen. Dieses Hinweisen auf eine Fähigkeit, die alle Menschen besitzen, unabhängig von Rasse und Abstammung, war seit jeher eine zentrale Aufgabe der Anthropologen, eine Aufgabe, der sich Franz Boas und Ruth Benedict und Margaret jahraus, jahrein widmeten. Der Aufstieg des Nationalsozialismus machte diese Arbeit noch dringlicher; sie war weiterhin notwendig, um den amerikanischen Rassismus zu bewältigen, und ist noch immer dringend notwendig, denn wir müssen heute noch darüber wachen, daß Unterschiede des Geschlechts nicht ungleiche Rechte bedeuten. Margaret blieb immer davon überzeugt, daß ihre eigene Außergewöhnlichkeit zum Teil genetisch bedingt war, doch viele Jahre lang dämpfte sie sehr sorgfältig ihr Interesse dafür, inwiefern Unterschiede in Persönlichkeit oder intellektueller Fähigkeit genetisch bedingt sein könnten, denn sie fürchtete, daß jeder Versuch, sich mit diesen Fragen auseinanderzusetzen, zu Verzerrungen von seiten derer führen würde, die biologische Erklärungen mißbrauchen, um soziale Fakten zu rechtfertigen.

In den Jahren nach ihrer Scheidung begegneten sich Margaret und Gregory auf beruflichem Terrain und fanden ab und zu Gelegenheit zu langen, bereichernden Gesprächen. Ich erinnere mich an eines, aus dem genau an diesem Punkt eine scharfe Debatte wurde. Gregory behauptete, es ginge gegen jede vernünftige wissenschaftliche Aufgeschlossenheit, anzunehmen, daß es in einer Spezies wie der menschlichen mit ihren beträchtlichen Variationen, die alle noch untereinander kreuzungsfähig sind, keine kognitiven Unterschiede geben sollte. Margaret argumentierte leidenschaftlich dagegen: Solange Menschen mit so großer Eilfertigkeit aus Unterschieden Überlegenheitsansprüche machten und solange man geistige Unterschiede mit einer so groben, bestimmte Kulturen bevorzugenden Größe wie dem Intelligenzquotienten messe, könne und dürfe man dieser Frage nicht nachgehen.

Bei allem, was sie schrieb, erwog Margaret die Frage, wie nützlich bestimmte Erkenntnisse für die Menschen wären und wie sie sich von Konzept zu Konzept ohne schädliche Verzerrungen weiterbewegen könnten. Für sie mußte Wissen praktisch anwendbar sein; man suchte danach und vermittelte es dann in einer Weise, die dieses Wissen in den Dienst der Menschheit stellte; während Gregory sich an die Erkundung einer abstrakten Idee machte und dabei nach einer Art amoralischer Eleganz strebte. Doch als er begann, seiner Sorge um die gefährdete Umwelt Ausdruck zu geben, argumentierte auch Gregory, daß die wahren Gefahren aus Ideen herrührten: von Prämissen auf der einen Seite und von bewußtem Zweckdenken und dem Wunsch, durch Technologie zu manipulieren, auf der anderen. Margaret wußte, wann immer sie eine Welt beschrieb oder eine Abstraktion erdachte, beeinflußte sie menschliches Handeln.

Für mich als ihrem Kind ist es höchst verwunderlich, daß Margaret sich und Gregory vor allem für «nährend», «fürsorglich» und «anschmiegsam» hielt – also hegend, fürsorglich und fähig, auf den anderen einzugehen; denn ich sehe viel eher Gegensätze als Ähnlichkeiten zwischen den beiden und bin mir auch stärker bewußt, wo und wie sie nicht unbedingt «nährend» waren. In Reos Augen hatte das Schema die Funktion, ihn abzulehnen und Margaret und Gregory die Möglichkeit zu einem Bündnis gegen ihn zu geben; aber man kann nicht außer acht lassen, daß Margaret auch Ruth als «Nordmenschen» betrachtete – Ruth, die Margaret sehr nahe blieb, wenn sie auch protestierte, als sie hörte, daß Margaret eine neue Beziehung eingegangen war. Aber mir scheint, daß Margaret bei ihrer Deutung der «Quadrate» die Achse, auf der sie und Gregory sich tatsächlich am meisten unterschieden, eher herunterspielte – in vieler Hinsicht war Margaret «Westmensch» und Gregory «Ostmensch». Konflikte entstanden immer über diesen Gegensatz, und wenn ich meine eigenen inneren Konflikte zwischen den Impulsen zur Dichtung und denen zur Administration zu verstehen suche, dann geht es auch da um diesen Gegensatz.

In späteren Jahren zitierte Margaret manchmal ein Gedicht von Rudyard Kipling, um eine Möglichkeit zur Auseinandersetzung mit diesen Unterschieden aufzuzeigen. In der Bibelgeschichte bleibt die kontemplative Maria aus Bethanien bei Christus, während ihre Schwester Martha in der Küche beschäftigt ist. Margaret zitierte diese Zeilen in tiefster Verachtung für die Art und Weise, in der die «Söhne Marias» alle Verantwortung immer den «Söhnen Marthas» überlassen, die sie auch geduldig auf sich nehmen.

*They do not preach that their God will rouse them*
*a little before the nuts work loose.*
*They do not teach that His Pity allows them*
*to drop their job when they damn-well choose.*

Sie predigen nicht, daß ihr Gott sie rufen wird,
kurz bevor die Schrauben herausfallen.
Sie lehren nicht, daß Seine Güte ihnen erlaubt,
ihre Arbeit hinzuwerfen, wenn's ihnen in den Kram paßt.

Hier wurde das vertraute Thema «Komplementarität» anders ausgedrückt, denn Margaret verstand, daß man in verschiedenen Beziehungen sowohl «Sohn Marias» als auch «Sohn Marthas» sein kann. Bei Tante Marie konnte Margaret auf Marias Pfaden wandeln, träumen und ihren Ambitionen folgen, während Marie sich um die Details des täglichen Lebens kümmerte; aber im Leben mit Gregory wurde Margaret in Marthas Rolle gezwungen – und das nahm sie ihm übel. Immer wieder suchte sie die Nähe von Menschen, deren Intellekt sie bewunderte und die wiederum von ihr die praktische Unterstützung verlangten, die sie brauchten; aber zugleich verließ sie sich ihr Leben lang auf praktische Unterstützung durch andere.

Es ist sonderbar, sich Margaret so vorzustellen, wie sie sich selbst charakterisierte – als «das Mädchen, dessen Schultern so rund sind, daß ihr die Träger darüber hinabgleiten, die den ganzen Abend mit einem tanzt, nur weil er es so will». Und doch erinnert mich das an ihre Bemühungen, trotz allen Wirbels und ihres ständigen Reisens stets liebevoll und gefällig zu sein – Margaret, die einkaufen geht, um besondere Delikatessen für Barkev aufzutreiben, Unterhaltung für Vanni plant, mich als verstörtes Kind auf den Schoß nimmt und tröstet. Das «Hegende» ist zutiefst da – wenn auch von allerlei Umtriebigkeit maskiert. Kurz nachdem unser neugeborener Sohn Martin starb, kam Margaret in Manila an und tröstete mich mit all den traditionellen Formen des Beistandes, mit Umarmungen und Tassen heißen Tees; und gleichzeitig ermutigte sie mich zu meiner Analyse der Trauerarbeit bei den Filipinos, bugsierte mich an die Schreibmaschine und an die Arbeit.

Es ist auch seltsam, sich Gregory so vorzustellen, denn er war häufig so vollauf mit seinen eigenen Ideen beschäftigt, daß er den Bedürfnissen anderer gegenüber gedankenlos war, ja sie gar nicht wahrnahm; und doch kann ich auch den Moment der zärtlichen Fürsorge erkennen, wenn seine Aufmerksamkeit gefangen war – den Augenblick, der all seinen Kindern so kostbar war, daß sie nicht verstehen konnten, warum er so schnell vorüberging. Während meiner ganzen Kindheit versuchte Margaret, Gregorys Verhalten in «Südlichkeit» umzudeuten. Einmal hatte ich sie gefragt, warum in aller Welt er einen langen Brief an mich – er schrieb höchstens ein- oder zweimal im Jahr – mit Diagrammen der Morphologie irgendeiner Pflanze vollgezeichnet hätte, und sie erwiderte: «Das ist die einzige Art und Weise, in der er dir sagen kann, wie lieb er dich hat.»

Nachdem sie Neuguinea verlassen hatten, reisten Margaret, Reo und Gregory getrennt nach Hause, und jeder von ihnen verfolgte die bei diesem Aufenthalt gesponnenen Fäden in einer anderen Richtung. Im nächsten Sommer trafen Margaret und Gregory mit einem anderen Paar in Irland zusammen – beide Paare waren noch nicht verheiratet und darauf bedacht, öffentliche Aufmerksamkeit zu vermeiden. Wadd, einer von Gregorys ältesten Freunden, war lange Zeit der Mensch, von dem Margaret und Gregory sich neue Erkenntnisse darüber erhofften, wie genetische Faktoren sich in Verhaltensweisen bemerkbar machen, insbesondere in solchen Verhaltensweisen, die wir für ganz spezifisch menschlich halten. Die intensiven Gespräche fanden vor der kühlen grünen Szenerie Irlands statt. Margaret beschrieb, wie sie eines Abends in einem Gasthof ankamen, müde und schäbig aussehend, und wie sie dann genauso schäbige Zimmer unterm Dach zugewiesen bekamen. Beim Abendessen schickte Gregory den Wein zurück – er schmecke nach Korken. Als sie den Speiseraum verließen, kam ihnen der Wirt entgegen, entschuldigte sich überschwenglich für das Versehen und quartierte sie in der Hochzeitssuite ein.

Ihr nächstes Zusammentreffen fand 1935 in Singapur statt, wo sie auf dem Weg nach Bali heirateten, um sicherzugehen, daß die Ehe auch nach britischem Gesetz gültig war. Margaret kam auf den pazifischen Inseln mit einer Aussteuer an seidener Unterwäsche an, die Gregory zum Einwickeln der Linsen seiner Kameras benutzte.

10

# Parabeln

In meinen Versuchen, die Beziehung zwischen Beruflichem und Persönlichem für Margaret und Gregory am Sepik-Fluß zu verstehen, kam ich 1979, nach Margarets Tod, ein Stück weiter, als ich meine einzige Chance bekam, an einem der Orte, wo sie Feldforschung geleistet hatte – in Pere Village auf Manus – ihren Spuren zu folgen. Manus ist eine der Admiralitätsinseln vor dem Festland von Neuguinea. Margaret fuhr auf ihrer zweiten Feldforschungsreise dorthin, kurz nachdem sie Reo geheiratet hatte, aber es war auch das Ziel ihrer letzten echten Feldforschungsreise. Nach Pere kehrte sie 1953 mit Ted und Lenore Schwartz zurück, und dann besuchte sie es noch mehrmals. Zur Zeit ihrer tödlichen Krankheit plante sie noch eine weitere Reise.

1928 bestand Pere Village aus einer Gruppe von Pfahlbauten in der Lagune. Seine althergebrachte Kultur war noch fast völlig intakt: Werkzeug aus Stein und Knochen, Geld aus Muscheln und Hundezähnen, und jeder Haushalt wurde von seinem «Sir Geist» beschützt, dem Geist des Vaters des Haushaltsvorstandes, dessen Schädel in einer über dem Eingang aufgehängten Schale thronte. Die Arbeit, die Reo und Margaret dort leisteten, war typisch für die Anthropologie, wie sie damals praktiziert wurde: Im Laufe von sechs Monaten im Feld versuchten sie, eine bis dahin unbekannte Kultur zu beschreiben und die Sprache zu analysieren und zu lernen. Außerdem war Margaret besonders interessiert daran, die Behauptung, daß die Denkweise primitiver Völker der Denkweise von Kindern gliche, zu untersuchen und in Frage zu stellen – wie steht es denn dann, so fragte sie, mit der Denkweise primitiver Kinder? So abgelegen war die Welt der Manus damals von der

Welt, in der Margaret und Reo lebten, daß die Menschen glaubten, sie hätten sich in Nichts aufgelöst und würden nie wiederkehren, als sie Pere verließen.

Meine Einladung nach Pere kam von Barbara und Fred Roll, die ziemlich viel Zeit auf Manus verbracht und an mehreren der späteren Reisen meiner Mutter teilgenommen hatten. Seit ihrem Tod hatten sie ein Margarets Andenken gewidmetes Gemeindezentrum im Dorf unterstützt. Zur Eröffnung und zu den Weihnachts- und Neujahrsfestlichkeiten luden sie eine Reihe von Menschen ein, die dem Dorf oder Margarets Werk nahegestanden hatten – Vanni und mich, Ted Schwartz und Rhoda Metraux. Das Pere Village, das wir nun sahen, lag an der Küste und hatte eine völlig veränderte, der Außenwelt geöffnete Lebensform. Kurz nachdem Margaret und Reo weggegangen waren, hieß das Dorf in dem Haus, das Margaret und Reo sich hatten bauen lassen, eine katholische Mission willkommen und nahm den katholischen Glauben an. Der Zweite Weltkrieg brachte eine japanische Besetzung, gefolgt von einer amerikanischen Invasion, die aus Manus eine der wichtigsten Kriegsbasen machte – Sammelplatz für ungeheure Mengen von Truppen. Die Dorfgemeinde, die noch 1928 einer Lebensweise anhing, die jahrhundertelang stabil geblieben war, wurde von einer Sintflut plötzlicher Veränderungen überschwemmt.

Margaret betrachtete die Geschichte von Pere als bemerkenswerte Erfolgsgeschichte, als eine Parabel der Hoffnung; denn im Gegensatz zu vielen kleinen, isolierten Gemeinden hatten die Bewohner von Manus es geschafft, sich den Einbrüchen der Außenwelt in einer Weise anzupassen, die ihr Gefühl der Identität und Würde bewahrte. Tatsächlich fuhr sie dorthin zurück in der Hoffnung, eine solche Parabel zu finden und eine neue Phase ihres Lebens zu beginnen. Verluste und Enttäuschungen waren nach dem Krieg auf sie zugekommen: Gregorys Fortgehen, Ruths Tod, das Mißtrauen und die Spannungen des Kalten Krieges und der McCarthy-Ära, die es immer schwieriger machten, sich für gesellschaftliche Veränderungen einzusetzen. Sie hatte eine Ehe mit Geoffrey Gorer in Erwägung gezogen und festgestellt, daß jeder von ihnen sich bereits zu stark in der eigenen Lebensform eingerichtet hatte; und so ging sie zurück ins Feld, zu jener Quelle, aus der sie ihre Einsichten zog.

Die Geschichte von Pere Village hallt wie ein Echo durch mein Leben, ähnlich wie die Geschichte der alten Israeliten im Leben der Puritaner widerhallte. Ted Schwartz benutzte sie 1968 auf einem von meinem Vater organisierten Kongreß als Beispiel für die Zerstörung eines uralten Gleichgewichts. Der Wiederaufbau war das Modell gesellschaftlicher Veränderungen, aus dem Margaret fünfundzwanzig Jahre lang schöpfte. Als ich 1979 zum erstenmal dorthin kam, lernte ich, viel von meinem Leben unter einem neuen Blickwinkel zu sehen.

Der erste Schritt kam für die Manus nach dem Zweiten Weltkrieg, als eine apokalyptische religiöse Bewegung wie ein Sturmwind über die Insel fegte, ähnlich den *cargo cults*, die andernorts auftauchten und traditionelle mit westlichen Ideen kombinierten. Die Einwohner von Pere zerstörten ihren gesamten Besitz, warfen ihre Kanus und Fischnetze und was sie an westlichem Geld während der amerikanischen Besatzung verdient hatten fort – in der Erwartung, daß die Geister ihrer Ahnen auf Schiffen kommen und eine Ladung westlicher Reichtümer für die Menschen auf Neuguinea bringen würden. Traditionelle Bräuche, Mitgliedschaft in der katholischen Kirche und ein Großteil der ökonomischen Lebensbasis wurden zerstört. Und auf den verbrannten Trümmern, die übrigblieben, als die Hoffnungen der Kultanhänger enttäuscht wurden, erschien ein neuer Führer, ein Mann namens Paliau. Der Kultführer war tot; er hatte seinen Anhängern geboten, ihn zu töten, so daß er zu den Geistern gehen und herausfinden könne, warum sie noch nicht gekommen waren.

Paliau hatte viele Ideen zur Modernisierung des Lebens auf Manus – ökonomische Veränderungen, Schulbildung, Demokratie, eine andere Familienstruktur –, die auf seinen Beobachtungen an Australiern und Amerikanern basierten. Am wichtigsten war zunächst, von den alten Pfahlbauten in der Lagune weg und ans Ufer zu ziehen und mit den Menschen dort, den Usiai, zusammenzuarbeiten. Er stellte auch eine rudimentäre Kirche wieder her, auf der Basis einer kleinen Anzahl von Texten und Formen, die von den Katholiken und anderen Missionsgruppen übriggeblieben waren, schien aber im wesentlichen ein säkularer Führer zu sein.

Und so fand Margaret, als sie nach einem Vierteljahrhundert nach Neuguinea zurückkehrte, daß die Menschen, die sie zum erstenmal im Jahre 1928 studiert hatte und die sich damals noch in der Steinzeit befanden, inzwischen den Schritt in die moderne Welt geschafft hatten. Als sie nach vielen Jahren das Dorf wieder betrat, fand sie, daß sich ihre Rolle völlig geändert hatte. Statt ein Fremdling aus einer ganz anderen Welt zu sein, wurde sie jetzt als Beraterin für die Einwohner von Pere betrachtet, die aus ihrer Kenntnis der größeren Welt und ihrer eigenen Vergangenheit schöpfen konnten, um eine Gemeinschaft, die beiden verständlich war, nach einem gemeinsamen Wertsystem aufzubauen. Sie wurde zur begeisterten Anhängerin dieses sozialen Experiments und benutzte es, um die Vorteile eines Systems zu betonen, das eine einzige, allumfassende und konsequente Vision zur Grundlage machte – die Vision eines neuen Wegs, den Paliau aufgezeigt hatte. Wenn Menschen, die Grasröcke und Muscheln getragen haben, sich für eine Anlehnung an westliche Kleidung entscheiden, sagte sie, dann müssen sie auch Waschmittel und Nadeln und Faden übernehmen, sonst werden aus Baumwollkleidern bald Lumpen. Es war erst nach ihrer Abreise, während Ted dablieb, daß ihm die ständigen Inkonsequenzen auffielen – die Geister, die sich noch unter der Oberfläche bewegten.

Das Dorf zieht sich am Ufer der Lagune hin, geschützt durch ein Korallenriff. Barbara und Fred Roll hatten sich in der Mitte des Dorfes ein Haus auf Pfählen bauen lassen, mit Pandanuspalmblättern gedeckt, so daß ein Gutteil des Dorflebens sich vor unseren Augen abspielte. Zur Südseite hin konnten wir aufs Meer blicken und die Auslegerkanus beobachten, wenn sie zum Fischfang hinaus oder zur Provinzhauptstadt Lorengau fuhren. Abends sah man das Kreuz des Südens tief über dem Horizont, und am Tag konnten wir den Kindern zusehen, die sich endlos mit ihren Kinderkanus im Wasser tummelten, schwammen und über das Riff surften.

Obgleich die meisten der Manus jetzt auf dem Festland leben, hängen sie doch an der Küste und bauen Toiletten und Schweineställe, die über das Wasser hinausragen, wo früher die Häuser waren. Das Meer reinigt immer noch die Gemeinde. Vom Haus der Rolls aus führt eine schmale Laufplanke aus Holz hinauf zu einer auf hohen Pfählen gebauten Toilette, vorbei am Stall eines Schweines, das aus einer einzigen riesigen Muschel Haushaltsabfälle frißt. Im Gegensatz an den anderen übers Wasser hinausragenden Bauten hat die Laufplanke zu dieser Toilette ein Geländer, denn Margaret hatte sich 1928 im alten Pere Village einen Knöchel gebrochen, und während mir Leute in Kanus hinein- und wieder hinaushalfen, hatte ich ständig das Gefühl, daß sie von mir physische Ungeschicklichkeit erwarteten. Die Laufplanke zum Klo war der beste Platz, den Sonnenuntergang zu betrachten, der von der Küste aus nicht ganz zu sehen war, von atemberaubender Schönheit über dem Wasser und hinter den Silhouetten anderer Inseln am Horizont.

An der Nordseite des Hauses führt die Hauptstraße des Dorfes vorbei, die sich zu einem Platz verbreitert, der für alle größeren Zusammenkünfte benutzt wird. Gegenüber liegt das neue Gemeindezentrum aus Beton. Östlich davon steht ein riesiger Tropenbaum. In der frühen Morgendämmerung stöbern Kinder hier nach Früchten, die in der Nacht heruntergefallen sind, und neben dem Pfad liegen zwei oder drei riesige heruntergefallene Blüten, weiße Blütenblätter, die ein Büschel magentagesäumter Kelchblätter umranden. Am Tag ist sein Schatten ein besonders beliebter Platz, wo die Frauen Früchte oder Gemüse wie auf einem winzigen Markt ausbreiten und Dorfversammlungen stattfinden.

Es wurde mir klar, daß dies Haus – besser als alle, die Margaret je auf ihren Forschungsreisen gebaut hatte, denn es war für eine lange Nutzung entworfen – ihre zwei wichtigsten Forderungen erfüllt: ein Aussichtspunkt, von dem aus man sehen kann, was vor sich geht; und ein Platz, an dem das Leben so organisiert werden kann, daß sich die notwendigen Arbeitsstunden parallel mit der Teilnahme am Leben der Gemeinde abspielen können. Wenn man statt dessen in einem einzigen Eingeborenenhaushalt lebt, in der Rolle einer Tochter oder Schwester, wird man sofort von dieser Rolle eingeengt – man kann sich nicht so benehmen, daß sich möglicherweise ein Adoptivbruder dafür schämen müßte, man kann auch nicht unterwegs bei dem politischen Rivalen seines «Vaters» stehenbleiben und ein Schwätzchen machen. Die Zeit kann völlig von den zur Rolle gehörigen Tätigkeiten aufgefressen werden, und es bliebt dann keine Zeit für Aufzeichnungen an der Schreibmaschine oder zum Filmentwickeln. Es gibt einem schon das Gefühl, etwas erreicht zu haben, wenn man so aufgenommen und als Teil der Familie behandelt wird, aber am Ende kann man dann nur berichten, wie man sich als Adoptivtochter oder -sohn fühlt, nicht darüber, wie das Ganze zusammenhängt. Bei ihrer

Feldforschung verbrachte Margaret mehr Zeit mit Tippen und Katalogisieren und dem Markieren von Querverweisen in ihren Notizen als mit direktem Beobachten; denn während sie beobachtete, machte sie detaillierte Notizen voller Abkürzungen; und dabei produzierte sie Aufzeichnungen, die, in dieser Form belassen, nur für sie selbst von Nutzen gewesen wären, etwas sehr Privates anstatt der wissenschaftlichen Aufzeichnungen, die heute in der Kongreßbibliothek für andere Anthropologen zur Verfügung stehen.

Bei der Feldforschung kam es für Margaret darauf an, wieviel Arbeit in einem begrenzten Zeitraum zu schaffen war. Ich habe sie nie ins Feld begleitet, aber 1974 besuchte sie mit Geoffrey Gorer meinen Haushalt in Teheran, und wir reisten durch das Land und besuchten abwechselnd Sehenswürdigkeiten und andere Anthropologen, die gewöhnlich danach hungerten, Methoden zu diskutieren und ihre Erkenntnisse mitzuteilen. Einmal führten uns unsere Gastgeber auf das Flachdach ihres Hauses und zeigten uns, daß sie in die Gartenhöfe ihrer Nachbarn hinunterschauen konnten, womit sie das Problem der hohen Mauern gelöst hatten, die die Feldforschung im Iran so schwierig machen. Dies billigte sie, fragte sich aber gleichzeitig, warum man soviel Zeit darauf verwandt hatte, einen Haushalt im iranischen Stil nachzuahmen, was doch sehr viel zusätzliche Arbeit bei nur geringem Gewinn an Einfühlungsvermögen bedeutete.

Für Margaret war jeder Augenblick vor Ort kostbar. Sie vermied es, Menschen dafür zu bezahlen, daß sie von ihrer Kultur berichteten, und behandelte sie statt dessen als Kollegen mit einem gemeinsamen Interesse, aber in anderen ökonomischen Beziehungen zögerte sie nicht: Sie bezahlte dafür, daß ihr jemand ein Haus baute oder die langweiligen Haushaltsarbeiten übernahm. Als Museumsanthropologin kaufte sie häufig Gebrauchsgegenstände für Museumssammlungen, und in Bali, wo das traditionelle System auch Kunstmäzene kennt, bezahlten Margaret und Gregory für Aufführungen – bei Tageslicht, damit sie fotografieren konnten. Margaret und Reo erstaunten Gregory mit ihrer Zielstrebigkeit und Energie bei der Arbeit vor Ort und auch dadurch, daß sie hinausgingen und Informationen sammelten, indem sie Leute drängten, ihnen Fragen zu beantworten, statt auf zufällige Ereignisse zu warten.

Die Tage, die wir in Pere verbrachten, gaben mir die Gelegenheit, eine Gemeinschaft kennenzulernen, von der ich mein ganzes Leben lang gehört hatte; wie auch die Menschen dort Bilder von mir gesehen hatten, die meine Mutter an die Wand ihres Arbeitsraums gehängt hatte. Wir trauerten wieder um Margaret, als wir am Abend vom Kanu ans Ufer geleitet wurden, und wir fielen den Frauen des Dorfes in die Arme und lagen mit ihnen in ritueller Klage auf dem Erdboden. Sie gedachten ihrer mit großer Liebe, diese Fremden, in deren Leben sie auf andere Weise wie in meinem eine so zentrale Stellung eingenommen hatte. Sie schlugen die Trauertrommeln über ihren Tod und sangen für mich die Lieder, die sie komponiert hatten und die Ted Schwartz aus der Sprache der Manus übersetzt hat:

Makaret, die uns Mutter ist, deine Söhne und Töchter einer späteren Zeit, auf dieser Seite von Papua, Neuguinea, geht die Sonne unter. Du bist gekommen und hast uns diese Leute als dein Vermächtnis hinterlassen. Man sagt, Pere ist dein Dorf und New Yorks Bruder.

Makaret, unsere Mutter . . .

Wir mußten den Friedhof unten an der Küste besuchen, um viele der Männer und Frauen zu finden, von denen ich in vergangenen Jahren gehört hatte. Aber unter den Lebenden war die Familie von John Kilipak, oder J. K., der in ihrem Haushalt gearbeitet hatte, als sie zum erstenmal kam, das stärkste Verbindungsglied zu der Zeit meiner Mutter. Er ist jetzt ein alter Mann, fast der letzte der kleinen Jungen, denen sie 1928 Haushaltsarbeit beigebracht hatte, weil sie in diesem Alter gewitzt und aufmerksam waren, während die jungen Erwachsenen, eingeengt von Verantwortung und Verpflichtungen, mürrisch und unbeweglich wirkten. J. K. besitzt viel Wärme und Würde, und doch ist er immer ein wenig der Außenseiter gewesen, der nie ganz zur neuen und auch nicht zur alten Welt gehörte, von Natur aus ein Agnostiker und Skeptiker. Seine Frau Siska war eine der ersten, die uns bei unserer Ankunft begrüßten und Vanni und mir die ersten von Dutzenden von Ketten aus Muscheln und Samenkörnern brachte.

Als die Tage vergingen und die Wirklichkeit von Pere langsam meine Phantasievorstellung durchdrang, zeigte mir Ted, wie die Menschen von Pere aus Frustration über den sozialen und ökonomischen Wandel nach und nach Traditionen der Vergangenheit, mit der sie gebrochen hatten, wieder aufnahmen. Ich merkte, wie meine Aufmerksamkeit hin und her gerissen wurde, während ich die unbeständige Verbindung zwischen dem Alten, dem Geborgten und dem Neuen beobachtete.

Am Eröffnungstag des Margaret Mead Community Center tanzten die Frauen in Büstenhaltern und Grasröcken, die sie über Shorts oder Kniehosen trugen. Dann kam Siska stolz durchs Dorf geschritten, mit blanken Brüsten und Ketten aus Perlen und Muscheln, mit roten und gelben Krotonblättern in den Armbändern und in den Händen Krotonzweige, die wie Federfächer aussahen, und die Kleinmütigen gingen nach Hause und steckten ihre Büstenhalter wieder weg. Wir fuhren im Kanu aufs Riff hinaus, so daß wir uns den offiziellen Besuchern von der Provinzialregierung zu einer zeremoniellen Ankunft anschließen konnten. Die Frauen standen tanzend auf zwei von der Küste wegstrebenden Linien von Kanus und formten eine Gasse für die Boote der Besucher, während am Ufer die großen Schlitzgongs geschlagen wurden.

Dann brachte man alle Besucher in den Schatten eines selbstgemachten Baldachins, und das Tanzen ging weiter. Zuerst waren nur wenige Männer dabei, und sie tanzten wie die Frauen in Grasröcken und folgten ihren Schritten; aber dann kamen mehrere Männer mit Speeren und in eher kriegerischer Haltung dazu; zuletzt standen sie auf und tanzten auf bemalten Pfählen, auf Baumstümpfen, die etwa einen Meter aus dem Erdboden ragten. Zum erstenmal, seitdem das Dorf ans Ufer und in die Formen der Modernität gezogen war, erschien zunächst ein einzelner Tänzer, dann noch ein zweiter, nur mit den phallischen weißen Kauri-Muscheln bekleidet; sie balancierten auf den Pfählen und sprangen hinauf, wobei ihre durch die Muscheln beschwerten und langgestreckten Penisse ihnen gegen die Lenden schlenkerten. Wie bei einer Parade zum 4. Juli gehörte auch hier zur Feier der Gegenwart eine Anrufung der Vergangenheit.

Die Geschichte von Pere mit all ihren Schichten der Veränderung und den Aufenthalten meiner Mutter dort wurde auch innerhalb des Margaret Mead Community Center nachgezeichnet, und zwar in einer Fotoausstellung, die von den Rolls zusammengestellt worden war. Die frühesten waren 1928 aufgenommen und zeigten

Margaret bei der Arbeit mit den Kindern, und sie sah darauf selbst fast noch wie ein Kind aus; einige Leute bemerkten ihre große Ähnlichkeit mit mir. Dann waren da Bilder der Erwachsenen von damals, die wie heute tanzten und den großen zeremoniellen Austausch von Reichtümern vollzogen, was im Leben der Manus einen zentralen Stellenwert hat. Diese Austauschzeremonien sollten mit der Reform ein Ende nehmen, sind aber allmählich wieder zurückgekehrt. Spätere Bilder zeigen das am Ufer neu errichtete Dorf: Männer in Shorts und Hemden, Schulen, Ausschußsitzungen und einen Besuch von Paliau während des Wahlkampfes für das House of Assembly, das Parlament von Neuguinea. Dann waren da die Bilder von 1979, als John Kilipak nach USA kam, um zusammen mit Ted Schwartz an einem Wörterbuch der Manussprache zu arbeiten, und New York besuchte, um dort dem American Museum of Natural History ein Geschenk des Dorfes zu übergeben und dort auch das Diorama des alten Dorfes in der Lagune zu betrachten, die Nachschöpfung seiner Vergangenheit.

So wie im Dorf heute der Vergangenheit und Gegenwart gegenüber gemischte Gefühle und Einstellungen herrschen, ist Paliau heute weniger uneingeschränkt die in die Zukunft blickende heroische Gestalt, der charismatische Führer, von dem ich als Heranwachsende hörte. Die Einwohner des Dorfes unterstützen ihn nicht mehr einmütig, und der Premier von Manus, der zur Eröffnung kam, nannte ihn kühl vor allem einen Sektenführer. Kurz vor unserem Besuch hatte Paliau wesentliche Veränderungen in der Theologie seiner Kirche angekündigt; eine neue Version, so sagte er, die er zwar schon immer gekannt, aber nie zu enthüllen gewagt hatte. Statt Gott sollten die Gläubigen nun Wing, den Flügel, anrufen und anbeten als Beschwörung des Fliegens und der großen Himmelsflügel; seinen Sohn Wang, den man auch Jesus nennen kann; und Wong, der die in Paliaus Theologie immer wichtigen Engel mit einer Erinnerung an den heiligen Geist verbindet. Alle Missionen sollen des Landes verwiesen, die Bibel abgelehnt und Manus und dann Neuguinea unter Paliaus Führung vereinigt werden. Die verschiedenen entwicklungspolitischen Ideen der letzten Jahre und Neuguineas Unabhängigkeit haben bedeutet, daß viele von Paliaus weltlichen Ideen zu Vernunftideen einer neuen Ära geworden sind – *common sense*, von einer Generation akzeptiert, die eine Schulbildung erhalten hat und zu der sowohl Anhänger aller großen Missionen auf Manus als auch eine wachsende Anzahl von Menschen gehören, deren Beziehung zur größeren Welt nie von irgendeinem religiösen Symbolismus geprägt wurde. In diesem Stadium wird das Hauptanliegen der früheren Periode, nämlich sich der modernen Welt anzuschließen und gleichberechtigt daran teilzuhaben, selbstverständlich, und Paliau ist gezwungen, seine eigene Botschaft gegen die anderer Gruppen abzugrenzen – und so hat er plötzlich eine neue Version seiner Botschaft enthüllt, die nun überraschend konkret ist.

Meine Mutter hegte beträchtliche Sympathien für die Kirche, die nach dem Abzug der Mission und den Verwüstungen des Kultes begründet worden war. Als sie 1953 von der Reise zurückkehrte, war es eines ihrer ersten Anliegen, Kerzen in das Dorf zu schicken, und sie schickte ihnen die Reproduktion eines Gemäldes, auf dem Gottvater über seinem gekreuzigten Sohn vor sich hin grübelt; ein Bild, das immer noch zum Gottesdienst auf den Altar gestellt wird, wenn sich auch schon Schimmel unter dem Glas gebildet hat. Sie meinte, daß es in einer Welt des schnellen Wandels und wachsender Kommunikationsmöglichkeiten falsch und sentimental wäre, von Menschen zu erwarten, daß sie im Glauben der Zeit vor dem Außenkontakt wie auf einer Insel verharren sollten – Glaubensformen, die weder ein zusammenhängendes Bedeutungssystem für die Begegnung mit einer erweiterten Welt noch Mitgliedschaft in einer größeren Gemeinde anbieten. Da sie religiösen Ausdrucksformen Wert beimaß, hätte sie es gerne gesehen, wenn sich die Kirche in Pere mit der katholischen Kirche ausgesöhnt hätte oder wieder mit irgendeiner Richtung des Christentums in Berührung gekommen wäre, die den Menschen von Pere mit einiger Nachsicht Zugang zu einer größeren Gemeinschaft gewährt hätte. Doch heute ist die Kirche auf eine Handvoll Mitglieder geschrumpft, ihre Liturgie ein verhallender Nachklang.

Und doch wollte ich ihrer Sympathie meine hinzufügen, und so zog ich an beiden Sonntagen in Pere und zu Weihnachten Schuhe und frische Kleidung an und ging zum Gottesdienst. Das war mir möglich, weil der Gottesdienst immer in der Verkehrssprache von Neuguinea zelebriert wird, in Pidgin-Englisch oder Neo-Melanesisch also, was die Hunderte einheimischer Sprachen überbrückt.

Für Paliau war Pidgin ein Symbol der Einheit – Einheit zwischen den am Meer lebenden Manus-Fischern und den Menschen im Landesinnern, und Einheit zwischen den verschiedenen Inseln und Sprachgruppen. So wie Pidgin die Kommunikation zwischen Menschen der verschiedensten Gebiete ermöglicht, gab es mir eine Zugangsmöglichkeit. Es ist eine unerhört brauchbare Sprache, die einen begrenzten, vorwiegend englischen Wortschatz einfallsreich und flexibel mit einer im wesentlichen melanesischen Grammatik verbindet. Europäer, die sie zu lernen versuchen, haben häufig das Problem, daß sie Pidgin zwar als Produkt von Kulturkontakten erkennen, es aber nicht als echte Sprache mit eigener Struktur und Semantik wahrnehmen, obwohl das schon an dem phonetischen Schriftsystem leicht zu erraten ist.

Gelegentlich sprach meine Mutter Pidgin zu Hause – bestimmte Phrasen gebrauchte sie ständig, *samting bilong yu yet* beispielsweise, «das ist dein Problem». Andere gebrauchte sie in englischer Aussprache, so daß ich überhaupt nicht wußte, daß sie Pidgin waren, wie *something-nothing* und *rubbish*, «etwas-gar nichts» und «Schund», ihre Lieblingsausdrücke für Verachtung. Gelegentlich konnte man sie überreden, Pidgin zu sprechen oder – am Kamin in Cloverly – eine Version der Schöpfungsgeschichte zu rezitieren. *«Nau long taim bipo, i no gat wanpela samting i stap. I no gat man, i no gat meri, i no gat pik, i no gat bulmakau, i no gat wanpela samting tasol. Nau wanpela polisman i stap on tap, nem belong em i God. Nau God i tok, mi tink mi mekim olgeta samting . . .»*

Schwer zu entscheiden, wie man *polisman* übersetzen soll: Polizist, Autoritätsfigur, Person, die das Sagen hat?

Ich weiß noch, mit wieviel Enthusiasmus Margaret Pidgin sprach, und der Effekt war zugleich komisch und urwüchsig-lebendig. Gregory hatte sein eigenes Lieblingszitat, die Geschichte von dem Affen und der Katze (beides Tiere, die in Neuguinea nicht heimisch sind), die zwei weiße Kinder stehlen und nach und nach für sie die Requisiten des europäischen Lebensstils beschaffen. In Pere entdeckte ich, daß Pidgin viel schwerer zu verstehen war, wenn es von Melanesiern gesprochen wurde.

In Pidgin fehlen die Anklänge an Mythen und Dichtungen, die sonst die liturgische Sprache bereichern, statt dessen enthält die Sprache die Einstellung europäischer Schatzsucher und Plantagenbesitzer, die eine Sprache brauchten, um Befehle zu geben, und die meinten, daß Wörter wie *savi* (wissen, aus dem Französischen) und *pikinini* (aus dem Portugiesischen) für die Eingeborenen leichter verständlich seien. Ein Außenstehender muß versuchen, die Wörter in ihrer gegenwärtigen Bedeutung von ihrer Etymologie getrennt zu halten: *pikinini* (*Pickanninny*, etwa ‹Negergör›) meint generell Sprößling, schwarz oder weiß, aber auch Frucht eines Baumes.

Die Einwohner von Pere sangen Weihnachtslieder:

*My lukim yu, O Yesus King.*
*Yu pulim daun yu boi nating.*
*Bikpela God, O Yesus yu,*
*Mi lukim yu, nau mangki tru,*
*Long Bethlehem, long Bethlehem.*

Die Worte trafen hart auf meine Ohren. Kaum fähig zu verstehen, stand ich da in dem kahlen, beleuchteten Community Center und bemühte mich, den weißen Kolonialherrn zu entkommen – die die nackten Dorfkinder «Affen» (*monkey – mangki*) nannten: ein Wort, das jetzt einfach «kleiner Junge» bedeutet, also auch Christkind.

Um den drei Stunden dauernden Gottesdienst auszufüllen, war es nötig, sämtliche Hymnen und Weihnachtslieder und Gebete in dem Büchlein dreimal zu benutzen – und dazu gehörten auch kaum erkennbare Teile einer Messe (ohne freilich deren heilige Handlungen, das Teilen von Brot und Wein), die als etwas Besonderes nur dadurch erkenntlich wurde, daß sich die Gemeinde an bestimmten Stellen erhob. Die geborgten Formen sind so schäbig wie die Lumpen westlicher Kleidungsstücke, die nicht mehr ersetzt oder gepflegt werden. Ein Stern von Bethlehem aus Pappe mit daran hängenden Ballons und einer angeknipsten Taschenlampe war am hinteren Teil des Centers auf einen Flaschenzug montiert worden, und der wurde nun unter Gesang nach vorn gezogen, so daß er über einen aus Zweigen und Palmen gebauten ‹Stall› zu stehen kam, der aber leer war, denn die Gemeinde besaß keine Figuren für eine Weihnachtskrippe.

Wenn ein System so verarmt, dann verfällt es in aller Wahrscheinlichkeit schließlich ganz, es sei denn, es würde ihm neue Vitalität zugeführt. Neben den anderen möglichen Gründen für solchen Verfall breitet sich in Gemeinschaften, die Perioden von Wandel und Neuerung durchlaufen haben, oft eine lähmende Langeweile aus. In einem so stabilen alten System wie dem 1928 in Pere bestehenden ist für den einzelnen Langeweile keine nennenswerte Erfahrung. Monotonie und Wiederholung sind charakteristisch für viele Aspekte des Lebens, aber sie verursachen kein bewußtes Unbehagen, bis «Neuheit» und «Unterhaltung» als positive Erfahrungen aufgebaut werden.

Im Gegensatz hierzu gebrauchte Ted den Begriff «metastabil», um die Situation der Manus nach dem Kult zu beschreiben, ein Zustand, der dem unseren nicht unähnlich ist, wo Veränderung als solche geschätzt wird und Erfahrungen nicht wiederholt werden können, weil ihre ursprüngliche Neuheit so weitgehend ihre Bedeutung für die Menschen ausmachte – so kommt es zum Beispiel, daß Amerikaner jetzt schon selbst Weltraumstarts eintönig und langweilig finden. In den Dörfern der ganzen Welt liegt der Wert sich ständig wiederholender Rituale gerade in der Zuverlässigkeit, mit der sie das Vertraute bestätigen und die Menschen zusammenbringen; aber es ist ziemlich klar, daß hinter dem Verfall der Paliau-Bewegung schlichte Langeweile steht und daß Paliau selbst versucht, den Leuten gewissermaßen Neuheitsspritzen zu verpassen.

1928 gab es absolut keine akzeptable Möglichkeit für Margaret und Reo, sich für Veränderungen einzusetzen oder an den Entscheidungsprozessen des Dorfes auf der einen oder anderen Seite teilzunehmen, wenn es auch unvermeidlich war (und dessen waren sie sich bewußt), daß bestimmte Ideen allein schon durch Beispiel Wurzeln schlugen – das Bewußtsein wird schon durch das Stellen von Fragen erweitert. Selbst die einfache medizinische Versorgung, die Anthropologen im Feld leisten, wenn man ihnen Verletzungen und Krankheiten zeigt, muß schließlich irgendeine Wirkung haben. 1953 hatten jedoch Veränderungen eine neue Art von Selbstbewußtsein geschaffen, und die Einwohner von Pere konnten Margaret als Kollegin auf dem Gebiet sozialer Konstruktion betrachten; eine Kollegin, die man wegen ihres breiten Erfahrungshorizontes konsultierte, und nicht jemand aus einer Welt, die so unbekannt war, daß sie völlig irrelevant schien. Als Margaret in den späten sechziger Jahren einmal in Pere war, hatten die Führer des Dorfes sie wegen eines Problems, das die Kinder betraf, um Rat gefragt – den Kindern, die die Grundschule absolviert hatten, wurde keine weiterführende Schulbildung angeboten. Damals schlug Margaret vor, daß sich diese neue Gruppe junger Männer als Dienst-Corps für die Entwicklung des Dorfes organisieren sollte, und sie beschrieb ihnen solche Projekte wie das *Peace Corps* oder das *National Service Corps*, Projekte, die sie in den Vereinigten Staaten als Alternativen zur Wehrpflicht unterstützt hatte.

Der Prozeß des Planens und Ratsuchens ging während unseres Besuches weiter. Am Tag nach Weihnachten regnete es den ganzen Tag lang in Strömen. Drei der am besten ausgebildeten jungen Männer des Dorfes, die jetzt anderswo arbeiten, aber als Berater zur Verfügung stehen, kamen, um mit Fred und Barbara die Entwicklungsaussichten des Dorfes zu besprechen. Dies war eine Chance, etwas über die praktischen Gründe der Desillusion des Dorfes mit dem *nupela pasin*, dem neuen Weg, zu hören – einem Katalog von Projekten, die versagt haben, und zwar zum Teil wegen der Art und Weise, in der von vornherein eine kommunale Ideologie propagiert wurde, und zum Teil auch, weil das Wiederaufleben des alten Geschenkaustausch-Systems zuviel Druck auf Individuen ausübte.

So wurde einmal ein kommunales Räucherhaus gebaut, aber nicht instand gehalten; eine Kopra-Plantage wurde dem Dorf unter der Bedingung angeboten, daß man sie weiterentwickeln würde, aber das Interesse daran schwand, und sie fiel an die Regierung zurück; eine Gefriertruhe für Fisch, die die draußen arbeitenden jungen Männer dem Dorf geschenkt hatten, ist nie wirksam genutzt worden. Gegenwärtig träumt das Dorf davon, einen Lastwagen zu kaufen und einen Transportdienst in der Nähe der Provinzhauptstadt einzurichten, und Ted und die Rolls saßen mit den jungen Männern zusammen und besprachen die dazu notwendigen Voraussetzungen: Marktforschung, Buchhaltung, Instandhaltung und das Problem der steigenden Benzinpreise . . . bis man am Ende hervorhob, daß das Dorf wahrscheinlich am erfolgreichsten auf dem Gebiet sein würde, auf dem es langjährige Erfahrung besaß – Fischerei.

Tatsächlich bleibt die Fischerei weiterhin die Haupteinnahmequelle der Manus. Margaret war der Meinung, daß ihre vor allem beim Kanufahren und Fischen unter Beweis gestellten körperlichen

Fähigkeiten und die Art und Weise, in der das Vertrauen in diese Fähigkeiten in einer freien, autonomen Kindheit entwickelt wurde, zu den Faktoren gehörten, die es ihnen ermöglichten, ihre Gelassenheit und Würde während eines wesentlichen kulturellen Wandels zu behalten. Die Ideologie des *nupela pasin* führte nicht dazu, daß sie sofort die altmodische Art, den Lebensunterhalt zu gewinnen, aufgaben; weder nahmen die Manus den Ackerbau auf, noch lernten die Küstenbewohner das Fischen, wie Paliau sie gedrängt hatte.

Ein paar Tage später nahm uns Karel Matawai zusammen mit zwei anderen Männern mit hinaus zum Fischen, in seinem von einem starken Motor angetriebenen (und zum Teil von den Rolls finanzierten) Kanu. Die Grundstruktur eines Manus-Kanus ist ein ausgehöhlter Baumstamm, durch Querstreben mit einem Ausleger verbunden, und mit einer Plattform, die über dem Wasser herausragt und auf den Querhölzern aufliegt, an denen ein Außenbordmotor befestigt werden kann. In den alten Zeiten gehörten zu den Kanus außer Stangen und Paddeln auch Segel, ursprünglich gewebte Matten, aber heutzutage verläßt sich kaum jemand mehr auf den Wind. Als ich das Kanu betrachtete, fiel mir plötzlich auf, daß es eigentlich ein Symbol dafür war, wie die verschiedenen Kulturelemente Verbindungen miteinander eingegangen sind. Stahlwerkzeuge werden zu seiner Konstruktion benutzt, und gelegentlich hat man auch Drahtstückchen für Reparaturen gebraucht, aber im Grunde bleibt die traditionelle Form und Struktur erhalten, und dazu gehört auch, daß man die Querstangen mit Rattan an die Stützträger des Auslegers bindet, die wiederum aus vielen dünnen Stäben gemacht sind, damit Wind und Wasser ungehindert hindurchfließen können. Da man sich bemühte, diese Fertigkeiten zu erhalten, bauen die Kinder heute Modelle von Kanus in der Schule, und Vanni nahm eins davon mit nach Hause, um es ihrer Schule in Cambridge zu schenken. Doch die Kanus werden nicht mehr vom Wind vorwärtsgetrieben, sondern durch einen importierten Benzinmotor, und man fragt sich, wie lange die Segelkunst noch lebendig bleiben wird.

Es sieht jetzt so aus, als ob diese Gemeinschaft den Punkt, an dem es kein Zurück mehr gibt, noch nicht überschritten hat, zumindest was die alten Fertigkeiten angeht. Karel fuhr das Kanu hinaus und suchte mit uraltem Wissen nach Seevögeln, die, wenn sie aufs

Wasser herabstoßen, einen Schwarm von Fischen verraten. Immer wieder korrigierte er seinen Kurs, steuerte das Kanu in eine andere Richtung, und dann sahen meine Augen die Vögel, viel später als seine, als hätte die neue Zielrichtung des Kanus sie erst zum Leben erweckt. Dann steuerten wir durch den Fischschwarm hindurch, und die drei Männer legten ihre Nylon-Schleppangeln aus. Ein oder zwei Fische bissen an, und dann waren wir erneut auf der Suche nach Vögeln, die uns zeigen würden, wo sich der Schwarm wieder formiert hatte. Jeder Fisch wurde in den Rumpf des Auslegers geworfen, wo er in der feuchten Dunkelheit unter der Plattform zuckte und zappelte. An diesem Morgen wurden zwölf Liter Benzin verbraucht – für zwölf Fische –, aber an anderen Tagen und mit ein bißchen mehr Glück konnte man vielleicht zehnmal soviel fangen. In vergangenen Zeiten hätten die Männer nach einem so mageren Fang befürchtet, daß ihr Fischfanggerät vielleicht verhext worden sei, und sie hätten sich an ihre Seher und «Sir Geist» um Hilfe gewandt.

Die Einwohner von Pere Village haben nach und nach eine große Anzahl von Außenbordmotoren angeschafft – die Rolls und Ted zählten einmal siebzig, von denen nur noch zehn funktionierten, denn weder Mechaniker noch die zur Instandhaltung nötigen Kenntnisse sind verfügbar. Wie die Leute das sehen, gehören die Kosten für die Motoren eigentlich nicht zur Wirtschaftlichkeit der Fischerei, denn solche Kapitalausgaben kommen gewöhnlich aus den Gehältern der ausgebildeten jungen Leute, die außerhalb des Dorfes arbeiten, überall in Neuguinea, viele als Beamte, so daß ein Großteil ihrer Gehälter aus Geldern der Auslandshilfe kommt. Der steigende Treibstoffpreis, der zu den täglichen laufenden Ausgaben gehört, wird früher oder später jedoch mit dem Wert des Fanges in Beziehung gesetzt werden, außerdem könnte Verfügbarkeit ein Problem werden, zumal schon die Treibstofflieferung an weit abgelegene Dörfer teuer ist.

1953 bestanden durchaus berechtigte Hoffnungen, daß die Manus mit Hilfe der neuen Einstellungen und sozialen Institutionen ihre Gemeinden entwickeln und ihre Fertigkeiten wirtschaftlich effektiv nutzen könnten, so daß sich die materielle Basis ihres Lebens radikal verändern würde. Das waren die Jahre der Entwicklungsphase der Vereinten Nationen, als man erwartete, daß die ganze Welt nicht nur an den symbolischen Systemen, sondern auch am wirtschaftlichen Reichtum des Westens teilhaben würde. Während ich die Fischer mit jener Skepsis gegenüber ökonomischer Entwicklung betrachtete, die ich in den siebziger Jahren nicht zuletzt von Gregory gelernt hatte, schien es mir, daß Paliaus Modernisierungsprogramm ökonomisch auf ähnlich tönernen Füßen stand wie die bizarrsten Formen des Kargokultes. Es ist ebenso unwahrscheinlich, daß die Erde endlos wachsenden Konsum von immer mehr Menschen ermöglichen kann, wie die Annahme, daß die Geister der Toten ihren Nachkommen den Reichtum direkt an die Tür liefern werden.

Meine Mutter war fasziniert von dem Gedanken, daß es im Grunde genug für alle Menschen gibt; die Hoffnung auf ein Huhn in jedem Topf war ein Leitmotiv der Depressionszeit, und als der Verkauf von Hühnchenteilen ‹erfunden› wurde, glaubte sie, daß menschliche Erfindungskraft es schaffen würde, jedem Kind ein Hühnerbein und jedem Menschen einen Anteil am Wohlstand zu geben. Weder in Pere noch anderswo in der Welt haben sich alle ihre Hoffnungen erfüllt. Und doch . . . und doch . . . trotz wirtschaftlicher Probleme ist Pere heute vitaler als Tausende von anderen Dörfern, die allmählich von einem äußerlichen Wohlstand abhängig wurden; es ist eine Gemeinschaft von Menschen mit einem sehr stabilen Selbstwertgefühl und dem Vertrauen in die Fähigkeit, eigene Entscheidungen zu treffen. Margaret und Reo hatten das alte Pere als rauhen, trotz seiner tropischen Inselschönheit eher düsteren Ort beschrieben, während die Atmosphäre dort heute wärmer und entspannter ist; Männer und Frauen arbeiten kameradschaftlich zusammen, und die Menschen sind von ihren starren traditionellen Rollen und belastenden Verpflichtungen befreit.

Immer wieder mußte ich darüber nachdenken, wie meine Mutter die Geschichte dieses Dorfes interpretiert hatte, und ich grübelte über die Paliau-Bewegung und die Belastungen, denen die Menschen unterworfen wurden, um gesellschaftliche Veränderungen zu verstehen. Das Bild, das meine Mutter gezeichnet hatte, ist zu klar und optimistisch im Vergleich zur Realität, und doch ist die Realität beeindruckend. Wie so oft, wenn ich heute ihr Werk betrachte, scheint mir, daß sie recht und unrecht zugleich hatte – recht vor allem in ihrem Wissen darum, daß es einen gewissen Spielraum gibt, innerhalb dessen eine Gemeinde über ihre Zukunft selbst entscheiden kann. Solche Entscheidungen werden zwar immer ambivalent sein und der Erfolg niemals vollständig, aber die Bejahung des Möglichen ist sicher die beste Startposition.

Am Tag vor unserer Abreise machte Paliau persönlich einen Besuch bei uns. Wegen der geteilten Meinungen im Dorf durfte Paliau das Gemeindezentrum nicht benutzen und hielt seine Versammlungen schließlich unter freiem Himmel ab. Er kam in weißer, westlicher Kleidung und sprach mit Ted ein oder zwei Stunden lang über seine neue Theologie, überrascht, daß Ted keine Verständnisschwierigkeiten mit dem komplizierten Gedanken hatte, daß Wing nichts Böses sieht, Wang nichts Böses hört und Wong nichts Böses spricht. Dann stellten seine Anhänger im Schatten des Baobab-Baumes am Haus der Rolls einen Tisch auf, auf dem er Fotografien von sich selbst, Wahlkampfbroschüren und seine Orden des Britischen Empire zur Schau stellte.

Seltsam geschrumpft im Vergleich zu der Gestalt, von der ich so lange gehört hatte, hielt er, vor dem Gemeindezentrum stehend, eine Rede, während eine Truppe seiner Anhänger vom östlichen Ende des Dorfes anmarschierte und Hymnen der neuen Theologie sang, um dann in Paradeformation in der Sonne strammzustehen, während er über die Geschichte des *nupela pasin*, seine Gespräche mit meiner Mutter und seine neuesten religiösen Ideen sprach. Diejenigen, die sich nicht als seine Anhänger betrachteten, waren dennoch dabei, schauten und hörten zu, während sie bequem am Rand im Schatten saßen.

Am Nachmittag erschienen Paliau und seine Frau Teresia, die in einem der Häuser geruht hatte, in traditioneller Tracht, beide sichtlich wenig begeistert, besonders Teresia schien die Sache langweilig und peinlich zu sein. Später, als es dunkel wurde, begann sich eine Versammlung unter dem uralten Baum zusammenzufinden, während wir von der Veranda aus zuhörten. Die Form war parlamentarisch, und es wurde ein Vorsitzender gewählt, aber der Zweck der Versammlung war so unklar wie Paliaus Rolle. Einige waren der Ansicht, dies sei eine Gelegenheit, sich mit den regulären Angelegenheiten des Dorfes zu befassen, aber J. K.s Sohn Selan, der vor einigen Jahren in einem psychotischen Anfall seine Frau ermordet hatte und sich heute mit einem Clownsclub und mit Religion beschäftigt, stand auf und erklärte, das Dorf solle jetzt einstimmig entscheiden, ob es an die «Studiengruppe» oder an das «Rote Buch» glaube, also an die alte oder die neue Version der Kirche Paliaus.

Peranis Tanno, der jahrelang eine führende Persönlichkeit in Manus gewesen war, erhob sich und richtete eine bittere Rede an Paliau, in der er die Unterstützung der Einwohner von Pere in den frühen Jahren der Paliau-Bewegung noch einmal verdeutlichte und ihn dann dafür schalt, daß er der Eröffnung des Gemeindezentrums nicht beigewohnt hatte. Paliaus letzter Besuch im Dorf war vier Jahre her, und in dieser Zeit verringerte sich seine Anhängerschaft auf weniger als ein Drittel der Gemeinde. Eine Rede folgte der anderen. Paliau wies jede Kritik zurück, bis jemand Vertagung vorschlug.

Im Schatten des großen Baumes hatte sich allmählich Dunkelheit über die Versammlung gelegt, obgleich der Mond über dem Wasser schien. Auf einmal sprang Selan auf, prangerte die Versammlung und das Dorf an, die Kirche, die Rolls – seine Stimme klang plötzlich rauh, angespannt und wahnsinnig und erfüllte die Dunkelheit mit Flüchen und Drohungen. Ein Mann in der Menge rief ihm zu: «Na komm, Selan, wie wär's denn mal mit deiner komischen Gruppe?» Andere schlossen sich an, und irgendwie wurde er dazu überredet, seine Harmonika hervorzuholen. Einer stand auf und führte einen komischen Tanz für ihn auf. Noch einmal fiel er ins Drohen und Verfluchen zurück, und wieder wurde er überredet, den Clown zu spielen, und dann brachte ihn eine Gruppe von Männern zu seinem Haus zurück und stellte dort einen Wachtposten für die Nacht auf, während die anderen Dorfbewohner sich verliefen, wissend, daß Selan in der Vergangenheit einmal getötet hatte.

Am nächsten Tag verließen wir dieses Dorf, das immer noch gefährlich nahe am Rand der modernen Welt balanciert, ein kleiner Ort, der als Beispiel für kulturellen Wandel in vielgelesenen Publikationen dargestellt wird, aber auch ein Ort, der singen konnte: «They say Pere is your village and brother to New York.» (Man sagt, Pere sei dein Dorf und New Yorks Bruder.)

11

# Teilnehmende Beobachter

Gregory und Margaret verbanden beide ihr Bemühen um das Verständnis biologischer und gesellschaftlicher Prozesse mit dem Bemühen um Selbsterkenntnis. Sie schöpften beide aus einer Vielfalt möglicher Erkenntnis- und Denkformen; sie waren fasziniert von der Natur des Lernens und brachten Sorgfalt und Eleganz in den Akt des Lehrens ein. Es ist kein Zufall, daß Margaret am Sepik, wo sie mit der Vielfalt in sich selbst und ihren Arten der Liebe rang, die Gegensätze zwischen drei Völkern Neuguineas beschrieb, die sich sehr unterschiedlich mit dem Männlichen und dem Weiblichen, mit Selbstbehauptung und Kreativität auseinandersetzten. Und Margarets Enthusiasmus über den Neuanfang der Manus nach dem Zweiten Weltkrieg ist nicht zufällig, sondern Ergebnis ihrer Entscheidung, sich erneut an die Feldforschung zu machen und die Verbindungslinien zu ziehen zwischen ihren Vorkriegsstudien über präliterarische Gemeinschaften und den Kriegsstudien über komplexe moderne Gesellschaften, die ohne den intimen Kontakt der Feldforschung zustande gekommen waren. Auch sie machte einen Neuanfang.

Auch für Gregory existierte eine ständige Beziehung zwischen persönlichem und professionellem Verstehen. Ständig war er auf der Suche nach abstrakten Modellen, vermittels derer sich formale Ähnlichkeiten untersuchen ließen. Nach dem Krieg hatte Gregory sowohl als Patient mit der Psychiatrie zu tun wie auch als Erforscher therapeutischer Abläufe. Das gleiche Jahrzehnt, das mit seiner Rebellion gegen Margaret begonnen hatte – einer Rebellion, die stark von Ressentiments gegen seine Familie, insbesondere seine Mutter, gefärbt war –, endete mit einer Analyse der Kommunikationsmuster in den Familien von Schizophrenen, die vor allem eine Analyse der Mutterrolle war.

Diese Parallelitäten zwischen dem Persönlichen und Professionellen sind Quellen der Einsicht und des Irrtums zugleich. Fehler und Verzerrungen werden weniger dadurch vermieden, daß man eine Wand zwischen Beobachter und Beobachtetem aufzubauen versucht, sondern eher dadurch, daß man den Beobachter im Auge behält – sich selbst nämlich – und sich die persönliche Befangenheit bewußtmacht. Das kann man zum Teil schon während der Arbeit tun und mehr noch im Rückblick. Man träumt, man phantasiert, man überlagert und vergleicht Vorstellungen, man läßt die eigenen Gefühle zu und versucht sie dann in Worte zu fassen. Dann schaut man sich die Aufzeichnungen an, um herauszufinden, wie Beobachtung und Deutung von persönlichen Faktoren beeinflußt worden sind. Um durch eine Linse sehen zu können, ist es wichtig, die Eigenschaften der Linse zu kennen. Das ist das wissenschaftliche Ziel biographischer Arbeiten über Sozialwissenschaftler.

In der Anthropologie wird die Beziehung zwischen Beobachter und Beobachtungsobjekt dadurch kompliziert, daß man sich ständig zwischen zwei miteinander im Konflikt stehenden Impulsen hin- und herbewegt; einem Impuls zur Nähe und einem Impuls zur Distanz, dem Wunsch, die Heimat zu verlassen, und dem Wunsch, sich am Ende der Reise selbst zu entdecken; in reiche, fremde Welten hinauszuziehen und darin das Gewöhnliche zu entdecken, es aufzuzeichnen und, was anfangs exotisch schien, zu erklären. Anthropologen sind letztlich keine Romantiker.

Gregorys Entschluß, sich der Anthropologie zuzuwenden, war zugleich ein Sich-Fügen in die Familientradition und Rebellion – eine Möglichkeit, nicht nur räumlich von zu Hause wegzukommen. Er wechselte von der Biologie zur Anthropologie über und fand da ein Gebiet, auf dem es nur wenige analytische Modelle gab, die sämtlich äußerst lückenhaft waren: Man konnte anfangen, gesellschaftliche Organisationen zu beschreiben; man konnte untersuchen, auf welche Weise die verschiedenen Bräuche den Bedürfnissen von Lebensunterhalt und Anpassung gerecht wurden; und man konnte Mythen und Gebräuche sammeln und diese sortieren und vergleichen. In Cambridge war Anthropologie immer noch weitgehend ein Zweig der Naturgeschichte, wobei das Hauptgewicht auf der Beschreibung lag. Vierzig Jahre lang mühte sich Gregory mit der Frage ab, wie man die Anthropologie mit dem klaren, straffen Ideengerüst untermauern könnte, das sie zu einer echten Wissenschaft machen würde.

Meine eigene Wahrnehmung von Gregory als Wissenschaftler wurzelte ebenfalls in der Naturgeschichte, so wie er es als Kind gelernt hatte, naturwissenschaftlich zu denken. Sein Vater, William Bateson, war ein berühmter Genetiker. Er erwartete von all seinen Söhnen, daß sie die Künste schätzten, ihren Lebensbeitrag aber in den Wissenschaften leisten würden. Die gesamte Last familiärer Erwartungen fiel nach dem Tod seiner beiden Brüder auf Gregory. John, der älteste, war im Ersten Weltkrieg gefallen; diesem Verlust folgte der schockierend öffentliche Selbstmord des mittleren Bruders, Martin, an Johns Geburtstag. Die zwei älteren hatten Gregory in die Naturgeschichte eingeführt wie Gregory später mich; und John schrieb vor seinem Tod aus dem Schützengraben von den Vögeln und Insekten, die irgendwie überlebten und über das Schlachtfeld flogen. Noch während seiner Schulzeit hatte Martin seinem Vater erklärt, daß er wahrscheinlich kein Naturwissenschaftler werden würde, und er hatte begonnen, mit Lyrik und Drama zu experimentieren, was ihm freilich nur Entmutigung und Skepsis von seiten der Eltern einbrachte. Seiner Mutter hatte er geschrieben: «Mein größter Ehrgeiz ist es, Gedichte zu schreiben. Aber ich weiß, das kann ich nicht, es sei denn, einiges von dem, was ich bereits geschrieben habe, verdiente schon diesen Namen. Ich könnte ein bescheidener Wissenschaftler sein; aber wenn ich dichte, muß ich führend sein . . .» Nach Martins Tod schrieb William einen langen Brief an Gregory, in dem er ihn beschwor, Trost in der Hingabe an wissenschaftliche Arbeit zu finden:

> Der Glaube an ein großes Werk ist für mich etwas, das einer Religion noch am nächsten kommt, und er schenkt das, was religiöse Menschen im Aberglauben finden. Natürlich gibt es große Werke, die nicht zur Naturwissenschaft gehören, große Kunst zum Beispiel ist vielleicht noch größer, aber die ist den Ausnahmen vorbehalten und kaum innerhalb der Reichweite von Menschen wie uns. Ich bin sicher, die Natur-

wissenschaft kommt gleich danach, und die liegt durchaus innerhalb unserer Reichweite, zumindest innerhalb deiner, da bin ich sicher. Es war nur, weil ich bei Martin nie den wirklichen Funken der Kunst erkennen konnte, daß mich die Änderung seiner Pläne so beunruhigt hat.

Es besteht da eine merkwürdige Ähnlichkeit zwischen dieser Korrespondenz und Margarets eigenen Träumen über das Gedichteschreiben, das sie, dank ihrer Collegefreundschaft mit der Dichterin Leonie Adams, schließlich doch nur als Freizeitbeschäftigung betrachtete: «Ohne sie hätte ich mir vielleicht viel länger vorgemacht, daß ein kleines Talent eine echte Begabung sei . . . Damals schien es mir – und das gilt heute noch –, daß es bei naturwissenschaftlicher Arbeit Raum für viele Rangunterschiede und viele Arten von Begabung gibt.» So stand auch für sie die Naturwissenschaft im Kontrast zur Kunst.

Als Gregory sich entschloß, zur Anthropologie überzuwechseln, beschrieb er diesen Prozeß als Wechsel «von der gewöhnlichen, unpersönlichen Wissenschaft» zu «einem eher persönlichen Zweig der Wissenschaft, wo ich möglicherweise einige Wurzeln schlagen könnte»; ein Zweig, der ihm «persönliche Inspiration» geben könnte, an der es ihm seiner Ansicht nach mangelte. Sein Brief scheint fast anzudeuten, daß die Anthropologie den Platz eines Kompromisses einnahm, in dem die Gegensätze zwischen Naturwissenschaft und Kunst sich aufheben ließen. Die Themen Kunst und Wissenschaft vermischen sich in seinem gesamten Werk auf merkwürdige Weise.

Vermutlich ist die Anthropologie die persönlichste der Sozialwissenschaften, denn die äußeren Umstände der Forschung sind häufig so, daß es unmöglich ist, Raum und Zeit zu trennen oder von einer persönlichen auf eine unpersönliche Arbeitsweise umzuschlagen. Margaret und Gregory entwickelten beide einen Stil, zu dem es gehörte, daß sie Beobachtungsmaterial – wie reichhaltig und verwirrend es zunächst auch scheinen mochte – in der Erwartung sammelten, daß sie früher oder später einen Erkenntnisstand erreichen würden, wo die Dinge «sinnvoll» erscheinen und die Teilchen den richtigen Platz im Puzzle finden würden. Auf der Suche nach solchen Augenblicken der Einsicht beschäftigten sie sich mit dem

Zusammenhang von wiederkehrenden Elementen innerhalb der Kultur, die sie vor sich hatten, und mit ihrer persönlichen Reaktion.

Es ist ein ästhetischer Prozeß, bei dem man nach Resonanzen zwischen dem Inneren und dem Äußeren lauscht. So arbeiten Dichter, wenn die Rundung eines Blattes die Bedeutung eines vergangenen Augenblicks heraufbeschwört. So arbeiten Therapeuten, wenn sie sich zwischen der eigenen Aufgabe der Selbsterkenntnis und der Aufgabe, den Patienten zu verstehen, hin und her bewegen, wohl wissend, daß es ohne doppelte Einsicht überhaupt keine Einsichten gibt. Ich habe dieses Bemühen darum, bewußt zu werden und systematisch aus inneren Prozessen zu schöpfen, immer so gesehen, wie Erik Erikson die klinische Methode beschreibt – nämlich als «disziplinierte Subjektivität».

In der Anthropologie kann man gewöhnlich nicht voraussagen, auf welche Details man besonders achten muß, weil sie später wichtig sein werden. Ganz besonders war das der Fall in den zwanziger und dreißiger Jahren, als den Anthropologen nur wenige theoretische Modelle zur Verfügung standen und sie häufig in noch gänzlich unerforschten Gesellschaften arbeiteten. Man muß allen Daten gegenüber sehr offen sein, muß der Möglichkeit Raum geben, daß winzige Hinweise entscheidend sein und Zufälle zentrale Erkenntnisse vermitteln können. Man zieht hinaus in der Erwartung, zumindest Naturgeschichte zu betreiben, wie das die drei Bateson-Brüder mit ihren Schmetterlingsnetzen und Sammlerboxen in Gregorys Kindheit machten. Man hat vielleicht ein paar bestimmte Sammlerziele im Kopf, aber auf jeden Fall achtet man auf alles, was man sieht, ständig bereit, auf das Unerwartete zu stoßen, zum Beispiel auf einen Käfer, den der kleine Gregory in einer ausgehöhlten Ulme fand und der so selten war, daß John darüber einen Bericht veröffentlichte.

Im Gegensatz dazu ist die Aufmerksamkeit des Beobachters bei vielen Arten psychologischer Forschung äußerst spezifisch, und er wird nur ganz bestimmte, ausgewählte Daten aufzeichnen. Auch die Daten eines Soziologen sind häufig durch die vorausgehende Fragestellung strukturiert. Doch in anthropologischer Feldforschung – selbst wenn man Antworten auf bestimmte Fragen sucht und gewisse Erwartungen über das Funktionieren einer Gesellschaft in sich trägt – muß man bereit sein, die Aufmerksamkeit von einem

Brennpunkt auf den anderen zu richten, je nachdem, was einem in den Weg kommt, man muß nach Hinweisen auf bestimmte Muster suchen, ohne zu wissen, was wichtig sein wird oder auf welche Weise die eigene Aufmerksamkeit und Reaktionsfähigkeit bereits vorgeformt ist. Margaret hat sich jahrelang gegen die Bemühungen öffentlicher Geldgeber ausgesprochen, die anthropologische Forschung in das Prokrustesbett der laborzentrierten Überprüfung von Hypothesen zu zwängen, was immer eine Einengung der Beobachtungsfähigkeit zur Folge hat.

Aufmerksamkeit. Als Kind lernte ich, beim Wandern vierblättrige Kleeblätter zu finden. Ein vierblättriges Kleeblatt ist die Unterbrechung eines Musters, eine leichte Dissonanz, die man nur sehen kann, wenn man sich der geordneten Konfiguration im Gras bewußt ist. Die gleiche Art von strukturierter Aufmerksamkeit muß es gewesen sein, die es meinem Vater so oft ermöglichte, einen kreisenden Falken oder eine Gottesanbeterin oder eine bewegungslos an einer Baumrinde hängende Motte wahrzunehmen und darauf hinzuweisen. Man lernt, nach Harmonie und Dissonanz auszuschauen. Auch in der Ethnographie beobachtet man die Menschen um einen herum, um herauszufinden, was sie als gewöhnlich oder als ungewöhnlich betrachten; dann überprüft man die eigenen Reaktionen, weil man ja eigene Vorurteile und Erwartungen mitbringt. Und dann, wenn man Ethnographie oder Naturgeschichte betreibt, zeichnet man genau auf, was die eigene Aufmerksamkeit einem zu sehen erlaubt hat, wohl wissend, daß man nicht alles sehen wird und daß andere die Dinge anders sehen werden.

Was man bei der Annäherung an eine neue Kultur sucht, ist nicht so konkret wie ein Käfer oder ein vierblättriges Kleeblatt, aber die Suche nach Ordnung und Dissonanz ist die gleiche. Auf der untersten Ebene sucht man nach Regelmäßigkeit in Verhaltensweisen, aber weil man Außenseiter ist, kennt man ja nicht das Gerüst von gegenseitiger Verständlichkeit und Vorhersehbarkeit, das den anderen geläufig ist. Um in einem Dorf zu leben, muß man mit Hunderten von Details vertraut sein – wer ist wer, wer lebt wo, wann essen und wann schlafen die Leute, und selbst derlei kann schon schwer zu erfassen sein. Bei seiner ersten Feldforschung unter den Baining von New Britain fand Gregory, daß ein System von Regeln, das festlegte, wer wen mit welchem Namen ruft – und welche Namen überhaupt nicht ausgesprochen werden dürfen –, es ihm nahezu unmöglich machte, die Beziehungen der Menschen zueinander zu erfassen. Da er nicht wußte, was er zu erwarten hatte, verpaßte er wichtige Zeremonien – manchmal, weil er absichtlich irregeführt wurde, und manchmal, weil er völlig ahnungslos gewesen war.

Zum Glück hängen Details, die zunächst so chaotisch scheinen, am Ende doch zusammen. Es war Ruth, die Anthropologen beibrachte, über den fast ästhetischen Zusammenhang zwischen kulturellen Details nachzudenken, einen Schritt weiterzugehen als die Frage, wie sich alles zusammenfügt, um die Bedürfnisse von Überleben und Anpassung zu erfüllen. Hat man erst einmal ein Gefühl für kulturellen Stil entwickelt, dann macht es die Suche nach Zusammenhang und Parallelismen möglich, Querverbindungen zwischen verschiedenen Aspekten von Verhaltensweisen zu sehen. Man merkt zum Beispiel, daß die Balinesen dauernd und öffentlich Kleinigkeiten zu sich nehmen – aber das sind hauptsächlich Getränke, während feste Lebensmittel beinahe ängstlich vorbereitet und versteckt, mit dem Gesicht zur Wand, eingenommen werden –, und stellt in Gedanken die Verbindung her mit dem Kontrast zwischen der völlig lässigen Offenheit, mit der man uriniert, und der Geheimniskrämerei bei der Darmentleerung. Man bemerkt, wie das Spiel von Mutter und Kind plötzlich unterbrochen wird und die Mutter leer in die Luft starrt, und vergleicht diese ‹Leere› mit dem plötzlichen Übergang in den Trancezustand bei den Tänzerinnen. Man entdeckt, daß das weiße Tuch, das die Hexe bei ihrem Tanz benutzt, das Tragetuch eines Babys ist, und man beginnt, nach weiteren Parallelismen zwischen Mutter und Hexe zu suchen.

Häufig ist eine Dissonanz, die Durchbrechung eines Musters, das man zu erwarten gelernt hat, Schlüssel zu einem größeren Muster, wie etwa die Routinen des Alltags durch ein Kalenderfest unterbrochen werden; aber Kultur liefert auch das Bedeutungssystem für die Reaktion auf das Unerwartete. Es gibt keine kulturellen Regeln, die eine Psychose voraussagen, aber tatsächlich arbeiten sowohl das geisteskranke Individuum als auch jene, die auf diesen Menschen eingehen müssen, mit kulturell vorgegebenem Material. In der Anthropologie hat man im allgemeinen damit zu tun, das Normale und Gewöhnliche in einer anderen Gesellschaft zu entdecken; aber was immer in der sich herauskristallisierenden Ordnung als abweichend scheint, kann möglicherweise einen Hinweis geben – und dazu gehören auch Dinge, die Furcht oder Unbehagen einflößen.

Margaret betonte immer, wie wichtig es war, erste Eindrücke aufzuzeichnen und diese ersten paar Seiten mit Notizen auch aufzuheben, statt sie mit dem Hochmut späteren Besserwissens wegzuwerfen; denn das erfahrene Auge hat seine eigene Blindheit, wenn es beginnt, das ursprünglich Bizarre als das Normale zu betrachten. Wenn dir irgend etwas einfällt, sagte sie, *schreib es auf*. Behalte einen Durchschlag von jedem Brief und jeder Notiz und schick die Kopien mit getrennten Schiffen nach Hause. *Datiere* jeden Papierfetzen, auf dem du schreibst. Hamstere die Aufzeichnungen deiner Fragen und Fehler, denn ein Nachhaken hier oder da kann möglicherweise zu Erkenntnissen führen.

Margaret und Gregory haben die Anthropologie in bezug auf die Aufzeichnung ethnographischer Details einen großen Schritt weitergebracht, indem sie ganz neue Methoden für den Gebrauch von Film und Fotografie entwickelten. Sie beschäftigten sich intensiv mit Dokumentation und mit der Frage, wie man die Feldforschung wissenschaftlicher machen könnte. Während seiner frühen Feldforschungsarbeit hatte es für Gregory lange Perioden der Unsicherheit darüber gegeben, was er aufzeichnete – und warum; und Margaret war in bezug auf ihre früheren Bücher von Leuten kritisiert worden, die in Frage stellten, daß sie soviel Material überhaupt hatte verarbeiten können, so daß am Ende alles fein säuberlich zusammenpaßte. Sie war eine der ersten Anthropologen, die ihre Studenten praktisch auf die Arbeit im Feld vorbereitete und sie tatsächlich verwendbare Methoden lehrte.

Ideen, die in den dreißiger Jahren aus der Psychoanalyse in die Anthropologie hineingetragen wurden, bestärkten die Suche nach Kongruenz. Die Theorie, mit der sich Margaret und Gregory auf den Weg nach Bali machten – nämlich die Beziehung zwischen frühkindlicher Erfahrung und Charakter des Erwachsenen sowie dem Ausdruck von Charakter in den Künsten und Ritualen –, führte sie auf die Suche nach bestimmten, immer wiederkehrenden Mustern. Sehr schnell waren sie davon überzeugt, daß der Schlüssel zur balinesischen Kultur darin lag, wie sie mit Gipfelpunkten emotionaler Intensität, wo auf Erregung die Frustration folgt, fertig wurden; und sie machten sich daran, dies zu dokumentieren – und zwar verschwenderischer und eleganter, als das je zuvor gemacht worden war, mit Tausenden von Fotografien. Diese Abfolge – vom Gefühl der Einsicht bis zur ganz großen Dokumentation – ist ein Prozeß, in dem ein Moment der Erkenntnis der anschließenden aufmerksamen Beobachtung Form und Richtung gibt.

Margaret rang um diesen Moment der Erkenntnis und glaubte, daß die Grenzen der Methode durch immer bessere Methoden der Beobachtung und Aufzeichnung überschritten werden würden, so daß wiederholte Analysen auch verschiedene Interpretationen ermöglichen würden. Für Gregory war es unbefriedigend, wenn sich eine Erkenntnis nur auf eine einzige Kultur bezog, und er bemühte sich um ein formales, deduktives Beschreibungsgerüst, in das man dann spezifische Einsichten eintragen konnte. Jahre später, als Margaret sich mit Studien einer Reihe von europäischen Kulturen befaßte, nannte er ihre Methode einmal *«culture cracking»* (Kulturknacken).

Als meine Gespräche mit Gregory die Naturgeschichte hinter sich gelassen und seinen eigenen intellektuellen Ansprüchen nähergerückt waren, meinte er, nun das intellektuelle Werkzeug zur Verfügung zu haben, das eine echte Wissenschaft des menschlichen Verhaltens ermöglichen würde, insbesondere die *Theorie Logischer Typen* und die Kybernetik. Auf diese konnte er die Schlüsselideen übertragen, die er in seiner Erforschung der Iatmul und Balinesen und in seiner Arbeit während der frühen Kriegsjahre entwickelt hatte. Die neue Thematik, der er sich nach Beendigung seiner Analyse bei Elisabeth Hellersberg zuwenden würde, sollte die Psychotherapie sein, angefangen mit einer Zusammenarbeit mit Jurgen Ruesch, aus der das Buch *‹Communication: The Social Matrix of Psychiatry›* hervorging, und fortgeführt mit der Entwicklung von Theorien zur Schizophrenie als einer durch Verzerrungen der Kommunikation innerhalb der Familie verursachten Störung. Während dieser Jahre brachte es Gregory mit seinem intellektuellen Stil zuwege, daß er eine Forschungsgruppe unmittelbar an das heranführte, was als wesentliche Einsicht in die Ursachen der Schizophrenie und für ihre Behandlung gilt, und sich dann von dieser Forschung zurückzog, weil er die veränderten Methoden ablehnte, die mit der Institutionalisierung einhergingen: wachsende Betonung therapeutischer Ergebnisse und empirischer anstatt logischer Demonstration.

Gregory hatte ziemlich früh begonnen, mich mit den *Logischen Typen* bekanntzumachen – ich bringe diese Theorie mit einem Picknick im Central Park zusammen. Er nahm einen Kuli und erklärte mir, dies sei etwas, womit man schreiben oder das man in die Tasche stecken könne. Dann stellte er die Kategorie Kulis auf und führte aus, daß diese kein Kuli ist: Man kann damit nicht schreiben und sie nicht in die Tasche stecken. Dann stellte er eine Kategorie ‹Nicht-Kulis› auf, die offensichtlich solche Dinge wie Bleistifte und Stäbchen einschließt ... und Automobile und Leute ... und die Kategorie der ‹Nicht-Kulis› selbst. Schließlich kann man zwei neue Kategorien konstruieren: Die Kategorie aller Kategorien, die sich selbst einschließen (wie die Kategorie der ‹Nicht-Kulis›), und die Kategorie aller Kategorien, die sich *nicht* selbst einschließen (wie die Kategorie der ‹Nicht-Kulis›). Das scheint noch harmlos, bis man eine Kategorie der Kategorien aufstellt, und dann ist man plötzlich völlig in Widersprüche verstrickt, die sich nur dadurch lösen lassen, daß man systematisch die logischen Schichten differenziert, so daß erkennbar wird, daß das Wort *Kategorie* dieselbe Bedeutung in «Kategorie der Kategorien» hat, die es in «Kategorie der Kulis» besaß. Wenn Sozialwissenschaftler diese Schichten nicht durcheinanderbrächten, würden sie kaum solche Phrasen benutzen wie «die Gesellschaft zwingt das Individuum» oder «die Geschichte lehrt», denn beides ist ebensowenig möglich, wie es für die Kategorie der Kulis möglich ist zu schreiben.

Wenn Botschaften auf verschiedenen Ebenen angesiedelt sind, kann eine Botschaft auf mehreren Ebenen funktionieren, ebenso wie eine Kategorie eine andere beinhalten kann, wobei noch komplexere Beziehungen als doppelte Negationen herauskommen. Gregory behauptete, daß dies in der Kommunikation der Säugetiere ständig vorkommt. Die Botschaft «Ich bin drauf und dran, dich anzugreifen» kann von einer anderen Botschaft eingerahmt sein, die besagt: «Dies ist nur Spiel», oder von der Botschaft: «Ich bin deine Mutter» – zu einem Kind gesprochen und modifiziert durch eine Botschaft in Haltung oder Ton –, die Ablehnung vermittelt.

Wenn zwei auf der gleichen Kommunikationsebene übermittelte Botschaften einander widersprechen, ist es relativ einfach, beide in der Schwebe zu halten, den Widerspruch zu bemerken oder eine Seite abzulehnen. Zumindest unter uns Säugetieren, behauptete Gregory, gibt es immer einen Rahmen, der eine «Meta-Botschaft» irgendeiner Art vermittelt, eine Botschaft über die Botschaft. Es gibt keine Möglichkeit der Kommunikation, die ohne Kontext und logisch flach ist.

Schizophrene sind häufig nicht fähig, Mitteilungen in Botschaft und Meta-Botschaften zu zerlegen – also den Unterschied zwischen Spiel und Drohung oder Bericht und Versprechen zu erkennen oder das Metaphorische vom Wörtlichen zu unterscheiden. In seiner Arbeit mit schizophrenen Patienten ging Gregory davon aus, daß ihre Verständigungsformen nicht unsinnig oder verwirrt waren, sondern einen Fehler in der logischen Struktur enthielten. Es ist jedoch entscheidend, daß die logische Struktur einer wechselseitigen Handlung nicht nur auf eine Person oder einen Augenblick beschränkt bleibt. Gregory sprach häufig über die Tatsache, daß ein auf analogische Kommunikation beschränkter Organismus – einer, der beispielsweise nur eine Botschaft darstellt – keine Negation aussenden kann: Man kann die Botschaft «Ich bin im Begriff, anzugreifen» aussenden, aber nicht die Botschaft «Ich bin nicht im Begriff, anzugreifen». Statt dessen müßte man die Botschaft der Drohung aussenden und sie dann negieren, vielleicht durch eine Meta-Botschaft, die besagt: «Dies ist nur Spiel.» Der Kontext der Kommunikation, der Rahmen, bezieht den Therapeuten oder die Familie des Patienten mit ein – nach einiger Zeit sowohl Therapeuten als auch Familie.

Als Gregory nach dem Krieg zum erstenmal auf die Theorie Logischer Typen stieß, gewann er das Werkzeug, das nahezu all seinen späteren Arbeiten zugrunde lag; und doch scheint mir, daß er es bereits in seinen Diskussionen über das Lernen vorweggenommen hatte, als er an einer Unterscheidung zwischen «Lernen» und «Lernen lernen» arbeitete. Während Versuchstiere die ihnen von Psychologen auf der «Lern»-Ebene gestellten Aufgaben lösen, lernen sie zugleich einiges über die Versuchsleiter und über Variationen von Lernexperimenten, so daß möglicherweise ihre Effizienz größer wird, weil sie gelernt haben zu lernen. Und damit sind wir unmittelbar mit Abstraktionsebenen konfrontiert und können fortan über noch höhere Ebenen nachdenken.

Wenn ich als Kind aus meinem Souterrainzimmer die Treppe hinaufstieg, obwohl ich längst hätte schlafen sollen, und über die «bösen Gedanken» klagte, die mich wach hielten, rieten mir die Erwachsenen, wieder ins Bett zu gehen und an etwas Schönes zu denken, vielleicht an einen schönen Garten. «Aber ich kann nicht gleichzeitig an gefährliche Ungeheuer und Rosengärten denken.» – «Nein, das kannst du nicht – du kannst nicht zwei Gedanken gleichzeitig denken.» – «Also», sagte ich triumphierend und benutzte damit ein Argument, das Margaret und Gregory unerklärlich amüsant fanden, «ich kann aber *denken, daß ich an Ungeheuer und Rosen denke*; das ist bloß ein einziger Gedanke, und der hält mich trotzdem wach!» Es war die Theorie des Lernen-Lernens, die Gregory benutzte, um die Entwicklung von alles durchdringenden Verhaltensmustern zu erklären, denn das ist der Prozeß, durch den Grundvoraussetzungen für Erfahrung geschaffen werden – wie andere motiviert werden, wie die Welt ist, was für ein Grad von Freiheit oder Zwang sie charakterisiert. Einzelne widersprüchliche Erfahrungen zerstören keine Voraussetzungen.

1964, als Gregory mit seiner Frau Lois nach St. Thomas gezogen war, um sich John Lillys Gruppe anzuschließen, die dort Delphine studierte, besuchten Barkev und ich sie in den Osterferien auf den Jungferninseln. Damals hatte ich gerade eine intensive ‹Forschungsreise› in die Episkopalische Kirche unternommen, eine Rückkehr zum Christentum, die schon auf der Universität begonnen hatte, und mein Vater brummelte und spottete und meinte, ich sollte mich schämen – jemand wie ich, der die stolze Tradition von drei Atheistengenerationen hinter sich habe! Wir stritten uns darüber, wie wir seinen Großvater William Henry Bateson einzuordnen hatten, einen Kirchenmann, der eine wesentliche Rolle bei der Abschaffung jener Regel gespielt hatte, nach der alle Dons in Cambridge Geistliche sein mußten. Das Argument dehnte sich aus und wurde zu einem jener Bateson-Gespräche am Frühstückstisch, die den größten Teil des Tages ausfüllen. Sieh mal, sagte er, das Problem mit dem Christentum ist, daß du zu keinem Menschen sagen kannst, «du *sollst* lieben». Das ist ein logischer Typ der dritten Ordnung, will sagen, es ist unverständlich, reiner Unsinn.

Ich machte mich daran, ein Demonstrationsmodell aufzubauen, das Gregory entwickelt und in späteren Jahren benutzt hatte: Wenn man sagt, die Japaner respektieren Männer, dann ist das bereits eine Behauptung der zweiten Ordnung, oder nicht? Nämlich eine Verallgemeinerung. Und wenn man sagt, sie respektieren Männer *mehr als* Frauen, dann geht das noch einen Schritt weiter, nicht? Und dann könnte man doch sagen, obwohl auch die Franzosen Männer mehr als Frauen respektieren, ist der Grad des unterschiedlichen Respekts für Männer und Frauen bei den Japanern größer als bei den Franzosen. Stimmt's? Völlig verständlich. Und dann könnte man weitergehen und die Beispiele von Kulturen erweitern und die Unvereinbarkeiten zwischen Unvereinbarkeiten vergleichen ... «Jetzt halt aber mal, Cap, du gebrauchst ja Wörter, die eine Vielzahl von Ebenen zusammenfassen, wie Disparität, Unvereinbarkeit. Das kannst du mit Abstraktionen machen, aber doch nicht mit Emotionen!»

Ganze zehn Jahre später wärmte Gregory ein Argument auf, das, so scheint mir, seinem Argument über Liebe in der Form sehr ähnlich war. Strafe kann nicht dazu benutzt werden, sagte er, Kriminalität zu verhindern oder auszulöschen. Strafe richtet sich auf Verbrechen und kann eine spezifische Handlung verhindern, aber nicht «Kriminalität», die von einer gelernten allgemeinen Voraussetzung über das Wesen der Handlung herrührt. Wenn du eine Ratte in eine Testsituation stellst, in der ihre Erkundungsgänge sie zu einem elektrischen Schock führen, wird sie den Ort, wo sie den Schock erhielt, meiden, nicht aber ihre Erkundungsgänge aufgeben – hat nicht schließlich die Entdeckung des Schocks den Wert der Erkundungsgänge noch verstärkt? Ähnlich mag ein bestrafter Krimineller eine bestimmte Verhaltensweise aufgeben und doch ermutigt sein, sich ein anderes Verbrechen auszudenken, bei dem er nicht erwischt wird. Ein Befehl, der eine bestimmte tugendhafte Handlung verfügt, ist etwas ganz anderes als ein Befehl zu lieben.

Gregory besaß eine Sammlung seiner liebsten anti-behavioristischen Geschichten, die er gern zum besten gab, und die meisten davon betonten das Versagen der Experimentalpsychologen, wenn es dazu kam, sich den Kontext anzusehen, ja, überhaupt über die allerniedrigste logische Ebene des Lernens hinauszusehen. Eine andere berichtet von einem Ratten-Forscher, biologisch kenntnisreicher als die meisten, der darüber nachdachte, daß Ratten in der freien Natur ja nicht in Labyrinthen leben, daß also Experimente mit Lernprozessen im Labyrinth nicht ihre Fähigkeit testen, echte Aufgaben zu lösen. Statt dessen schaffte der nachdenkliche Forscher ein Frettchen herbei, denn Frettchen jagen in der freien Natur in Kaninchenbauen, die Labyrinthen sehr ähnlich sind. Er legte also eine frische Kaninchenkeule in die ‹Belohnungskammer› und ließ das Frettchen los. Das Frettchen ging systematisch durch das Labyrinth, erforschte jede Sackgasse, bis es die Belohnungskammer fand, und fraß die Kaninchenkeule. Am nächsten Tag schickte der Experimentierer das Frettchen wieder los, um zu sehen, wie schnell es den Weg lernen würde. Wieder ging es systematisch jede Gasse entlang, bis es zu der kam, die zu der Belohnungskammer geführt hatte; aber da ging es nicht entlang – es hatte ja das Kaninchen gefressen. Was es im Rahmen dieses Lernexperimentes gelernt hatte, stand im Kontext seiner Vorstellungen darüber, wie die wirkliche Welt funktioniert. Ich fragte Gregory, wo das Experiment veröffentlicht worden sei, und er erwiderte, seines Wissens nach sei es überhaupt nicht veröffentlicht worden – man habe das Experiment als mißlungen betrachtet.

Mitte der sechziger Jahre verbrachte Gregory mehrere Jahre auf den Jungferninseln und später in Hawaii mit dem Studium der Kommunikation von Delphinen. Einmal hatte ich die Gelegenheit, mit Peter, einem jungen männlichen Delphin, ins Bassin zu gehen. Man weiß, daß Delphine sehr fürsorglich mit Menschen umgehen, sie vor dem Ertrinken retten und sie auch nicht angreifen, wenn sie von ihnen attackiert werden; und Gregory fand heraus, daß Menschen in Delphinen eine Erinnerung an Jungtiere wachrufen, und dementsprechend behandeln sie Menschen.

Sie behandeln sie in der Tat wie bemerkenswert dumme Jungtiere. Ich stieg also mit einem Schnorchel und eher mäßigen Schwimmkünsten ins Bassin und wartete ruhig darauf, daß der Delphin von selbst auf mich zukommen würde. Fast zwei Meter lang, sein riesiges, grinsendes Maul weit geöffnet, kam er quer durchs Bassin geschossen – um dann mit erstaunlicher Kontrolle zu bremsen und umzudrehen; er raste weg und wieder zurück, wirbelte dann um mich herum, so daß ich wie ein Spielzeug in dem Wasserstrudel, den er verursachte, herumgeschleudert wurde; und dann suchte er langsam etwas mehr Kontakt wie eine Katze, die einem um die Beine streicht, weich und schwelgerisch, und seine Delphinhaut erschauerte bei der Berührung mit dem Menschen. Ich konnte nur ins Bassin unter der Bedingung, daß alles aufgezeichnet wurde, und so war Gregory mit seiner Kamera anwesend und Lois mit einem Notizbuch, und als ich wieder draußen war, ging ich nach Hause, um einen Bericht über diese außergewöhnliche Erfahrung aufzuschreiben – die Erfahrung nämlich, von dieser verführerischen Kreatur einer anderen Gattung in den Stand eines hilflosen Kindes zurückversetzt und gleichzeitig von ihr umworben zu werden, wobei das Vertrauen durch die wiederholte Abfolge von Drohung – der weit geöffnete Rachen und die Angriffshaltung – und dem Zurücknehmen der Drohung hergestellt wurde.

Das alles versuchte ich zu Papier zu bringen, denn mir schien, daß ich meine eigenen gemischten Gefühle viel besser aufschreiben konnte, solange der Eindruck dieser ersten Erfahrung noch frisch war, als andere, die an die Sache mit einer wissenschaftlichen Identität, die es zu verteidigen galt, herangingen. «Wie, um alles in der Welt, kann man mit Delphinen arbeiten und objektiv bleiben», fragte ich Gregory, «wie wehrt man sich dagegen, daß man glatt vereinnahmt wird?»

«Ebenso, wie ich das mit den Iatmul oder den Balinesen oder den Schizophrenen mache», erwiderte er. «Man kann nicht mit menschlichen Wesen arbeiten, ohne dem eigenen Engagement Raum zu geben. Aber Biologen wissen das nicht – die sind daran gewöhnt, mit Fischen oder Vögeln zu arbeiten, alles Kreaturen, die nicht versuchen, sie zu verführen –, sie sind nicht fähig, sich selbst in der Beziehung zu beobachten, also produzieren sie Unsinn.»

In Hawaii erzählte er später von einem Lernexperiment mit einem der Delphine, bei dem eine Anzahl von Wiederholungen vorgesehen war, vor denen jeder erfahrene Trainer von Delphinen gewarnt hätte, weil sie langweilig sein würden; und das Tier unterbrach auch prompt die Versuchsreihe, indem es den Reifen zur Seite warf. «Komisch», sagte die Assistentin zu Gregory, «jedesmal, wenn er das tut, lacht er ein bißchen in sich hinein.» Gregory fragte, ob sie das aufgeschrieben habe, aber dafür gab es keine Rubrik auf dem Papier – es stand nur darauf, daß es an diesem Punkt dem Delphin nicht gelungen sei, erfolgreiches Lernen zu demonstrieren.

Die Probleme der Aufmerksamkeit und der disziplinierten Subjektivität gehören zu dem größeren Problem des Bewußtseinswissens, und wissen, daß man weiß. Wenn man ein Ereignis einrahmt, kann man es kurzfristig von seinem Kontext trennen, und viele Forscher glauben, daß sie genau das tun. Aber ein Anthropologe im Feld kann das gewöhnlich nicht und muß davon ausgehen, daß jede Fragestellung auch die Antwort formt. Schon beim Beobachten nimmt man teil. Jede Frage hat eine Meta-Botschaft. Beim Versuch, objektiv zu sein, mag man denken, daß man eine Erfahrung abtrennt, indem man sie in einen Rahmen setzt, aber tatsächlich verändert der Rahmen die Bedeutung dessen, was er einrahmt.

Es ist nicht schwer, auf Margarets Werk zurückzublicken und festzustellen, daß ihm zuweilen eine weitere Ebene von Selbst-Bewußtheit und Selbst-Kritik gutgetan hätte, aber im allgemeinen war es gerade ihr Engagement, das Einsichten möglich machte. Sie ging immer wieder ausdrücklich auf die Methodik ein, neigte aber weniger als Gregory dazu, über die Struktur des Denkens nachzugrübeln. Nichts in ihrem Werk ist ‹*Naven*› vergleichbar, Gregorys Buch über die Iatmul, in dem eine sehr kleine Anzahl von Daten die Grundlage für eine ganze Reihe von Überlegungen zur Theoriebildung lieferte. Sein Nachgrübeln in ‹*Naven*› über die komplexe Organisation der Kultur ist auch heute noch eine Herausforderung für Studenten der Anthropologie, denn Kultur ist ein menschliches Produkt, und der Geist des Wissenschaftlers ist selbst ein menschlicher Geist. Jede Kultur entwickelt sich über Generationen so, daß ein Außenseiter – das Kind, das hineingeboren wird – sie schließlich verstehen kann.

Eine der Grundannahmen des Haushaltes, in dem ich aufwuchs, war, daß es keine klare Trennungslinie zwischen Objektivität und Subjektivität gibt, daß Beobachtung Engagement nicht ausschließt. Die Scheinwerfer, die bereitstanden, um Fotoaufnahmen möglich zu machen, sind Beweis für dies Konzept. Es gab keine Regel, die besagte, daß Ehrlichkeit sich in schlechtem Formulieren ausdrücke oder daß es in irgendeiner Weise eine Emotion oder eine Beziehung verletze, wenn man sich analytisch damit auseinandersetzt. Ein guter Freund beklagte sich einmal bei mir darüber, daß Gregory allzu analytisch und unbekümmert mit Gefühlen umgehe; aber tatsächlich bedeutete Gregorys Überzeugung, daß Gefühle Mustern und Logik folgten, durchaus nicht, daß er ausschließlich rational war, sondern daß er die Idee einer Trennung zwischen Denken und Fühlen zutiefst ablehnte. «Eine Träne ist eine intellektuelle Sache», sagte er, und David Lipset benutzte das als Titel für die erste Fassung seiner Biographie von Gregory. Gregory war fasziniert von der Klugheit, der Logik und Eleganz von Emotion und Beziehung und zitierte häufig Pascal: *«Le cœur a ses raisons que le raison ne connaît point»*. (Das Herz hat seine vernünftigen Gründe, die die Vernunft nicht kennt.)

Als ich schwanger war, entschloß ich mich, die mit junger Mutterschaft einhergehende veränderte Wahrnehmungsbereitschaft zu nutzen, indem ich mich an einem Forschungsprojekt zur Mutter-Kind-Kommunikation beteiligte. Zwischen den Stillzeiten verbrachte ich Stunden in einem winzigen Projektionsraum im Forschungslabor für Elektronik und studierte Filme und Tonbänder von Müttern und Neugeborenen. Besonders am Anfang verging manchmal die Zeit, und die gewohnte Stunde des Stillens näherte sich, und dann beschleunigten die Babygeräusche vom Tonband meine Stillbereitschaft, und Milchflecken breiteten sich auf meiner Bluse aus. Die Spielzeiten, die ich mit Vanni zu Hause zu genießen begann, legte es mir nahe, eine Serie von ganz kurzen Filmpassagen herauszusuchen, die dann Bild für Bild analysiert werden konnten, um zu demonstrieren, wie sich – kaum einen Monat nach der Geburt – eine Art von Wechselbeziehung etabliert, die ich später «Protokonversationen» genannt habe. Ich habe auch akustische Analysen von Babylauten gemacht – von Tönen, die damals in der wissenschaftlichen Literatur noch nicht beschrieben waren –, zweifellos zu schwach, zu unbedeutend, um die Aufmerksamkeit von Akustikern auf sich gezogen zu haben, aber bedeutend für mich in der erhöhten Sensibilität neuer Mutterschaft.

Meine eigene Erfahrung ist immer Wasser auf die Mühlen der Analyse gewesen, und Analyse war für mich immer eine Methode, mich mit Emotionen auseinanderzusetzen. Die Weise, in der Filipino-Freunde auf den Tod unseres frühgeborenen Sohnes reagierten, der in Manila zur Welt kam und starb, habe ich in einer Analyse bikultureller Kontakte verarbeitet; und den Stress, der mit meiner Abreise aus dem Iran während der Revolution einherging, habe ich durch mein Interesse in der Weise bewältigt, in der die Iraner sich zwischen einer Personalisierung und Entpersonalisierung solcher Momente hin und her bewegen. In der Tat ist dieses Buch die neueste von vielen Phasen, in denen ich versucht habe, persönliche Erfahrungen mit abstrakten Ideen in Beziehung zu setzen in der Annahme, daß Wissen und Kunst und Liebe letztlich alle miteinander verflochten sind.

# 12

# Unsere eigene Metapher

Meine erste wirkliche Zusammenarbeit mit Gregory kam zustande, als er sich zu dem Versuch entschlossen hatte, die Ereignisse mitzubestimmen, statt sich im Sessel zurückzulehnen und zuzuschauen, wie «die Welt zum Teufel geht». 1967 hatte er zugesagt, einen Kongreß zu planen und zu leiten, auf dem untersucht werden sollte, wie menschliche Denkgewohnheiten möglicherweise zu einer planetarischen Katastrophe führen. Mit dieser Zusage legte er eine Haltung ab, die er seit dem Krieg eingenommen hatte, als die Enttäuschung über seinen eigenen Beitrag und sein Widerwille gegen die angewandte Sozialwissenschaft zu seinen Depressionen beitrug. Aber ich glaube, der Grund für seine Zurückhaltung, wenn es darum ging, Dinge zu beeinflussen, lag viel tiefer – in seinem alles durchdringenden Fatalismus; denn sein ganzes Leben lang hat er daran geglaubt, daß Bemühungen, Probleme zu lösen, diese wahrscheinlich nur verschlimmern.

Mag sein, daß er sich an dem Punkt, als er darüber nachzudenken begann, wie man den Lauf der Dinge beeinflussen könnte, an mich wandte, weil er in mir einen möglichen Gegenpol sah, wie es Margaret zur Zeit ihrer Zusammenarbeit gewesen war. Sie und er waren extreme Gegensätze in genau dieser Dimension der Persönlichkeit – in ihren Annahmen darüber, was sich verändern oder verbessern ließe und was nicht. Margaret war überzeugt davon, daß Probleme lösbar waren. Sie hatte nicht nur Handlungsweisen gelernt, mit denen sich bestimmte Probleme, eins nach dem andern, mildern ließen, sondern sie hatte auch gelernt, davon auszugehen, daß es eine Lösung gibt, und hatte Strategien für die Suche nach der

Lösung entwickelt. «Wir brauchen eine soziale Erfindung», sagte sie immer. Mit der gleichen allgemeinen Voraussetzung machte sie sich an globale Probleme, beispielsweise die Frage der nuklearen Abrüstung, und an Familienfragen, wie zum Beispiel meine Betrübnis darüber, daß ich nicht so viele armenische Gerichte kochen konnte, wie Barkev es gern gehabt hätte. Ihre Strategie war es, nach einem Punkt zu suchen, an dem man den Hebel ansetzen konnte, und manchmal war das nur ein symbolischer Punkt oder eine neue Formulierung des Problems, die Lösungsmöglichkeiten sichtbar werden ließ. Mir schlug sie vor, daß ich einen Suppentopf auf dem Herd am Kochen halten sollte, der das Haus mit guten Gerüchen und einem leisen Brodeln erfüllen und für meinen Mann Häuslichkeit symbolisieren würde. In bezug auf die nukleare Gefahr erfand sie den Satz, daß nur wir die Kinder der Sowjetunion beschützen könnten, und nur sie könnte unsere Kinder schützen.

Margarets Art, an die Dinge heranzugehen, muß auf frühe Erfolge im Problemlösen zurückzuführen sein, vielleicht auf ihre Erfahrungen als älteres Kind und ihr jahrelanges erfolgreiches Organisieren der jüngeren. Gregorys Erfahrung war die eines jüngeren Kindes mit verhältnismäßig geringen Chancen, das zu ändern, was um ihn herum vorging. Statt dessen suchte er Verständnis. Ja, er hatte geradezu einen Horror vor der Anstrengung des Problemlösens, ob es nun um medizinische oder politische Dinge ging. Mag sein, daß der Selbstmord seines Bruders Martin im Jahre 1922, der auf massive elterliche Lenkungsversuche hin erfolgte und zu intensivierten Versuchen führte, auch Gregorys Entscheidungen zu steuern, einiges mit seiner Angst vor Problemlösung (und, in der Tat, vor jeder Art von Aktionismus) zu tun hatte: Er war so mißtrauisch gegenüber aktivem Eingreifen bei Therapie wie in Politik oder Wirtschaft.

Solche Grundeinstellungen produzieren ihre Rechtfertigung selbst – man hat die Tendenz, jede Abfolge von Ereignissen so zu interpretieren, daß das Endergebnis die eigenen Erwartungen bestätigt. Gregory kam aus dem Zweiten Weltkrieg mit dem Gefühl zurück, daß er keinen wesentlichen Beitrag geleistet habe, und überzeugt davon, daß angewandte Sozialwissenschaft notwendigerweise gefährlich sei; während Margaret vom Wert ihrer eigenen Arbeit überzeugt nach Hause kam – überzeugt auch vom Wert dessen, was zu leisten war, wenn man die Sozialwissenschaften in den Dienst der Menschheit stellen würde.

Es ist nicht schwer, bei beiden Beispiele dafür zu finden, daß ihre Voraussetzungsmuster untauglich waren. Margaret neigte dazu, mit ihrem eigenen Körper so wie mit anderen Problemen umzugehen; das heißt, sie nahm eine beträchtliche Anzahl von Medikamenten und richtete die Dosen so ein, daß ihre Leistungskraft ständig auf höchstem Niveau blieb. Noch als sie im Sterben lag, versuchte sie ständig, den Punkt zu finden, an dem sie den Hebel ansetzen konnte, um entweder die Krankheit rückgängig zu machen oder ihre Schmerzen zu lindern. Gregory war der Medizin gegenüber von vornherein skeptisch und vernachlässigte seinen Körper. Er ließ seine Zähne verfaulen und ausfallen, ersetzte sie auch nicht, und eine schwärende Wunde am Fuß blieb fast ein Jahr lang ohne Behandlung. Er erzählte, ein Zahnarzt habe ihm vor einer Forschungsreise zu so vielen Zahnreparaturen geraten, daß er beschloß, es lohne sich gar nicht, damit anzufangen; das meiste werde nach seiner Rückkehr sowieso nicht mehr nötig sein. Im Sterben liegend, versuchte er zu verstehen, wie man sich entspannen und loslassen kann.

Andererseits fand jeder von ihnen auch Möglichkeiten zu kompensieren. Margaret wußte, daß ihre Neigung, nach Lösungen zu suchen, Ressentiments auslösen konnte, weil sie als manipulativ empfunden wurde; während Gregory wußte, daß er Kollegen brauchte, die seiner Neigung zum Fatalismus entgegentreten würden, und so war seine Verachtung für den Unternehmer gemischt mit zögernder Bewunderung für Menschen, die alles schafften. Man kann gut verstehen, wie diese Art der Ergänzung es möglich machte, daß Margaret und Gregory so produktiv und einsichtig zusammen arbeiten konnten – und wie sehr sie einander irritieren und in Rage bringen konnten.

Die Veränderung in Gregorys Haltung und sein Interesse an der Planung eines Kongresses waren das Ergebnis einer Reihe von Prozessen. Ein neues Bewußtsein für die Gefahren der Umweltverschmutzung verbreitete sich in den späten sechziger Jahren, und das führte zu einem erneuerten Bewußtsein der Gefahr einer nuklearen Katastrophe, mit der wir seit 1945 in immer stärkerem Maß leben. Die zwei Arten von Gefahr besitzen formale Ähnlichkeiten, die Gregory bereits 1946 als regenerative Rückkopplung charakterisiert hatte – ein

Begriff, der Systeme beschreibt, die «davonlaufen», also außer Kontrolle geraten, weil sie nicht die Fähigkeit zur Selbstkorrektur haben.

Der Unterschied war, daß es jetzt ein Publikum für das gab, was Gregory schon lange in der eigenen Brust gehegt hatte. Und so gehörte die Entstehung der Gegenkultur zu den Dingen, die Veränderung brachten und Gregory halfen, sich aktiv zu engagieren. Das politische Engagement der frühen sechziger Jahre lag ihm nicht, aber mit der Kultur des Desengagements war das anders. Besonders an der Westküste wurde Gregory bekannt und bewundert als jemand, der vielleicht intellektuelle Alternativen anzubieten hatte. Er war zwar entfremdet, aber nicht gleichgültig, denn seine Ablehnung der Oberflächenphänomene des gesellschaftlichen Lebens wurde wettgemacht durch seine Anhänglichkeit an unter der Oberfläche existierende Muster, die er ihrer Eleganz wegen ebenso liebte wie wegen ihrer die Lebensfähigkeit erhaltenden Funktion.

Anfangspunkt sollte ein Kongreß im Sommer 1968 auf Burg Wartenstein, einem Schloß in Gloggnitz, Österreich, sein, Eigentum der Wenner-Gren-Stiftung für anthropologische Forschung. Die Kongresse dort waren klein, auf zwanzig Teilnehmer beschränkt, und jeder Teilnehmer mußte während der ganzen Dauer – bis zu einer Woche – anwesend sein. Gregory stellte eine Gruppe von Personen zusammen, die aus sehr unterschiedlichen Disziplinen kamen – Psychologie und Geistesgeschichte, Mathematik und Psychiatrie, Neurologie, Kybernetik und Ökologie, Anthropologie und Linguistik –, und als wir am ersten Abend die intellektuelle Geschichte der Gruppe betrachteten, stellte sich heraus, daß fast jeder irgendwann einmal, wie Gregory, das Feld gewechselt hatte. Die Referate wurden schon vorher ausgegeben, so daß sie nicht formell vorgelesen werden mußten. Alles war darauf zugeschnitten, produktive Gespräche zu erleichtern, Gespräche jener Art, in denen die Teilnehmer nicht nur Neues lernen, sondern gelegentlich auch etwas sagen können, was keiner von ihnen wußte, als sie eintraten. Mein Vater schrieb mir – ich lebte damals auf den Philippinen – und lud mich ein, als Berichterstatterin teilzunehmen.

Ich denke an die Sequenz unserer Gespräche zurück, die Gregorys Übergang von einer abstrakten Kommunikationstheorie über das Studium der Schizophrenie und hin zum Studium der Verhaltensweisen von Delphinen beleuchteten, und mir wird klar, daß

Gregory und ich auch schon vor dem Kongreß in Gloggnitz eine gemeinsame Sprache besaßen, entwickelt in den Naturgeschichtsstunden meiner Kindheit und erhalten geblieben, die mich in eine Form des Streitgespräches mit ihm schlüpfen ließ, die zugleich ein Tanz war. Zwischen 1960 und 1968 verbrachten wir nur wenig Zeit zusammen, aber ein Gesprächsfaden wurde weitergesponnen – Biologie, Anthropologie, Linguistik. Auf einer Campingfahrt fragte er einmal nach dem gegenwärtigen Stand der Meinungen über die sogenannte Sapir-Whorf-Hypothese; eine Hypothese, die davon ausgeht, daß es einen Kausalzusammenhang zwischen Denkweise und Sprache gibt, so daß die Denkmuster von Menschen, die nicht die gleiche Sprache sprechen, sich ebenfalls voneinander unterscheiden. «Ich nehme an», sagte er, «das ist eins dieser Dinge, die unmöglich *nicht* wahr sein können.» Ich stimmte zu, machte ihn aber darauf aufmerksam, daß die Bemühungen, dies zu beweisen, bislang nicht befriedigten. «Dann sieh zu, daß es richtig gesagt wird», meinte er, «dann erklärt es sich von selbst.» Es gibt bestimmte Wahrheiten, die nicht so gesagt werden können, daß sie verstanden werden, auch ohne daß daran geglaubt wird, und eines seiner Anliegen war es, das Wesen menschlicher Konflikte gemäß den Mustern der Natur so zu formulieren, daß die Notwendigkeit einer Veränderung selbstverständlich würde.

Mein Bericht über Gregorys Kongreß *Conscious Purpose and Human Adaptation* (Bewußte Zielsetzung und menschliche Anpassung) wurde schließlich unter dem Titel *‹Our Own Metaphor›* veröffentlicht. In diesem Buch versuchte ich, die Leser an einige komplexe und unvertraute Ideen heranzuführen, und ich machte das unter anderem dadurch, daß ich meine eigenen Schwierigkeiten, den Gesprächen zu folgen, übertrieb und die Leser durch eigene Betrachtungen in Diskussionen über regenerative Rückkopplung oder Entropie hineinzog, indem ich sie so präsentierte, wie sie mir als Kind zuerst erklärt worden waren – Entropie hatte mein Vater definiert als *«tendency of everything to get into a muddle»* (die Tendenz aller Dinge zur völligen Unordnung). In meiner Einleitung beschrieb ich, wie ich mit Gregory ein Gebäude errichtete, mein erstes Aquarium. Genau wie er begann ich mit einer Beschreibung des Thermostats, den wir kauften, damit die Heizung an- und abgestellt und die Temperatur in den vorgeschriebenen

Grenzen gehalten würde, als Beispiel kybernetischer Kontrolle durch ständige Korrektur. Dann fuhr ich damit fort, wie wir versuchten, das natürliche Gleichgewicht verschiedener Pflanzen- und Tierarten in ihrer Wechselbeziehung nachzuahmen. Wenn ich rückblickend sehe, wie oft ich mich in diesem Buch als jemand porträtiert habe, der dieses oder jenes Konzept Schritt für Schritt zum erstenmal versteht, dann bin ich gar nicht mehr so sicher, was ich damals eigentlich wirklich wußte; aber ich weiß, daß ich hoch erfreut war, daß Gregory mein Referat gelesen und bewundert hatte. «Also, das ist gut verständlich», sagte er, «das Mädchen kann denken.»

Bereits als ich ankam, hatte ich mir vorgenommen, etwas ganz anderes als den üblichen Kongreßbericht zu machen. Ich wollte ein Buch schreiben, das man wie einen Roman lesen konnte, um den Lesern das Gefühl zu geben, sie nähmen an dem Kongreß teil. Schließlich hatte ich mein ganzes Leben in, auf und am Rand von Kongressen verbracht, formellen und informellen, und sie als eine normale Form von menschlichem Miteinander betrachtet.

In den frühen sechziger Jahren führte Barkev und ich eine Reihe von Gesprächen über einen ‹Tagtraum›, den wir das Center for Correlated Studies nannten oder schlicht «das Ei», es war ein Traum, der durch die Idee eines reichen Freundes von uns ausgelöst worden war, der eine ganz besonders schöne alte Villa an der Nordküste von Massachusetts erwerben und daraus ein Kongreßzentrum machen wollte. Barkev interessierte sich für einige der frühen Arbeiten zur Gruppendynamik, während ich mit der Idee aufgewachsen war, daß Kongresse die einzige Art zu denken waren. Wir entwarfen eine Struktur, die auf zwei Ebenen funktionieren würde – wo eine Gruppe von Leuten an bestimmten Themen zusammenarbeitete und immer zur gleichen Zeit eine Diskussion über den Prozeß des Arbeitens stattfinden würde, einen Prozeß, in dem sowohl zwischenmenschliche Beziehungen als auch Ideen verwoben waren. Wir glaubten, daß diese beiden Ebenen miteinander in Wechselbeziehung treten würden und daß wir – statt unbehaglicher Befangenheit – eine befreiende Form von Einsicht schaffen würden.

Merkwürdigerweise fand parallel mit dem Gloggnitz-Kongreß in Alpbach ein von Arthur Koestler organisierter Kongreß statt, der sich mit vielen derselben Themen beschäftigte. Aber Koestler glaubte, daß sich die Probleme des menschlichen Zerstörungswillens durch die Schaffung neuer physikalischer oder chemischer Verbindungen im Gehirn lösen ließen – was Gregory, der sich mit den gleichen Problemen beschäftigte, letztlich für mechanistisch hielt. Beide luden einander ein; aber wegen der Terminkonflikte konnte keiner kommen. Nach Gloggnitz reisten Gregory und ich eine Woche lang in Österreich und der Schweiz umher und führten dabei unser Gespräch fort, und dann besuchten wir Koestler in Alpbach, verglichen die Kongresse und die Pläne für die Zukunft.

Über den Kongreß in Alpbach gab es schließlich zwei Bücher, denn außer den konventionellen Kongreßprotokollen schrieb Koestler einen Roman, ‹*The Call Girls*› (in den er einige Anekdoten von unserer eigenen Tagung, die wir ihm am Abend auf seiner Veranda erzählten, mit aufnahm). Wir waren begeistert, während er zwiespältige Gefühle hatte; ‹*The Call Girls*› war letzten Endes ein Ausdruck von Zorn und Verachtung, wenn nicht gegenüber wirklichen Teilnehmern seines Kongresses, so doch zumindest gegenüber deren Typ von Person. Koestler entwarf zwei Berichte, einen der Wahrheit, und einen, der Fiktion genannt wurde. Die Emotion war aus dem formellen Bericht über das Symposium in Alpbach, der trocken und akademisch ausfiel, herausredigiert worden, doch im Roman kam sie als Wut wieder an die Oberfläche.

Ziemlich viel Wut gab es auch an unserem Konferenztisch in Gloggnitz, freilich auch Momente der Liebe und Verwirrung. In einem gewissen Sinn wurde die Emotion in das *Metaphor*-Buch hineinredigiert, denn ich benutzte meine eigenen Reaktionen der Bestürzung oder auch Erleuchtung, um die Leser mit in den Raum hineinzuziehen, und bearbeitete die Tonbandaufnahmen der Diskussionen so, daß die Kommentare, denen emotionale Schlüsselfunktionen zukamen, herausgestellt wurden, statt in einem Wortschwall unterzugehen. Ein Mitglied der Gruppe, Tolly Holt, sagte einmal, er habe das Gefühl gehabt, daß «Gregory versuchte, Fürsprecher für die verschiedenen Aspekte seiner eigenen Psyche zu erschaffen», aber einige der Teilnehmer fühlten sich in die falsche Rolle gedrängt, und andere protestierten leidenschaftlich gegen die Art und Weise, in der man auf ihre Äußerungen reagierte.

Die Schönheit und der Naturfrieden, der uns umgab, waren ein

Hintergrund, auf dem es den meisten von uns zum erstenmal klar wurde, daß menschliches Handeln höchstwahrscheinlich in irgendeiner Weise alles Leben auf diesem Planeten zerstören wird, und diese Erkenntnis erfüllte uns mit einem schmerzlichen Gefühl der Dringlichkeit. Seltsamerweise war dies Märchenschloß, von dessen Türmen man auf die manikürten Wälder und Äcker im Tal hinabschauen konnte, für uns weniger der Elfenbeinturm antiintellektuellen Spottes, sondern eher ein Ort, wo man sich in die Rolle des Wächters hineinträumen konnte, ein Wachturm des Schutzes. Es gab Augenblicke, in denen wir glaubten, wir könnten uns durch die Weise, in der wir unsere Diskussion steuerten, tatsächlich auf die Lösung einiger Probleme hinbewegen. In der Tat waren einige Mitglieder der Gruppe bereit, Aktionsprogramme zu planen, während Gregory hartnäckig auf der Priorität der Erkenntnissuche bestand.

Margaret sagte immer, daß auf einem wirklich erfolgreichen Kongreß die Intensität so stark sei, daß man das Gefühl habe, man hätte sich verliebt. Diese Intensität wurde auf Burg Wartenstein noch durch die Tatsache verstärkt, daß mindestens drei Generationen intellektueller Verwandter dort repräsentiert waren. Warren McCulloch, mager und aphoristisch in allem, was er sagte, gehörte zur Generation der Großväter, einer der Vorväter der Kybernetik, von dem Gregory meinte, am meisten gelernt zu haben; sein zerfurchtes, bärtiges Gesicht war bereits vom Tod gezeichnet. Ich war die Jüngste, aber es waren auch noch einige junge Protegés von Gregory oder Margaret da; Ted Schwartz zum Beispiel, der Margaret 1953 als graduierter Student nach Manus begleitet hatte, ausgewählt von ihr sowohl wegen seiner Neigung zu abstraktem Denken als auch seiner Bereitschaft, sich mit Kameras und anderem Gerät abzugeben, fast als Ersatz für den Kontrapunkt zu ihrer eigenen Denkweise, den Gregory vor dem Krieg abgegeben hatte. Und dann war da Tolly Holt, ein intensiver und idealistischer Mathematiker, dem Gregory und Margaret zugehört hatten, als er ein Teenager war, und dann bemerkten: «In zehn Jahren werden wir nicht mehr verstehen können, was er sagt.» Tolly spielte die Rolle des Sohnes, der sich dem Bemühen widersetzte, leidenschaftslos über das Schicksal der Erde zu diskutieren.

Tolly und Ted forderten Gregory heraus, jeder auf seine eigene Weise. Wie junge Rüden eines Rudels umkreisten sie den Führer und stellten ihre wachsende Stärke zur Schau, so daß intellektuelle Meinungsverschiedenheiten mit der ganzen Leidenschaft eines Familiendramas ausgetragen wurden. Es ist nicht überraschend, daß Gregory nach der Intensität dieser Tage während unserer gemeinsamen Rundreise eine Romanze zwischen sich und mir herbeiphantasierte. Ich sah ihn an und dachte, nein, die ganze Struktur des Dramas bewegte mich auf eine Liebe zu Tolly hin; in Märchen ist es der Prinz, der die Prinzessin bekommt.

Die Konferenz wurde zusammengerufen, um über eine einzige unheilschwangere Behauptung zu diskutieren, die Gregory formuliert hatte (wie Tolly sagte, besaß sie «die Form einer wissenschaftlichen Frage, aber die Substanz eines Warnrufes»): «daß die kybernetische Natur des Selbst und der Welt für das Bewußtsein weitgehend nicht wahrnehmbar ist, soweit der ‹Schutzfilter› des Bewußtseins von Erwägungen der Zweckdienlichkeit bestimmt ist.» Wenn diese Behauptung wahr ist, dann wird die destruktive – vielleicht tödliche – Einwirkung der modernen Technologie auf die Umwelt sich fortsetzen.

Wir brauchten mehrere Tage, bis wir überhaupt verstanden, was Gregory im Sinn hatte. Seit Jahren hatte Gregory Versuche, andere mit seinen Gedanken vertraut zu machen, häufig damit begonnen, ihnen bewußtzumachen, daß Wahrnehmungen nicht mit physischen Phänomenen gleichgesetzt werden können und daß man sich der Transformationen hinter den eigenen geistigen Bildern nicht bewußt sein kann. Ich weiß noch, wie entsetzt ich als Teenager war, als er ein Päckchen Luckies hochhielt und mir erklärte, daß kein Mensch wissen kann, ob ich den Anblick der Farbe Rot gleich erfahre wie ein anderer Mensch – es ist nicht möglich, die beiden Erfahrungen nebeneinanderzustellen. Was die Sinne dem Bewußtseinsfilm vermitteln, ist kein physisches Objekt, das in der physischen Welt existiert, sondern eine Reihe von Unterschieden, aus denen eine geistige Landkarte von Erfahrungen konstruiert wird – aber die Landkarte ist nicht das Territorium.

Gregory schrieb den Verzerrungen des Wahrnehmungsvermögens eine besondere, tödliche Struktur zu: daß nämlich das von Ziel- oder Zweckdenken geformte Bewußtsein die Wahrnehmung auf besondere Weise verzerrt und uns glauben macht, daß die Welt in linearen Sequenzen funktioniert. Wir glauben, wir könnten von

*A* über *B* nach *C* gelangen und unsere Ziele erreichen, während tatsächlich jeder Schritt vielfältige Auswirkungen hat.

Die Kongreßthese war im wesentlichen eine Formulierung dessen, was Gregory nun mit der «kybernetischen Natur des Selbst und der Welt» meinte. Dreißig Jahre zuvor hatte er ein Modell gefunden, mit Hilfe dessen er über individuelle Organismen, Gesellschaften und Ökosysteme als komplexe, aus miteinander in Wechselbeziehung stehenden Teilen zusammengesetzte Gebilde nachdenken konnte, die auf innere Rückkopplungsschleifen der Kommunikation angewiesen sind, um bestimmte Wahrheiten über sich selbst zu erhalten – ebenso, wie der Körper seine Temperatur erhält und wie im Wald das Gleichgewicht von Raub- und Beutetieren, trotz einiger Schwankungen, erhalten bleibt. Aber die durch die Kybernetik gewonnene Einsicht in die Natur von Stabilität und Gleichgewicht, daß nämlich beides, wie die Haltung der Seiltänzerin, nur durch einen ständigen Prozeß von Korrekturen erreicht wird, ist nur der erste Schritt. Innerhalb solcher Systeme gibt es verwundbare Stellen und Subsysteme mit der potentiellen Gefahr eines *runaway* – des ‹Durchbrennens›. Ursächlichkeit bewegt sich in Kreisen, nicht in einfachen, geradlinigen Sequenzen.

Ein (heute den meisten Menschen vertrautes) Beispiel für das, was Gregory als die lineare Logik bewußter Zielsetzung vorschwebte, gibt der frühe Gebrauch von DDT. Um die Ernten zu vergrößern, versuchten es die Farmer mit der Schädlingsbekämpfung durch Sprühen:

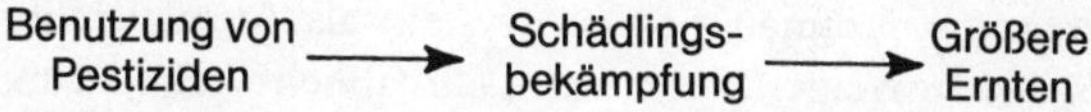


Die Realität war aber keine gerade Linie der Ursächlichkeit, sondern ein kreisförmiges System, bei dem sich herausstellte, daß der Gebrauch von Pestiziden letzten Endes mit der Zeit nur den Gebrauch von Pestiziden vergrößert. Wenn sie besprüht werden, findet bei den Insekten eine beschleunigte natürliche Auswahl statt, die widerstandsfähige Sorten produziert, während ihre natürlichen Feinde, einschließlich der Singvögel, aussterben. Natürliche Auswahl funktioniert als ein selbstkorrektiver Prozeß, der die Insektenpopulation erhält. Da Insekten in erheblich größerer Anzahl geboren werden und sterben als Singvögel, geht der Prozeß der Selbstkorrektur auf ihrer Ebene des Systems sehr viel schneller vor sich.

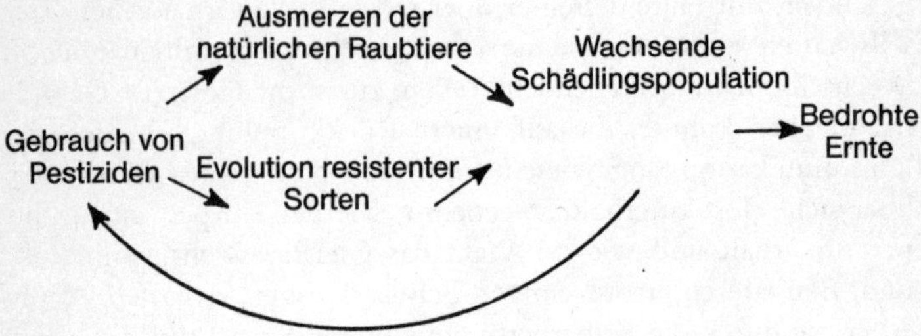


Dies ist natürlich nur ein Teil des Systems, denn ein weiterer sich selbst verstärkender Kreislauf ist hier ausgespart, in dem der Gebrauch von Pestiziden die Pestizidindustrie anheizt – die wiederum den Gebrauch von Pestiziden anheizt. Ausgespart sind auch andere unvorhergesehene Nebenwirkungen – einige Pestizide haben sich beispielsweise als Krebserreger entpuppt. Bei der Verfolgung ihrer bewußten Ziele haben Farmer und Pestizidhersteller ein komplexes, wechselwirksames System als einzelne gerade Linie der Ursächlichkeit (miß-)verstanden.

Gregory kam letzten Endes zu der Überzeugung, daß viele Arten von fortschreitender Veränderung, ja, von Zusammenbrüchen ein Ausdruck des systemischen Willens zum Verharren sind. Kleine Veränderungen können sich im System als Ausgleich für lokale Störungen verzweigen, so daß sich allmählich Veränderungen zeigen, die die Natur des Systems verändern; gelegentlich brennen Teile des Systems durch, und das Ganze bricht zusammen. Wenn man in linearen Sequenzen denkt, dann kann man die unbeabsichtigten Resultate als «Nebenwirkungen» beiseite schieben; aber sie kehren zurück als Widerhall im Ganzen. In den Jahren nach Burg Wartenstein beruhte Gregorys Beredsamkeit vor allem auf dem Gebrauch dieses einen Modells, mit dem er verschiedene Formen von Veränderung verglich: Lernen, Sucht, Evolution. Die Wörter sind unterschiedlich, je nachdem, was für ein System zur Diskussion steht und welche Ebene man betrachtet, und natürlich waren es die logischen und organisatorischen Ebenen, mit denen Gregory am vertrautesten war: Eine Zelle ist ein System und natürlich zugleich auch Teil eines größeren Systems, ein Organismus, und Organismen sind wiederum Teile von Ökosystemen.

Einer der Gründe dafür, daß Systeme die Neigung und Fähigkeit zum Durchbrennen haben, liegt darin, daß sie gewöhnlich «darauf eingestellt» sind, einige Variablen in übermäßigen Größenordnungen zu erhalten: Alle Arten produzieren mehr Junge, als notwendig sind, um eine Population konstant zu halten – Junge, die später ausgesondert werden. Die ganze moderne Industrie erwächst aus der menschlichen Berechnung, die nach mehr als nur genug strebt, um Hunger und Kälte zu vermeiden, sowie der Gewöhnung, die besagt: Jedes bißchen weniger als das, was ich jetzt habe, ist zuwenig und wird als Entbehrung empfunden. Auf dieser Basis konnte Gregory mit dem Aufsichtsrat der Universität von Kalifornien argumentieren, als Jerry Brown ihn in diese Körperschaft berufen hatte, daß die Art und Weise, in der die Einkünfte aus der Atomforschung für das gesunde Funktionieren der Universität unabdingbar geworden waren, schon eine Form von Sucht darstellte.

Es scheint, daß Kybernetik Dichter aus uns macht, wie jedes formale System, das ein Erkennen von Ähnlichkeiten in der Vielfalt ermöglicht. Wenn man durch die Starre eines Baumes hindurchblickt und seine Lebendigkeit sieht, dann sieht man ihn eher als Frau denn als Telefonmast, sieht vielleicht sogar in seinem langsamen Wachsen, das nur scheinbar statisch ist, das leidenschaftliche Leben der Dryade, der Baumnymphe. Es ist die gleiche Art zu sehen, die in den Wachstumsspiralen der Muscheln gefrorene Formen von Zyklonen und Galaxien erkennt.

Auf Burg Wartenstein hatte ich das Gefühl, daß wir ernsthaft die Verbindung herstellen sollten zwischen dem menschlichen Vertrauen in Metaphern, die auf Körperformen und -erfahrungen basieren – Metaphern des Essens und der Darmentleerung, der geschlechtlichen Liebe, des Gebärens und Sterbens –, und der Art von Metapher, die sich einer formalen Analyse wie der Kybernetik bemächtigt und es uns ermöglicht, die gleichen Muster im Leben einer Gruppe oder einer Zelle oder eines Korallenriffs zu erkennen.

Sicherlich gibt es einen Isomorphismus – eine formale Gestaltähnlichkeit – zwischen dem Prozeß der von Freud aufgestellten Theorie der Verdrängung, wo bestimmte Formen des Selbst-Bewußtseins dem bewußten Zugang verborgen sind (und es sind genau jene, die mit den körperlichen Vorgängen und Wünschen zu tun haben) und der Unfähigkeit, die Verkettungen in der natürlichen Welt wahrzunehmen. Am Ende des Kongresses zog ich den Schluß, daß wir mit unserer Umwelt nur dann in kybernetischem Frieden leben werden, wenn wir uns zu unserem eigenen Tod bekennen können.

Margaret schrieb für ihre Seminare einige der Methoden auf, mit deren Hilfe man zu Einsichten kommen kann; und dabei standen Feldforschung unter primitiven Völkern und Psychoanalyse immer ganz oben auf der Liste. Das Studium von Tieren und Kleinkindern schloß sie ebenfalls mit ein, vielleicht, weil Tiere und Kleinkinder einem selbst in besonders beunruhigender Weise ähnlich und doch unähnlich sind – in einer Weise, die neue Definitionen und neue Arten der Zuwendung verlangt. Jede einzelne solcher Erfahrungen öffnet den Zugang zu weiteren Schichten des metaphorischen Denkens. Unter den anderen Erfahrungen auf ihrer Liste waren solche, mit denen man in ein vollständiges System eintritt, innerhalb dieses Systems denkt und eine deutlich erkennbare Weltordnung schafft und dann wieder hinaustritt – eine Psychose, eine religiöse Konversion, eine Liebesaffäre mit einem alten Russen – vielleicht sogar das Engagement und die Zurücknahme der Teilnahme in einem Kongreß wie diesem. Ihre Liste schloß nicht das Studium eher disparater Systeme ein, wie das eines Sees, und doch kann auch dies zu Einsichten führen, ob für einen Thoreau oder eine zeitgenössische Limnologin wie Evelyn Hutchinson, die mit John und Martin Bateson Käfer sammeln ging. Die leidenschaftliche Aufmerksamkeit, die man einem See widmet, mit seiner Atmung, seiner Reifung und seinem Altern, seiner Abhängigkeit von ineinander verflochtenen Formen des Gleichgewichts, seinem Widerspiegeln des Ich – dies alles ist ebenso rätselhaft, ebenso aufschlußreich, ebenso ein Anfang der Liebe.

Während des Kongresses gab es einige echte Fortschritte in bezug auf eine Beschreibung der möglichen Fehlerquellen, der Irrtümer, die vielleicht allen Menschen gemeinsam sind, und andere, die im

Lauf der Geschichte des westlichen Denkens entwickelt oder verstärkt wurden. Gregory begann mit der Tendenz, insbesondere bei der Verfolgung bewußt definierter Ziele, nur Teile des Kreislaufs natürlicher Systeme zu sehen und diese als geradlinig verlaufende Ursache-und-Wirkung-Abfolgen zu behandeln.

Im Lauf der Gespräche wurde es klar, daß diese Konzentration auf Teile des Kreislaufes nur ein Aspekt einer viel allgemeineren Strategie der westlichen Kultur war, komplexe Phänomene zu zerteilen oder zu sezieren. Von diesem Gesichtspunkt aus gibt es eine Ähnlichkeit zwischen dem Atomismus, dem Versuch, ein komplexes Ganzes zu verstehen, indem man sich die Teile ansieht, und jenem Körper-Geist-Dualismus, der historisch das Studium stofflicher Körper dadurch vereinfachte, daß er etwas Geheimnisvolles, «Geist» Genanntes, beiseite setzte und den Theologen und Philosophen zuschob, damit die Naturwissenschaftler sich ungestört um ihren Hauptgegenstand kümmern konnten. Der westliche Individualismus unterbricht Kreisläufe – die Kreisläufe von Geburt und Tod und phylogenetischer Veränderung, die Kreisläufe von Einnehmen und Ausscheiden, die in die natürlichen Kreisläufe von Wachstum und Verfall hineinpassen müssen, und stellt das Individuum als absoluten Wert hin.

Während der Kongreß fortschritt, sprachen wir immer mehr über Grundannahmen, falsche Grundannahmen im Hinblick auf die natürliche Welt und die Natur des Handelns. Für Gregory war dies der Anfang von Optimismus, denn es ortete das Problem nicht in einer notwendigen Bewußtseinsstruktur, sondern in erlernten Voraussetzungen und Denkmustern. Die didaktische Qualität seines letzten Buches, *‹Mind and Nature›* (Geist und Natur), ist das direkte Resultat dieser Akzentverschiebung, als sein Widerwillen gegen Wirrköpfigkeit und schlampige Denkgewohnheiten zum Brennspiegel für sein Gefühl der Bedrohung wurde. «Cap, warum kriegen wir die nur nicht dazu, vernünftig zu denken?» Welche Parabel, welcher Formalismus, welches Ritual konnte die Grundlage für ein neues Muster liefern? Immer stärker hatte er das Gefühl, daß man in Lyrik und Emotion und Ritual nach einer Antwort suchen sollte, weil diese oft weniger durch unangemessene Vereinfachung verfälscht sind.

Am Ende widersetzte Gregory sich vorgeschlagenen Aktionsmodellen aus seiner Überzeugung heraus, daß der Versuch, bewußt Ziele zu erreichen, die Quelle des Problems sei. Aber anscheinend glaubte er dann doch, daß der Kongreß letztlich einen Prozeß verkörperte, der vielleicht eine Lösungsmöglichkeit aufzeigen könnte, nämlich mit Hilfe des Zusammenwirkens und -webens bewußter und unbewußter Gedanken vieler ‹Geister› in einem einzigen System. Hier waren wir an dem Punkt angelangt, wo der Prozeß im Mikrokosmos den größeren Prozeß widerspiegelt und wo bis ins Intimste geteilte Erfahrungen zur Quelle von größeren Erkenntnissen werden.

Es schien ihm absurd, darüber zu streiten, ob ein bestimmtes Verhalten physisch oder kommunikativ war, da ja kein geistiges Ereignis ausschließlich physischer Art ist, und doch muß es innerhalb eines physischen Systems stattfinden. Und so verteidigte er sich, als seine Arbeit über Schizophrenie kritisiert wurde, gegen das Entweder-Oder der physischen und geistigen Erklärung, indem er sagte: «Die Erscheinungen der Schizophrenie können durch eine Invasion von Parasiten und/oder durch Erfahrung ausgelöst werden: durch Gene und/oder Erziehung. Ich will sogar zugeben, daß die Schizophrenie *ebenso* eine ‹Krankheit› des Gehirns ist wie eine ‹Krankheit› der Familie, wenn Dr. Stevens zugibt, daß Humor und Religion, Kunst und Poesie ebenfalls ‹Krankheiten› des Gehirns oder der Familie – oder von beiden – sind.»

Wie immer tendiert Gregorys Stil zur Abstraktion und zur höchsten Verallgemeinerungsebene, und seine Ausdrucksformen stehen in deutlichem Kontrast zu dem, was Margaret zu sagen hatte, und doch steckt bei beiden das Hauptanliegen in dem Gedanken, daß Lernen und der Austausch von Gelerntem die spezifisch menschliche Möglichkeit darstellt, daß Menschen sowohl physisch als auch in ihrer Kommunikation komplexe Wesen sind mit der Fähigkeit, Ziele zu verfolgen und Entscheidungen zu treffen; daß sie aber zugleich in größere Systeme eingebettet sind, denen sie als Teile zugehören.

Im Herbst ging ich mit brummendem Schädel nach Cambridge zurück. Meine Rolle als Berichterstatterin bedeutete, daß ich Monate über den Tonbändern und den aufgezeichneten Diskussionen von Burg Wartenstein verbringen mußte, immer wieder die vertrauten Stimmen reden hörte: über Molekularbiologie oder Tiertraining oder mathematische Repräsentation, über die Paliau-Bewegung in Neuguinea und die Bewegung, die Atomtests in der Atmosphäre verbieten wollte, über Computer und die Bevölkerungsexplosion und Descartes' Wirkung auf die Philosophie. Manchmal wurde ich während der Arbeit schrecklich mutlos und hatte das Gefühl, daß Gregorys Argumente unweigerlich zu Nicht-Handeln führen müßten, und war doch ermutigt durch seine offensichtliche Überzeugung, daß er sie weitergeben mußte.

# 13

# Chère Collègue

Betrachtet man die Unternehmungen, denen Margaret – zum großen Teil aus ähnlichen Grundüberzeugungen heraus wie Gregory – ihre Stimme lieh, dann sieht man, daß es für sie charakteristisch war, wenn sie innerhalb von lebendigen Systemen handelte, zu bereichern und zu verfeinern statt zu vereinfachen – zusätzliche Metaphern anzubieten, mehr Kommunikationsmöglichkeiten, eine reichere Bewußtseinsebene und größere Vielgestaltigkeit einzuführen. Auf ihren Weltreisen ständig in Gespräche verwickelt, wurde sie zu einem Ein-Personen-Kongreß. Sie hatte immer ein kleines Notizbuch in der Tasche und schrieb sich jede neue Idee oder Information auf, die sie vielleicht später einmal gebrauchen könnte.

Für mich repräsentiert dieses Notizbuch eine ganze Arbeitsweise, die darin bestand, daß sie ständig neues Material in sich aufnahm, es benutzte und Reaktionen darauf mit einbezog, so daß sie über eine interessante Arbeit, von der sie in Florida hörte, in Topeka sprach, sie mit dem, was jemand in Boston dachte oder schrieb, zur Synthese brachte, alles in Cincinnati breiter ausführte und in eine Vorlesung in Kalifornien einbaute. Sie versuchte, mit den Quellenangaben sehr gewissenhaft umzugehen, brachte häufig Leute, die an verwandten Themen arbeiteten, in Verbindung miteinander, doch auch bei der größten Sorgfalt im Zitieren anderer Forschungsarbeiten konnte sie nicht die zahllosen Stimmen benennen, die in ihren Vorträgen und Schriften tatsächlich zu Wort kamen.

Der Ökologe John Todd hat ein Schiff entworfen, das nach ihr benannt werden soll, ein windgetriebenes ökologisches Hoffnungsschiff, das in der Welt umherfahren und alle möglichen Arten von ökologischer Erster Hilfe geben soll, das Samen und Sämlinge von seltenen Pflanzen, insbesondere Nahrungspflanzen, aufnehmen und auf See vermehren und zum Keimen bringen wird, so daß sie nach Ankunft im nächsten Hafen eingepflanzt oder als neue Anbaupflanzen eingeführt werden können, und genau das ist es, was sie mit Ideen tat.

Das Notizbuch war ein ungeheuer wirkungsvolles Instrument, denn ob nun bewußt oder unbewußt – auf jeden Fall sagten wir Dinge, die sie dazu anregen sollten, es herauszuholen und Notizen zu machen, und dann hatte man das Gefühl, ein Stückchen zu dem komplexen Puzzle, das sie zusammenbaute, beigetragen zu haben. Später hörte man es vielleicht in einer Vorlesung oder las es, listig in einen Ratschlag für den Haushalt umfunktioniert, in *Redbook* – Vorlesungen und Artikel als Echos von stundenlangen Gesprächen in Dutzenden von Städten. Um immer noch mehr Menschen in dieses Massengespräch einzubeziehen, bat sie ihre Zuhörer, ihre Fragen aufzuschreiben, und später las sie dann alle Fragen durch, die sie aus Zeitgründen nicht hatte beantworten können, um zu sehen, was für Schwingungen sie da mit welchen Ideen oder Phrasen, die sie gerade ausprobierte, in Bewegung gesetzt hatte.

Ihre Besuche bei uns in Cambridge oder Manila oder Teheran waren (oft erschöpfende) Gesprächsmarathons. Wir saßen zusammen und schauten Vanni, als Baby, in ihrem Federstühlchen zu, in dem sie endlos auf und ab wippen konnte, und ich bemerkte, daß man darauf achten mußte, sie nicht allzu lange in diesem Ding zu lassen, denn es gab da keinen natürlichen Endpunkt; da war kein Erwachsener, der müde wurde, kein Gleichgewicht zwischen Geduld des Erwachsenen und kindlichem Entzücken. Das brachte uns auf den Unterschied zwischen Stillen, wo sich ein Gleichgewicht zwischen dem kindlichen Appetit und dem Vorrat an Muttermilch entwickelt, und Flaschenfüttern ... Und schon waren wir auf weiteren Gebieten: Fernsehen, industrialisierte Landwirtschaft ... Und immer nahm sie alles auf, zog Rückschlüsse, benutzte jedes Teilchen mehrfach, brachte es in neuer Form und an anderem Ort wieder heraus. Noch als sie im Sterben lag, versuchten wir Dinge zu sagen, die sie gerne aufgeschrieben und behalten hätte.

Als ich ungefähr zwanzig war und mich in der Friedensbewegung für Vietnam zu engagieren begann, sagte ich zu ihr, selbst wenn es keine Kernwaffen gäbe, würden wir doch mit der Möglichkeit leben, sie zu bauen; und daß ich das als Potential zur Bereicherung der Menschenwürde betrachtete, denn es vereine die Menschheit in einer ganz neuen Weise, indem wir füreinander und für den Planeten verantwortlich gemacht würden. Und schon zückte sie das Notizbuch. Wir sprachen über eine Freundin, und ich sagte, eigentlich genießt sie nicht so sehr ihr Leiden, sie erleidet vielmehr ihr Glück. Sie zückte das Notizbuch. Fünf Jahre später sprachen wir über dasselbe Thema, und sie sagte: «Das war deine Pointe, weißt du. Das war ein Stück, das du mir gegeben hast.»

Häufig war das etwas, was ich einmal im Gespräch produziert und inzwischen längst vergessen hatte, aber sie hatte es vorsorglich aufbewahrt – zur Wiederaufbereitung. Winzige Erträge, Redewendungen, die im Augenblick völlig banal erschienen, trugen in Kombination mit anderen plötzlich Früchte. Sie sprach von Ideen, als ob Gedanken oder Wissen in Brocken existierten, die man hin und her reichen und sammeln konnte: «Wir haben gestern einen wichtigen Punkt bekommen.» – «Ich habe von den Versammlungen zwei oder drei wirklich interessante Stücke mitgenommen; ich glaube, jetzt verstehe ich, warum . . .» «Habe ich dir gesagt, daß ich endlich den Punkt in den Griff gekriegt habe über . . .?»

Viele Anthropologen vermeiden es heute, etwas aufzuschreiben, wenn sie mit Informanden zusammen sind; sie machen entweder Tonbandaufnahmen, die sie später übertragen, oder sie machen Gedächtnisnotizen, weil sie glauben, das Schreiben beeinträchtige die Gesprächssituation; aber Margaret benutzte ihr Notizbuch, um die Leute dazu zu erziehen, ihr die Art von Informationen zu geben, die sie haben wollte. Mit der Zeit begannen die Informanden zu fragen: «Warum schreibst du das nicht auf?» Die besten Informanden waren Menschen, die vielleicht Analphabeten, aber in einem gewissen Sinn Intellektuelle waren und das konzentrierte Sprechen und Nachdenken über ihre Kultur genossen, und der Rhythmus von Margarets Bleistiftes ermutigte sie.

Margaret hatte einen unersättlichen Appetit auf bis ins kleinste genaue Einzelheiten. Während sie heranwuchs, verschlang sie Romane des neunzehnten Jahrhunderts, ja, alle Romane, und dachte sich in die kleinsten Details von Tausenden fiktiver Lebensläufe hinein. Sie war sehr enttäuscht, als ich so gar nicht auf Dickens und

Scott einging – und nicht einmal auf die Details der Batesonschen Genealogie. Sie sagte, du wirst nie Anthropologin, weil du keine Freude am Klatsch hast, dich interessieren die Details aus dem Leben anderer Leute gar nicht. Als ich später Anthropologin wurde, war ich froh, daß ich die Linguistik und die Arbeit meines Vaters als Modelle hatte, denn ich werde wahrscheinlich nie die Art von klassischer ethnographischer Arbeit leisten, die sie im Sinn hatte.

Ein Gutteil von Margarets Hunger nach Einzelheiten rührte von dem Wunsch her, sich in andere Bezugsrahmen hineinzustellen. So wollte sie wissen, was ich dachte und lernte, um ein Fenster zur Welt der Vorschule zu bekommen oder zu verstehen, wie man sich als Teenager fühlt, wenn man freiwillig für den ersten Stevenson-Wahlkampf arbeitet; zu verstehen, was Barkev und ich von der Politik der Filipinos hielten, oder ein Gefühl für die armenische Küche zu bekommen. Sie wollte eine «Scheibe vom Leben» wahrnehmen und dann schnell Hypothesen entwickeln, vorläufige Einsichten, «Punkte» – und damit etwas produzieren. Als ich jung verheiratet war und gerade ‹mittelöstlich› kochen lernte, bot sie sich an, das Gemüse für einen syrischen Salat zu schneiden, und nachdem ich in bezug auf die Tomaten und dann die Gurken und die grünen Paprikaschoten gesagt hatte: «Nein, nicht so», schloß sie daraus, daß nach dieser neuen Regel alle Gemüsearten in vergleichbar großen Stücken zu sein hätten, nicht einige gehackt und andere in Scheiben, und sie lief herum und zitierte diese Regel mit einem zufriedenen Gefühl der Einsicht.

Manchmal verkündete Margaret, sie wolle mich zu irgendeinem Thema interviewen; und das war ein Signal dafür, daß sie eine reichhaltige Schilderung wünschte, nicht nur meine Meinung – eine Prosaerzählung darüber, wie solche Dinge wie Feiertage in der Downtown Community School gehandhabt würden; was vielleicht eine beginnende Spannung zwischen jüdischen und nichtjüdischen Eltern erklären könnte; oder genug Einzelheiten über die Raufereien, die manchmal nach der Schule mit den Kindern der Nachbarschaft stattfanden, um spezifische Vorschläge dazu machen zu können.

Manchmal schickte sie mich aus, um mit jemand anderem ein Interview zu machen über ein Thema, das mich interessierte, über das sie sich aber nicht ausreichend informiert fühlte, und sie machte sich jedesmal sorgfältig Notizen. Als Zehnjährige interessierte ich mich dafür, wie Geld für die Krebshilfe beschafft wurde, und sie schickte mich aus, ein Interview mit Dorothy Lee zu machen, einer anthropologischen Kollegin, die eine Brustamputation hinter sich hatte. Als ich meinen eigenen Haushalt gründete, schlug sie mir vor, sie darüber zu interviewen, wie man mit einem begrenzten Budget kocht, wie sie selbst das als Jungverheiratete hatte tun müssen.

Sie las und schrieb außerordentlich schnell und setzte sich dabei Quoten für bestimmte Zeitspannen, und es befriedigte sie, wenn sie diese noch übertreffen konnte. Wie Gregory habe auch ich zuweilen dazu geneigt, das, was ich aufnehmen wollte, zu begrenzen. In der Tat las Gregory ziemlich wenig, im Jahr nicht mehr als zwei oder drei Bücher, die aber wirklich in sein Denken eingingen, fast so, als wolle er seine Konzentrationsfähigkeit beschützen. Die Liste der Bücher, die Margaret gewissermaßen aus Kollegen herauskitzelte – Kollegen, die Hilfe bei der Darstellung ihrer Ideen brauchten –, wäre länger als die Liste wissenschaftlicher Bücher, die Gregory je sorgfältig gelesen hat.

Margarets Netzwerk umschloß Menschen aller Altersgruppen. Viele Jahre lang war sie die Jüngste in den meisten der Gruppen, mit denen sie arbeitete. Dann wurde ihr klar, daß sie ständig mit denselben älteren und wenigen gleichaltrigen Wissenschaftlern zusammenarbeitete, die alle älter wurden, und daß keine jüngeren Leute dabei waren; und so kämpfte sie fortan dafür, daß jüngere Leute zu Wort kamen.

Sie war fest davon überzeugt, daß die Erfahrungen der Kinder, die nach dem Zweiten Weltkrieg geboren wurden, sich so stark von denen der früheren unterschieden, daß sie fast wie Mitglieder einer anderen Kultur waren. Wegen der merkwürdig aufgeheizten Atmosphäre, in der ich aufgewachsen war, zählte sie auch mich zur Nachkriegsgeneration, obgleich ich schon 1960 meine Collegeausbildung abschloß, früher als die Studentengeneration, deren gemeinsames Gefühl der Dissonanz so stark war, daß es die Institutionen bis in die Wurzeln erschütterte. Und so war sie sicher, daß Leute wie ich und die Studenten in ihren Seminaren Dinge wußten, die sie nicht verstand und lernen mußte. Wie ist das, in einer Welt zu leben, die schon *immer* unter dem Schwert der Kernenergie stand? Wie fühlt es sich an, in einer Welt zu leben, in der Krieg – die Art von

Krieg, in dem ihre Generation sich noch voll und ganz für den Sieg einsetzte – obsolet geworden ist? Der Generationskonflikt erreichte seinen Höhepunkt, als die Angehörigen der ersten Generation, die unter diesen Bedingungen aufwuchs, zu jungen Erwachsenen wurde, und er beruhigte sich, als sie ihre Ausbildung abgeschlossen hatten und in die Hierarchien und verantwortlichen Positionen einstiegen.

Wann immer ein Gruppenprojekt – etwa ein Kongreß oder Ausschußbericht – geplant war, stellte sie die Frage, wie man junge Menschen einbeziehen könne. Das ist weitaus schwieriger, als man denkt, denn wenn man es schafft, das Statusbewußtsein der Älteren und auch das Argument zu überwinden, das Reisegeld wäre doch besser angelegt, wenn man noch einen weiteren Experten einlüde, dann war es immer noch schwer zu sagen, welche jungen Leute eine Gruppe repräsentieren könnten, in der einzelne noch nicht die Möglichkeit gehabt hatten, ihre Fähigkeiten zu demonstrieren. Sie probierte alles mögliche aus, lud Vertreter der örtlichen Studenten ein, wenn ein Treffen stattfand, oder schlug vor, daß jeder ältere Teilnehmer einen jüngeren vorschlagen könne, und häufig griff sie auf ein Mitglied ihrer eigenen Familie zurück – es stellte sich heraus, daß Berühmtheiten ohne weiteres der Wunsch erfüllt wurde, eine Tochter oder einen Patensohn oder eine Nichte mitzubringen, während die grundsätzliche Forderung nach Beteiligung jüngerer Leute häufig ignoriert wurde. Jahrelang blieb ihr also kaum etwas anderes übrig, als mich oder meine Cousinen und Vettern oder die Kinder enger Freunde einzuladen, als persönliches Privileg sozusagen, um sicherzustellen, daß jemand unter dreißig dabeisein und teilnehmen konnte. Weil sie sich mit historischem Alter beschäftigte, das heißt damit, wo Menschen in bezug auf die Kluft zwischen den Generationen standen, befragte sie einige von uns auch weiterhin, nachdem wir die chronologische Grenzlinie schon überschritten hatten. Drei oder vier Leute haben zu mir gesagt: «Weißt du, als du außer Landes warst, hat mich deine Mutter wie eine Art Ersatztochter behandelt.» Ein Grund dafür war, daß sie auf diese Weise sichergehen konnte, daß bestimmte Gesichtspunkte einbezogen und jüngere Stimmen gehört wurden.

Die unangenehmste Situation dieser Art war für mich ein Kongreß über Sprachunterricht, der an der Universität Georgetown ohne Beteiligung von Sprachstudenten stattfinden sollte, obgleich auch einige Demonstrationsklassen geplant waren. Erbittert bestand meine Mutter darauf, daß ich als Sprachstudentin, die eine Sprache des Mittleren Ostens nach der anderen studiert hatte, als Diskussionsrednerin zum Podiumsgespräch eingeladen wurde; tatsächlich war ich aber damals schon Doktorandin der Linguistik, und so stolperte ich dauernd in und aus der Rolle einer linguistisch naiven Sprachstudentin und fühlte mich dabei so unbehaglich wie ein heranwachsender Junge, der von einer Minute zur anderen nicht weiß, ob seine Stimme als Sopran oder Tenor herauskommt. Meistens suchte sie jedoch keinen, der die Rolle der Jugend *spielen* sollte, sondern jemanden, der sie *verkörperte*, wobei sie echte Erfahrungsunterschiede voraussetzte.

In den Kriegs- und Nachkriegsstudien zeitgenössischer Kulturen, als Feldforschung vor Ort wegen des Krieges oder des Kalten Krieges unmöglich war, wurden Gruppen von Menschen zusammengebracht, die etwas von der Kultur, die man studierte, einbrachten; die in ihren Beziehungen zueinander auch die Beziehungen zwischen den Geschlechtern oder den Generationen oder auch den verschiedenen ethnischen Gruppen eines Landes repräsentieren konnten. Wenn Margaret ein Podiumsgespräch organisierte und die Einbeziehung von Mitgliedern unterschiedlicher Gruppen sicherzustellen suchte, dann ging es ihr nicht darum, «einen von jeder Sorte» zu haben, sondern sicherzugehen, daß die Gruppe bestimmte Arten der Beziehungen, bestimmte unvermeidliche Kontraste der Annäherung widerspiegelte. Und doch trat da niemand als eindimensionale Alibifigur auf. Verallgemeinert gesagt, wurden die gegensätzlichen Erfahrungen verstärkt, so daß beispielsweise ein Buch, das sie zusammen mit James Baldwin auf der Grundlage von Tonbandgesprächen machte, das Gefühl auslöste, hier würden vielfache Gegensatzpaare einander herausfordern, mit je anders gearteter Weisheit – Mann und Frau, Schwarz und Weiß, Dichter und Anthropologin.

Unsere erste berufliche Zusammenarbeit ergab sich also dadurch, daß ich in Projekte mit hineingezogen wurde, um Kindheit oder Jugend zu repräsentieren. Es ist wichtig zu verstehen, daß sie nicht an einer statistischen Repräsentation interessiert war, auch nicht daran, den kleinsten gemeinsamen Nenner eines bestimmten Teils der Bevölkerung zu finden; denn Anthropologen versuchen im allgemeinen, sich mit der Einzigartigkeit und Eigenart jedes Informanden auseinanderzusetzen, und sie schätzen Einsicht und Artikulierungsfähigkeit. Einmal brachte sie einen Test mit nach Hause, der für junge Rekruten der Armee bestimmt und auf der Grundlage einer Serie von Fragen danach konstruiert war, wie sich ein junger Hund angesichts gewisser Situationen, die moralische Probleme darstellten, verhalten würde – und den probierte sie an mir aus. Mit übertriebener Genauigkeit fragte ich, ob ich wie ein Hund oder wie ein Soldat oder wie ich selbst antworten solle, worauf sie mich prompt alle drei Testrollen durchspielen ließ. Sie schickte Kollegen und Studenten zu mir, um Interviews zu machen, besonders solche, die gerade erst lernten, wie man das macht. Für ein Forschungsprojekt über Kinderhumor lieferte ich Dutzende von unanständigen Witzen und lange Reflektionen für eine Studie über die Moral eines Kindes. (Was ist das Schlimmste, was ein Kind tun könnte? Die Welt zerstören, sagte ich.)

Wenn ich auf diese Beziehungen aus anderthalb Jahrzehnten zurückblicke, in denen ich inzwischen die berufliche Identität der Anthropologin angenommen und in einem neuen Sinn Kollegin geworden war, scheint es mir unwichtig, sie als im wesentlichen kollegiale Beziehungen zu betrachten. Selbst als ganz kleines Kind steuerte ich Spezialkenntnisse zu einem bestimmten Teil der Kultur bei, Bemerkungen, mit denen individuell, nicht statistisch umgegangen wurde, wenn ich auch ein ziemlich unrepräsentatives Kind war. Ein heranwachsendes Mädchen in Samoa; die kleinen Jungen, die für sie in Manus arbeiteten; ihre außerordentlich feinsinnige und fähige Sekretärin auf Bali, Made Kaler – jeder von ihnen konnte eine entscheidende Einsicht in eine Kultur oder Generation eröffnen, denn jeder sprach von einem spezifischen Ort darin, und so horchte sie gleichzeitig auf das Individuum und auf die kulturellen Themen, die das Individuum ausdrückte.

Einigermaßen gereizt sagte sie einmal, ich wolle anscheinend genau dasselbe wie alle anderen meiner Generation – nur mit eleganteren und geistig anspruchsvolleren Gründen dafür, daß ich ein Auto brauche und mit zwanzig heiraten wolle. Ich denke oft an diese Bemerkung, wenn männliche Freunde mir erklären, daß die Gründe dafür, daß sie aus einer Ehe ausgestiegen sind, nichts damit zu tun hätten, daß eine halbe Generation Gleichaltriger eifrig dabei ist, dasselbe zu tun. Nur weil ein Mensch im Einklang mit einem kulturellen Muster handelt, kann man ihm oder ihr noch kein echtes Gefühl der Notwendigkeit einer Entscheidung absprechen. Sie war auch strikt dagegen, die Kenntnis kultureller Muster zu Manipulationszwecken zu benutzen.

Viel von dem, was in diesem Buch über andere und sogar über mich erzählt wird, steht hier dank ihrer Bemerkungen, dank der Art und Weise, in der sie Beobachtung oder Erinnerung Form gegeben hat. Was ich sagte, als die ersten Atombomben abgeworfen wurden, kommt nicht aus meiner, sondern aus ihrer Erinnerung, und es ist bedeutsam, weil es etwas über ihre Art der Beobachtung aussagt. Beim Schreiben spüre ich, wie ich zögere, zu sortieren, zu urteilen, das Triviale auszulassen und Hauptpunkte zu unterstreichen, denn es ist vor allem die ungleichmäßige Gewebestruktur, die ich vermitteln will.

Ich glaube, es ist unmöglich, beim Studium von Margarets Werk den Einfluß der verschiedensten Menschen herauszupulen. Aber die schwierige Aufgabe läßt sich vielleicht auf den Kopf stellen, wenn wir davon ausgehen, daß der größte Teil ihrer Originalität in der Erfindung von Methoden des Zuhörens und der synthetischen Verschmelzung von Ideen lag. Durch ihre lebenslangen ständigen Wanderungen schuf sie eine Art Massengespräch, zu dem Menschen etwas beitrugen, die ansonsten isoliert geblieben wären, deren Ideen nie fruchtbar geworden wären. Es gab Akzentverschiebungen, als die Zahl ihrer Partner wuchs, nachdem die intensiven und beständigen Partnerschaften in den Hintergrund traten; und doch könnte man eine lange Liste von Büchern aufstellen, die ohne die Energiespritzen, die sie verabreichte, ohne die Einsichten, die sie anderen entlockte, nie geschrieben worden wären. Am besten war sie, wenn sie das intellektuelle Territorium anderer Leute besuchte, von ihren Erfahrungen kostete und nicht verlangte, daß sie an der Breite ihrer eigenen teilnahmen. Es war ein Anzeichen der Ermüdung und schließlich des Alterns, als sie sich immer mehr auf vorgeformtes Material zu verlassen begann; aber sie war noch fähig, einen geistreichen Diskurs aufrechtzuerhalten, der Bewunderung hervorrief, als sie schon zu müde war, um noch aufmerksam zuzuhören.

Einige von Margarets besten und am wenigsten bekannten Arbeiten befassen sich mit dem Wesen des Diskurses und wie er zur Entwicklung von Ideen und einem gemeinsamen kulturellen Erbe beiträgt. In der Tat wäre es fruchtbar, wenn irgendein junger Wissenschaftler sich ihrem Werk als einer Soziologie des Wissens nähern würde. Das Schlüsselwerk ist *‹Continuities in Cultural Evolution›*, der Band, der ihre Vorlesungen in Yale enthält, in dem sie über evolutionäre ‹Bündel› schreibt – jene Menschengruppen, unter denen Ideen sich entwickeln und innerhalb deren die Beiträge eines herausragenden Geistes Resonanz finden und erweitert werden: die zwölf Apostel, Paliaus nächste Anhänger, das Manhattan-Projekt, die *Macy Conferences on Cybernetics.* Im gleichen Band spricht sie auch darüber, wie neue Ideen weitergetragen werden – in visuellen Symbolen oder sogar mit Hilfe von Spielzeug ebenso wie durch Worte –, und sie spricht darüber, wie Ideen vor ihrer Karikierung oder übermäßigen Vereinfachung auf der einen Seite und vor Sektierertum auf der anderen beschützt werden können.

Als ich promovierte, gratulierte mir Margaret und redete mich in ihrem Brief als «Chère Collègue» an. Häufig unterschrieb sie mit «Margaret» oder sogar «Margaret Mead» statt «Mummy», und dann setzte sie schnell ein «sic» hinzu, um zu zeigen, daß sie es selbst gemerkt hatte. Die Gespräche und der Austausch waren so reich und bereichernd, daß ich merke, wie mein ganzes Denken von ihrem durchtränkt ist, und ich große Schwierigkeiten habe, wenn ich versuche auseinanderzuhalten, wer was gesagt hat. Solche Versuche werden noch erschwert durch die Tatsache, daß es bei Margaret nicht um eine einzige Struktur formal verbundener Ideen geht, wie das Gedankensystem meines Vaters, sondern eher um «eine Art, die Dinge zu sehen».

Intensive Gespräche bedeuteten keineswegs, daß wir immer einig waren. Ich war damit aufgewachsen, daß ich die Mitteilung «Ich hatte eine Auseinandersetzung mit Soundso» als Bericht über eine an- und aufregende Debatte verstand, nicht als Anzeichen eines Konflikts, und sie warf sich in eine Diskussion ohne Rücksicht auf Verluste, Ungeduld und Widerspruch deutlich ausdrückend – «Ich habe noch nie solchen Blödsinn gehört» oder ihr durch die Erinnerungen einiger Leute berühmt gewordenes *«fiddlesticks»* (Ach, Unsinn). Auf einer russischen Oster-Party hatten wir beide einmal einen Streit über Vorstellungen von Führungsqualitäten, und auf dem Weg nach Hause lachten wir dann darüber, wie andere sich schüchtern aus dem vehementen Streitgespräch zurückgezogen hatten; sie mögen gedacht haben, sie wohnten einem echten Streit oder einem Zerwürfnis bei. Und selbst in ein paar Beziehungen, wo Diskussion manchmal so mit Emotion geladen war, daß man in die Nähe eines ernsthaften Streits geriet, kam Margaret immer wieder mit der Versicherung zurück, wieviel sie aus der Anregung durch den anderen Intellekt gewann – sie erkannte das Eindringen anderer Persönlichkeitsschichten und Erfahrungen, weigerte sich aber aufzuhören, weil sie die ganze Zeit das Gefühl hatte, zu lernen und neue Anregungen zu erhalten. Sie sagte über eine Ehe, die sich auf dem Weg zur Auflösung zu befinden schien: «Die machen sich ja noch nicht mal mehr die Mühe, miteinander zu streiten.»

Gespräche waren eine Leidenschaft. Margaret beschrieb mir einmal, wie einer ihrer Kollegen in der Nacht in ihr Hotelzimmer gekommen war, fest entschlossen, sie zu lieben, und da sie ihn nicht verletzen wollte, umfing sie ihn – nicht körperlich, sondern mit einem leidenschaftlichen Gespräch über seine Arbeit, bis er im Morgengrauen ermattet davonzog. Das scheint für lange Perioden zu Beginn ihrer Beziehung mit Reo typisch gewesen zu sein; und dann auch mit Gregory und davor während ihrer langen Verlobungszeit mit Luther, und wenn ich mit Leuten über sie spreche, dann fällt es mir manchmal auf, daß viele von ihnen selbst gar nicht so sicher sind, was eigentlich geschah – wie die Intensität ihrer Beziehung zum Ausdruck kam. Der Vergleich von *lovemaking* und Gespräch taucht immer wieder in ihren Schriften auf.

Der bewußte Gebrauch solch evokativer Sprache in ihren Schriften geht auf ihren Entschluß zurück, zum Beispiel über Samoa nicht nur so zu schreiben, daß es für Laien, und besonders Lehrer, verständlich war, sondern auch so, daß Leser darauf zugleich emotional und intellektuell reagieren konnten, ein «Gefühl» bekamen für das ruhige Hinterland von Samoa, wo sie arbeitete, eine Stimmung, die unterbrochen werden konnte und die sich sicherlich mit der Zeit verändert hat, aber das war der alles durchdringende Hintergrund des Lebens, so wie sie es selbst erlebte. Sie zögert nicht zu sagen, daß die Nacht «von Geistern bevölkert ist».

Wenn sie meine Entwürfe las, schalt sie mich dafür, weil ich zuweilen ins typisch akademische Schwafeln geriet: wenn eine Aussage keine statistische Aussage ist, dann sollte man sich auch nicht vor einer statistischen Fehlinterpretation zu schützen suchen – man braucht nicht anzuenhmen, daß Leser «die alten Männer» als «100 Prozent der männlichen Bevölkerung über fünfundsechzig, definiert durch . . .» mißverstehen. Es gibt mehr als eine Art der Verallgemeinerung. Der Wahrheit ist nicht gedient, indem man einen Text mit Wörtern wie «anscheinend» durchsetzt, um die selbstverständlichen Grenzen der Beobachtung gleichzeitig zu leugnen und zu bestätigen.

Margaret überlegte sich jeden ihrer Sätze mit großer Sorgfalt, wohl wissend, wie stark die Ausdrucksweise Reaktionen beeinflussen konnte, und sie tadelte sich selbst, wenn eine Formulierung falsch war. So gab es zum Beispiel eine riesige Aufregung, als sie die «Legalisierung» von Marihuana vorschlug, und sie meinte, daß es eigentlich ihre Schuld sei, denn sie hatte nicht durchdacht, daß es bei Marihuana – wie bei der Abtreibung – um «Entkriminalisierung» geht. Entsprechend reagierte sie, als sie zu mir als Kind sagte, «der weiße Mann» habe den Indianern ihr Land weggenommen, und ich erwiderte, *ich* hätte es ihnen doch nicht weggenommen – sie rügte sich selbst dafür, daß sie mir das Konzept der geteilten Schuld vermittelt hatte, an das sie selbst nicht glaubte, statt zum Beispiel zu sagen, daß die frühen Siedler den Indianern das Land genommen hätten.

Eine Phrase, das Bruchstück einer Zeile, das einen ganzen Schwall von Assoziationen und Ideen hervorruft – diese Art des Vorgehens entspricht ihrem Gefühl, daß man ein Ganzes an einem kleinen Teilchen davon erfahren kann. Überall in der Welt trug sie ein kleines Seidenkissen mit sich herum, das es ihr möglich machte, überall zu schlafen und angedeutet die Bequemlichkeit eines Bettes zu Hause zu spüren, und sie zog ein kurzes Erlebnis heran, um ganze Welten, in denen andere Menschen lebten, zu erklären: «Nur einmal, als du noch ein Baby warst und nicht mit Schreien aufhören wolltest, da hatte ich das Gefühl, ich wüßte, was Mütter empfinden, die ihre Kinder mißhandeln.» – «In Neuguinea war ich einmal deprimiert und wußte, was für ein Gefühl es wäre, in einer dauernden Depression durchs Leben zu gehen.» Als ich noch ein Teenager war, hatten wir einmal in einer Woche mehrmals Streit, und jedesmal stürmte ich in Tränen hinaus. Später sagte sie: «Du hast dich nur eine Woche lang wie ein typischer Teenager benommen, aber das war genug, um mich über ein Internat nachdenken zu lassen; ich weiß also, was andere Eltern empfinden.»

Als ich älter und mehr zur Kollegin wurde, begann ich ihre Arbeitsweise systematischer zu beobachten, und ich verglich ihre Ratschläge zum öffentlichen Sprechen mit ihren tatsächlichen Auftritten und studierte ihr Verhalten. Sie erklärte mir, wie man sich auf dem Podium niederläßt, ohne sich hinplumpsen zu lassen – man stellt einen Fuß hinter den anderen, bevor man sich hinsetzt; wie man sich auf ein oder zwei Gesichter im Publikum konzentriert, mindestens einer wirklichen Person ins Auge schaut, ein Trick, den sie von ihrem Vater gelernt hatte. Sie sprach fast immer frei, verwebte aber altes Material wie der «Sänger von Geschichten», der vertrautes Material und Phrasen aus den Volksepen immer wieder zu neuen Mustern verwebt, oder der Jazzmusiker beim geübten und vertrauten Improvisieren, und bewegte sich durch organische Verbindungen und Assoziationen von einem Kommentar zum anderen.

Wir waren auf einem halben Dutzend Konferenzen oder Kongressen und in mehreren Seminaren zusammen. Einige Male war unser Zusammentreffen zufällig, andere waren von ihr geplant worden. Da saß ich dann und achtete auf ihr Schweigen so sehr wie auf ihr Eingreifen, denn ich war mit ihrem Denken genug vertraut, um zu wissen, wann sie eigentlich etwas zu sagen gehabt hätte, wenn sie sich ihre Eingriffe nicht für die Hauptprobleme aufgehoben hätte – oder auch für Gelegenheiten, Synthesen zu erstellen. Ich war manchmal erstaunt über ihre selbstauferlegte Zurückhaltung.

Nachdem ich mit Gregory an drei oder vier verschiedenen Kongressen gearbeitet hatte und *‹Our Own Metaphor›* über den ersten veröffentlicht war, saß sie in meiner Küche in New Hampshire und sagte: «Ich glaube, du und ich, wir sollten auch einen Kongreß haben; worüber soll er sein?» Und ich schlug vor – über das Ritual. Während wir uns näher mit der Idee befaßten, sie an mehreren langen Abenden wie einen Ball hin und her warfen (und dazwischen den Haushalt und Vanni versorgten), stellte sich heraus, daß wir uns beide ebensosehr dafür interessierten, auf welche Weise neue Rituale entstehen und soziale Veränderungen festgeschrieben werden, wie für die Beschreibung stabiler Ritualsysteme.

Bis dahin hatten wir bereits lange Diskussionen über die Arbeit der Liturgiekommission der Episkopalischen Kirche hinter uns, in denen wir beide zugleich radikaler und konservativer als die Kirche selbst argumentierten – wir wollten das Alte zusammen mit dem Neuen erhalten, und wir wollten auch Formen finden, mit denen man alle wichtigen Übergangsstationen im Leben segnen und markieren könnte: neue Verbindungen (einschließlich der homosexuellen), Scheidung ebenso wie Eheschließung, den Wechsel von einer Gemeinde zur anderen. Vanni war mit einem experimentellen Ritual getauft worden, das die drei Sakramente Taufe, Konfirmation und Kommunion kombinierte, aber von der Kirche schließlich nicht übernommen wurde; und ich hatte die Gebete selbst geschrieben, wie ich auch schon Texte für andere Arten experimenteller Gottesdienste geschrieben hatte. Margaret war der festen Überzeugung, daß neue symbolische und rituelle Handlungen notwendig seien, um ein Engagement auf den Punkt zu bringen und zu intensivieren, und sie beschäftigte sich mit der Einführung eines Tages der Erde.

Am Ende bewarben wir uns um Gelder für einen Kongreß zu dem Thema «Ritual und sozialer Wandel», wieder auf Burg Wartenstein. Margaret war der Meinung, er sei mißlungen, weil wir Leute, die über religiöse Phänomene von außen her schrieben, mit Leuten zusammengebracht hatten, die außerdem aktiv engagiert waren; wobei die Wissenschaftler nicht bereit waren, dem Ausdruck von Erfahrungen Raum zu geben – anscheinend war es noch peinlicher, über Religion zu reden, als über Sexualität. Feachan O'Doherty, ein irischer Priester und Psychologe, der mit Margaret in der World Federation for Mental Health zusammengearbeitet hatte, las jeden Morgen in der alten Turmkapelle der Festung die Messe, und die Mitglieder der Gruppe schwankten zwischen Interesse und Verlegenheit, Engagement und Zynik.

Es gab andere Zeiten, wo ich in ihre Arbeit hineingezogen wurde, und das Persönliche, das Objektive und das Subjektive waren so ineinander verflochten, daß es unmöglich schien, sie auseinanderzuhalten. Sie bot sich selbst für eines ihrer Seminare über Methoden der Feldforschung als Informandin an und bat dann Vanni und mich, zu einer Übung zur Beobachtung und Aufzeichnung von Interaktionen zwischen Mutter und Kind zu kommen, worauf eine der Fotografien von der Sitzung zur Weihnachtskarte der Familie wurde.

Hier und da gab es jedoch einmal einen Punkt, an dem schärfere Trennungslinien wichtig schienen. Ihr ganzes Leben lang waren ihre professionellen Beziehungen mit Ärzten oder Rechtsanwälten auch persönlicher Art gewesen; sie betrachtete die Überwachung ihrer eigenen sensorischen Fähigkeiten und die Erforschung ihres geistigen Lebens als professionelle Verpflichtung – das zentrale Instrumentarium ihrer Arbeit verstehen zu lernen – wie auch mit persönlicher Faszination. Als ihr Arzt einmal bemerkte, daß sie, im Gegensatz zu den meisten Frauen ihrer Generation, kein Taschentuch mitbringe, wenn sie in den Untersuchungsraum komme, erwiderte sie, daß andere ein Taschentuch mitbrächten, um ein Quentchen des Persönlichen und Gesellschaftlichen in einer unpersönlichen Umgebung beizubehalten, während sie das Taschentuch draußen lasse (sie, die fast immer eines bei sich hatte), um eine bereits persönliche Beziehung zu entpersönlichen und formalisieren. Sie war bestürzt, als sie sich ihre Patientenkarte zeigen ließ und sich darin als «korpulente weiße weibliche Person» beschrieben fand, und dann erzählte sie amüsiert wochenlang diese Geschichte über sich selbst, nicht nur sich selbst beobachtend, sondern sich zugleich selbst beobachtend, während sie beobachtet wurde.

# 14

# Schritte zum Tod

Heute leben wir nicht mehr in einer Kultur, die von der Sorge um einen «guten Tod» beherrscht wird. In der Tat sind wir so damit beschäftigt, den Tod von uns fernzuhalten – obwohl wir in den letzten Jahren ein Aufblühen der Diskussion darüber erlebt haben, wie man dem Tod ehrlicher und einfacher entgegengehen kann –, daß Familien und Individuen enorme Schwierigkeiten haben, einen Weg zum Ausdruck geteilter Gefühle zu finden. Der Moment des Todes, wie das Ende einer Geschichte, gibt dem, was vorangegangen ist, eine ganz andere Bedeutung. Der Tod ist auch der Augenblick für ein Geschenk, das die Alten den Jungen geben, eine letzte Chance, vom Leben zu lehren, aber es ist so viel Zufälliges, Unvorhersehbares im Spiel, daß der Augenblick vorbeigehen kann und letzte Weisheit häufig unausgesprochen bleibt. Die Jungen stehen dabei, wollen ihren Eltern einen Bruchteil der Fürsorge, die ihnen zuteil wurde, zurückgeben in der Hoffnung, daß ihre Eltern dem Tod in einer Weise begegnen, die für sie selbst die Erwartung des eigenen Todes mildert und ihr Gefühl bestätigt, sie hätten aufrichtige, großmütige Eltern gehabt.

Als Erwachsene haben wir bereits viele Abschiede hinter uns, lange Perioden auch, in denen wir nur minimalen Kontakt mit den Eltern hatten, wie ich während meiner Kindheit, als sie während des Krieges fort waren, und dann später, als ihre Trennung bedeutete, daß sie sich an verschiedenen und weit entfernten Orten aufhielten; und schließlich, als ich hinauszog und Jahre in anderen Ländern verbrachte. Wenn Eltern sterben, werden alle Abschiede der Vergangenheit mit der Erkenntnis zurückgerufen, daß sie diesmal nicht zurückkommen werden, und die Entfernungen, die sich für mich um den ganzen Erdball spannten, werden unendlich. Und doch besteht das vertraute Erlebnis der Wiedersehensfeier weiter, die man nach der zur Gewohnheit gewordenen Trennung erwartet.

1978 ergab die Diagnose für Margaret wie auch für Gregory, daß sie Krebs hatten. Sie starb im Herbst 1978 und Gregory im Sommer 1980. Im Frühjahr 1978 war er dem Tod bereits nahe, schien zunächst weit stärker bedroht als sie, hatte dann aber eine beschwerdefreie Phase. Für mich fallen beide Tode in eine Zeit, in der sich auch andere Dinge in meinem Leben rapide veränderten; als die Karriere, die meinen Mann und mich rund sieben Jahre lang im Iran festgehalten hatte, mit der iranischen Revolution zusammenbrach. Der Tod von Eltern läßt all die Generalproben für erwachsene Unabhängigkeit zur Wirklichkeit werden; für mich fielen sie zusammen mit der Notwendigkeit eines Neuanfangs.

Eines der Ideensysteme, die meiner Mutter am nächsten waren, die den Kontext für einen Großteil ihres Denkens über Kindheit und Familie lieferten, war Erik Eriksons Analyse menschlicher Lebenszyklen. Eriks Denkweise ist auch für mich immer wichtig gewesen, denn die Freundschaft unserer Familie mit den Eriksons eröffnete mir die Möglichkeit, in Eriks Seminar zu unterrichten, als ich zur Fakultät von Harvard gehörte. Meine Mutter schalt Erik, als er die Entwicklungsstadien zum erstenmal in einem Diagramm aufzeichnete, und bestand darauf, es sei wichtig, die Phasen eines Lebens in aufsteigender, nicht in absteigender Linie darzustellen. Während der Jahre des Generationenkonflikts hatte Margaret eine Theorie der veränderlichen Formen in der Kommunikation zwischen den Generationen entwickelt, in der sie von uralten Harmonien ausging: jede Generation nimmt in einem gewissen Maß die nächste vorweg.

Eine der noch vor uns liegenden Aufgaben ist es, die Konsequenzen für den Menschen auszuarbeiten, wenn Lebenszyklen einander in unterschiedlicher Weise überschneiden, wenn ein bestimmter Rhythmus der Überschneidung in einer Gesellschaft zum Gewöhnlichen wird. Als der Tod meiner Mutter näher kam, fragte ich mich, was für mich daran anders sein würde, wenn ich zwanzig oder dreißig . . . oder fünfzig oder sechzig Jahre alt wäre? Und was wäre dann für sie anders? Heute gibt es Menschen, die sich mit fünfundsechzig in den Ruhestand begeben und noch für alte Eltern zu sorgen haben, und wenn diese Eltern sterben, müssen ihre Kinder die Last der Trauer tragen, ohne das Gefühl zu haben, daß vor ihnen noch viele Möglichkeiten liegen.

In der modernen Zeit ist der Lebenszyklus gestreckt, ist ausgedehnt worden. Obgleich die Kindheit länger ist, die Eheschließung später stattfindet und das Austragen eines Kindes bis zu einem späteren Zeitpunkt möglich ist, besteht die größte Veränderung darin, daß man nach der Zeit des Gebärens mehr Lebensjahre übrig hat. Früher wie heute können die meisten Menschen zwar erwarten, wenigstens ein Enkelkind zu erleben, aber nur wenige können auf ein Urenkelkind hoffen. Tatsächlich konnten sie früher den Tod erwarten, während ihre Kinder noch dabei waren, die nächste Generation großzuziehen, noch dringend gebraucht wurden und noch viel vor sich hatten. Da fragte man sich, was man den Kindern sagen sollte, ob man vom Tod nur in Flüstertönen sprechen und sie vielleicht wegschicken oder sie bei den Feierlichkeiten dabeisein lassen sollte; da gab es ein Baby auf dem Schoß, das umarmt werden wollte, und das dringende Bedürfnis einer jungen Familie nach Essen und Aufmerksamkeit, die Vorrang vor einer lähmenden Trauer hatten. Als mein Mann und ich zum erstenmal nach Vannis Geburt nach Beirut reisten, um sie seiner Familie zu zeigen, nahmen wir die Zweijährige zu Barkevs Tante Lucy mit, die nie geheiratet, aber ihn als Kind versorgt hatte. Sie redete und lachte mit uns, und nach diesem lange erwarteten Zusammentreffen hörte sie auf zu sprechen und starb ruhig innerhalb von zwei Wochen; der Rhythmus ihrer neunzig Jahre war vollendet. Hätten meine Mutter und ich nach der Heirat sehr schnell Kinder gehabt, dann wäre ich beim Tod meiner Eltern über fünfzig gewesen und Vanni dreißig. Statt dessen war ich fast vierzig und Vanni noch keine zehn, alt genug, um zu weinen und dann zum Spielen nach draußen zu gehen; fast im gleichen Alter wie ich, als meine Großmutter, Emily Fogg Mead, starb. Ich kann froh darüber sein, daß Vanni alt genug war, diese beiden berühmten Großeltern kennenzulernen und sich an sie zu erinnern; sie wird ihnen ihr ganzes Leben in Büchern und in von anderen gefertigten Bildern begegnen. Sie war alt genug, um mit Gregory in Priele geschaut zu haben und ihre Großmutter um einen Besuch in ihrem Kindergarten zu bitten, weil die anderen Kinder etwas über «Kanonenkugeln» hören wollten. So viel kam für mich zu einem Ende, daß es mehrere Jahre dauerte, bis mir klar wurde, daß ich zur Zeit ihres Todes genauso alt war wie sie am Ende des Krieges – daß die Bilder von ihnen, die diese Seiten füllen, weiter in ihr Leben hineinreichen und älter sind, als sie mich je erleben werden.

Ich hatte meine Mutter im Herbst 1977 auf den Tagungen der American Anthropological Association in Texas gesehen, wo sie sich mit ihrem Stock und im scharlachroten Cape mit Autorität durch die Menge bewegte, von allen erkannt und jedem bekannt und mit Ehrerbietung als Bindeglied zur Geschichte der Disziplin behandelt. Im Laufe ihres Lebens veränderte sich die Anthropologie von der Hauptbeschäftigung einer kleinen Gruppe, in der sich alle kannten und meinten, daß es genug Hände für eine dringende Aufgabe gäbe, zum Hauptgeschäft einer riesigen Gesellschaft von Fremden, von denen viele Jobs in einem überlaufenen Beruf suchten. Wir sprachen über meine eigenen Pläne, und sie klagte, daß sie wegen wiederholter Attacken von Divertikulitis sehr vorsichtig mit dem Essen sein müsse. Sie hatte bereits angefangen, Gewicht zu verlieren.

Im Frühling, wieder im Iran, bekam ich einen Anruf von ihr: Gregory war im Krankenhaus, man hatte eine Probeinzision wegen einer Krebsgeschwulst in der Lunge gemacht, die sich als inoperabel herausstellte. Man nahm an, daß ihm nur noch sehr wenig Zeit blieb, und so hatte er Margaret vom Krankenhaus aus angerufen, um mit ihr zu besprechen, ob er mich jetzt wohl bitten könnte, aus dem Iran zurückzukommen und ihm bei seinem noch nicht abgeschlossenen Buch zu helfen. Gregory war überaus schnell bis an die Schwelle des Todes gekommen und war von Therapieversuchen stark mitgenommen. Im Krankenhaus lag er dreimal auf der Intensivstation im Kampf mit Krankheiten, die von diagnostischen Bemühungen herrührten.

Nachdem ich angekommen war und während Gregory sich von den Demütigungen der modernen Medizin erholte, wurde klar, daß er den bereits ein Jahr vor der Diagnose verlorenen Boden wiedergewann und auf dem Weg in eine lange beschwerdefreie Phase war. Im Krankenhaus war er realistisch, interessiert und philosophisch und stellte mit Nachdruck fest, daß die Unfähigkeit, dem Tod ins Auge zu schauen, einer der ganz großen Mängel der westlichen Zivilisation sei. Er selbst begegnete der Sterblichkeit mit einer hochgezogenen Augenbraue und spöttischer Miene. Er belehrte Ärzte und Schwestern ebenso wie Gouverneur Jerry Brown, der kam und sich zu ihm ans Bett setzte, über das Wesen gesellschaftlicher und ökologischer Prozesse. Eine Heilerin, die am Tag nach der Inzision ins Krankenzimmer kam, verkündete, daß der Krebs tot sei – es fehle ihm nichts mehr –, hielt aber die überraschende Besserung nicht sich zugute. Andere hielten es für möglich, daß die Besserung etwas mit dem Fieber zu tun hatte, das eine schwere Lungenentzündung zu Anfang seines Krankenhausaufenthaltes begleitete. Er bemerkte, daß die Ärzte brillant die schlimmsten Notfälle meisterten – diese freilich ständig selbst zu verursachen schienen. Gleichzeitig war er, obwohl zutiefst überzeugt von der Realität der von der holistischen Gesundheitsbewegung betonten natürlichen Prozesse, skeptisch gegenüber den meisten ihrer Vorschläge.

Ich traf am Tag vor Gregorys Entlassung aus dem Krankenhaus ein. Sobald er zum Familienwohnsitz in Ben Lomond in der Nähe der Universität von Kalifornien in Santa Cruz (wo er mehrere Jahre lang gelehrt hatte) zurückkam, entwickelten wir einen Arbeitsplan. Die ganze Familie wurde so organisiert, daß sie ihn in seinem Wunsch, das Buch zu vollenden, unterstützte – jenes Buch, das sein Denken zu Problemen der Evolution vermitteln und so endlich seinen Dialog mit dem eigenen Vater vollenden sollte. Er besaß einen Stapel von Abschriften der Vorlesungen, die er seit der Veröffentlichung von ‹*Steps to an Ecology of Mind*› (Schritte zu einer Ökologie des Geistes) im Jahr 1972 gehalten hatte – einer Sammlung fast aller seiner veröffentlichten Artikel, die es ihm ermöglichte, seine vielfältigen Streifzüge in das Studium primitiver Kulturen, die Erforschung der Schizophreniker und der Delphine als Teile einer einzigen großen Untersuchung zu betrachten. Nach Erscheinen des Buches war er sehr schnell bekannt und so etwas wie eine Kultfigur sowohl der Ökologiebewegung als auch der kalifornischen New Age-Gruppen geworden und hatte angefangen, überall im Land Vorträge zu halten. Die Notwendigkeit, ein allgemeineres Publikum anzusprechen, und seine Rolle als Organisator einer Serie von Kongressen hatten ihm ein neues Gefühl dafür gegeben, was er über die Natur des Geistes und die Kreuz- und Querverbindungen zwischen allen Formen des Lebens sagen wollte.

Er wachte um zwei oder drei Uhr morgens auf, und dann hörte ich ihn den Korridor entlanggehen. Wir machten uns dann starken Kaffee und begannen mit der Arbeit am Manuskript. Er sprach in ein Tonbandgerät, das auf dem großen eichenen Eßtisch stand, mit regelmäßigen Pausen, in denen wir lange Diskussionen über die Konzepte, an die er sich herantastete, führten; und am nächsten Tag tippte ich dann, was fertig war, und markierte die Stellen, die während der nächsten Nachtsitzung erweitert oder geklärt werden mußten. Gewöhnlich schafften wir noch eine weitere Arbeitssitzung am Tag, zwischendurch wurde geschlafen, fanden die Familienmahlzeiten mit Lois und Nora statt, gingen wir auch einmal kurz aus dem Haus, um spazierenzugehen oder in der Sonne zu sitzen. Wir saßen auf der Veranda zusammen und schauten den zeremoniell balzenden Pfauen zu, die auf dem Grundstück, wo das Bateson-Haus stand, frei herumstreiften, und wir bezogen deren Beobachtung in den Fragenkomplex der symmetrischen und komplementären Beziehungen ein, mit dem er jahrelang gespielt hatte.

Da sich Gregory jeden Tag sichtlich erholte, waren die neu komponierten Passagen mit den revidierten Vorlesungsabschriften bis zum Ende des Monats so gut verschmolzen, daß ein Buch nahezu vollendet war. Freunde schrieben ihm immer noch Trauerbriefe, in Erwartung seines bevorstehenden Todes. Einige bewegten ihn, andere stachelten ihn dazu an, irritiert zurückzuschreiben und zu schelten – ihr habt meine Arbeit nie wirklich verstanden. Die letzten Kapitel wurden nach meiner Abreise fertig. *‹Mind and Nature›* ging in Druck, und fast unmittelbar danach unteschrieb Gregory den Vertrag für ein weiteres Buch. Die Familie zog aus dem Haus in Ben Lomond nach Esalen Institute, wo er in die Rolle des Hausgurus und Skeptikers schlüpfte und bis zu seiner letzten Krankheit ab und zu Vorträge hielt.

Als Margaret von Gregorys Krebserkrankung hörte, hatte man ihr bereits mitgeteilt, daß der Schmerz, den sie für ein Symptom ihrer Divertikulitis hielt – die ihr mittlerweile große Schwierigkeiten beim Essen machte und Schmerzanfälle zu jeder Tages- und Nachtzeit verursachte –, daß dieser Schmerz tatsächlich von einem inoperablen Krebs der Bauchspeicheldrüse herrührte. Auch auf der Lunge hatte sie einen Schatten. Auf sonderbare Weise genoß sie diese Lungenmetastase, sah sie als Zeichen einer tiefen Sympathie mit Gregorys Lungenkrebs; aber sie weigerte sich, den Bauchspeicheldrüsenkrebs einzugestehen, und zog es vor, auf eine Heilerin zu hören, die behauptete, es sei ein weniger ernster Fall von Darmkrebs. Sie handelte in der Überzeugung, daß Gregorys Krankheit die ernstere war, und schickte mich nur zu ihrem Arzt, um etwas über ihre eigene Krankheit zu erfahren, als ich auf dem Weg von Kalifornien zurück in den Iran durch New York kam. Sie schwankte in ihrer Bereitschaft, sich mit dem, was sich da entwickelte, auseinanderzusetzen, und hatte Pläne für die nächsten fünf Jahre.

Ich hatte eigentlich immer gedacht, wir seien daran gewöhnt, über den Tod zu sprechen. Ruth Benedict war der erste Mensch, dessen Tod ich 1948 erlebte. Obwohl Ruth nur ein paar Jahre vor meiner Mutter in Anthropologie promovierte, hatte sie damals bereits einige erfolglose Karrieren hinter sich. Sie war einundsechzig, als sie starb, erschöpft von hektischer Anstrengung während des Krieges. Ich erinnere mich an die Tote, archetypisch schön und kalt, an die großen, leuchtenden Augen, das perfekt frisierte weiße Haar. Meine Mutter schrieb: «Als sie starb, sah sie unglaublich alt aus, als ob die Weisheit und das Leid von Jahrhunderten für einen Augenblick ihren Ausdruck in einem Gesicht fanden, das in diesem Moment überlebensgroß schien. Sie hatte immer eine starke Affinität zur Schönheit gehabt, und wir nahmen die Kinder mit, um sie zu sehen, und gaben ihnen damit einen Schutz, der heute nur wenigen Kindern zuteil wird – daß sie nämlich den Tod als Teil des Lebens akzeptieren lernen.» Nur wenige Jahre nach Tante Ruths Tod starb die Mutter meiner Mutter nach einer Serie von Schlaganfällen und gab mir das bleibende Gefühl, daß Menschen immer kleiner werden, je näher sie dem Tod kommen.

Margaret hatte ziemlich viel über den Umgang mit dem Tod nachgedacht. In der Mitte der fünfziger Jahre war sie eine der ersten, die ein Dokument aufsetzte, das sie vor medizinischen Maßnahmen schützen sollte, die sie über den Punkt hinaus am Leben erhalten sollte, an dem sie wirklich noch sie selbst war. Ihre Anweisungen gingen wesentlich weiter als die Formen, über die man heutzutage diskutiert, denn sie ließ keinen Zweifel daran, daß sie mit verminderten geistigen Fähigkeiten oder irgendeiner Verminderung ihrer Kommunikations- und Bewegungsfähigkeit nicht weiterleben wollte.

Als Teenager argumentierte ich heftig gegen dieses Verankern der Bedeutung ihrer Existenz in der Fähigkeit, auf höchstem intellektuellen Niveau zu funktionieren. Manche Eigenschaften gehen zurück oder verblassen schneller als andere, und ich war der Meinung – und ich bin es immer noch –, daß es wohl für eine Sportlerin in ihrer Jugend richtig sein mag, ihr Leben ganz auf Geschwindigkeit und Beweglichkeit auszurichten, aber doch falsch, dies als den größten und einzigen Wert des Lebens zu betrachten und damit die potentielle Bedeutung vieler späterer Jahre abzutun, ja, in einem gewissen Sinn auch den Wert jener anderen herabzusetzen, die sich langsam und ungeschickt durch ihr ganzes Leben bewegen. Es ist nicht das Schlechteste, zu entdecken, daß man auch noch geliebt wird, wenn man nicht mehr schnell oder witzig oder schön ist. Als Teenager und ohne zu wissen, was mein eigenes Leben noch für mich bereithielt, empfand ich diese implizierte Stellungnahme meiner Mutter zu dem, was ihr von zentraler Bedeutung im Leben war, vermutlich als bedrohlich – Denken, Kommunikation, Probleme lösen, Herumreisen: sie wollte nicht einfach dableiben, um sich lieben zu lassen.

Margaret hielt die gegenwärtige Periode, in der die Lebensqualität absinkt, für vorübergehend. Sie wies darauf hin, daß sie, wie die meisten ihrer Generation, mehrmals todkrank gewesen war, als sie heranwuchs – sie hatte Diphtherie, Influenza, Scharlach gehabt. Auf der anderen Seite hatte ich, in der Zeit der Antibiotika und Impfungen, keine vergleichbaren Erfahrungen gehabt und daher auch nicht so intensiv gelernt, mich ans Leben zu klammern. Vielleicht werden die Menschen meiner Generation eher locker am Leben festhalten, wenn ihre Körper schwächer werden, und einfach loslassen, wie man es von manchen Kriegsgefangenen in der Nachkriegsära berichtet.

Als das Ende schließlich unausweichlich näher kam, als Margaret immer elender und von Schmerzen gepeinigt wurde, da wurde sie auch immer entschlossener, dem Tod zu widerstehen. Eine alte Rivalität mit Gregory machte sich wieder geltend – wenn er den Krebs besiegen konnte, dann war sie überzeugt, das auch zu können. Es war fast eine Herausforderung, die in der tiefsitzenden Überzeugung gründete, daß geistige Energie von genügender Stärke und Konzentration die Krankheit besiegen kann.

Das sagte sie damals in New York, als ich von meinem Gespräch mit dem Arzt zurückkam – sie beharrte darauf, daß sie vom Krebs genesen könnte, wenn sie mit der Heilerin arbeiten würde, die ihr versichert hatte, die Krankheit säße in Wirklichkeit im Darm. Ich wußte, daß sie sich gegen jede Chemotherapie oder andere eingreifende Therapien entschieden hatte, und der Arzt hatte auf meine Fragen erwidert, ich sollte mich nicht verpflichtet fühlen, sie zu solchen Behandlungen zu drängen, da er meinte, sie sei auf jeden Fall unheilbar. In der Wohnung, die sie mit Rhoda Metraux teilte, sprach sie von ihrer Absicht, einen kleinen, unabhängigen Haushalt einzurichten, und ich fragte mich, ob ich für die verbleibende Zeit bei ihr bleiben sollte, aber sie bestand darauf, daß ich abreiste. Offenbar war sie nicht bereit, jemanden um sich zu haben, der nicht ihre Überzeugung teilte, daß sie geheilt werden würde; ja, sie brauchte meine Abreise in den Iran, wo ich am Aufbau einer neuen Universität arbeitete, geradezu als Beruhigung. «Schaut sie an», sagte sie stolz, als ich ein neues Kleid anzog, um zum Flughafen zu fahren, «sieht sie nicht viel zu jung aus für eine Dekanin?»

Für den Sommer 1978 organisierte Margaret in Chautauqua einen Kongreß über die Zukunft, die Gregory und mich zum ersten- und einzigenmal als Kollegen mit ihr zusammenbringen sollte, zusammen mit einigen anderen, die sie ausgewählt hatte. Jeder von uns hielt einen öffentlichen Vortrag, und während ich in einem riesigen Auditorium über Aufmerksamkeit und Beobachtung sprach, saßen Margaret und Gregory wie alte, endlich versöhnte Liebende beieinander, und beide bestätigten mir, daß ich merklich gereift aus dem Iran zurückgekommen sei. Zwischen den Vorträgen kamen wir zusammen, um miteinander zu reden und zu denken. Ich glaube, daß sie der Ansicht war, die von ihr zusammengestellte Gruppe würde in irgendeiner Weise eine wesentliche neue Idee hervorbringen.

Sie betrachtete die achtziger Jahre als eine Periode enormer, wachsender Gefahren, in der die ökonomische Ungleichheit sich vergrößerte und das Stückwerk inadäquater Mechanismen, das die Anwendung von Kernwaffen in den ersten dreißig Jahren ihrer Existenz gehemmt hatte, durch veränderte Technologien im Zerfall begriffen war; und sie wollte auf Metaphern zurückgreifen, die aus so grundverschiedenen Gebieten wie Krebsforschung und Ritualstudien kamen, um darüber nachzudenken, was man tun könnte. Wir waren alle so sehr mit ihren offensichtlichen Schmerzen beschäftigt, daß ich mich nur schwer an die Diskussionen erinnern kann.

Ich teilte mit ihr ein Zimmer, stand in der Nacht auf, um ihr Tee oder Eisbeutel zu bringen, wenn sie meinte, das würde ihr helfen, oder hielt sie einfach im Arm, so klein und weich und nach Schlaf riechend. Ich war voller Erinnerungen daran, wie ich als Kind nachts die Treppen heraufkam und zu ihr ins Bett kletterte. Und doch riß sie sich für ihre öffentlichen Auftritte jeden Tag wieder zusammen, antwortete mit großer Geistesgegenwart auf Fragen, hatte ihr Publikum in der Hand und rationierte ihre Energie und ihre Schmerzmittel. Sie hatte sich einen Knöchel verstaucht und saß in dieser Woche im Rollstuhl, nicht mehr stark genug, um für länger als Augenblicke die Krücken zu benutzen, und ich führte sie aufs Podium und wieder hinunter. Diesen ganzen Sommer hindurch setzte sie ihre beruflichen Reisen fort, wobei verschiedene Leute sie von einem öffentlichen Auftritt zum anderen geleiteten und pflegten; und sie unternahm sogar eine letzte Vortragsreise nach Kalifornien, wo sie noch einmal mehrere Stunden mit Gregory reden konnte.

Im Herbst, als sie ins Krankenhaus ging und behauptete, es sei nur für ein paar Ruhetage, war ich wieder im Iran. Bis zu diesem Zeitpunkt hatte sie zweimal den Arzt gewechselt, nicht bereit, eine negative Prognose zu akzeptieren oder die Wirkungslosigkeit der Behandlung ihrer Heilerin zuzugeben. Freunde riefen mich im Iran an und meinten, dies sei vielleicht meine letzte Chance, sie zu sehen, aber sie war ärgerlich, als sie hörte, daß ich kommen würde. Sie war besorgt darüber, daß meine Abwesenheit in dieser Zeit der nahenden Revolution unsere Möglichkeit, dort zu bleiben, gefährden könnte, denn Barkev und ich hofften beide, daß unsere Arbeit auch in einem postrevolutionären Iran weitergehen könnte.

Als Vanni und ich in New York ankamen, fuhren wir direkt zum Krankenhaus. Wir traten ins Zimmer, und sie wachte auf, sah uns, setzte sich auf – und sofort ‹auftrittsbereit› zeigte sie Vanni die Lichter auf dem Fluß, die man durch ihr Fenster sehen konnte. Als Vanni am nächsten Tag nicht dabei war, sagte sie: «Weißt du, ich habe all diese Jahre darüber geredet, daß man Kinder dem Anblick des Todes aussetzen sollte, aber dabei ist mir nie eingefallen, daß sie auch das Leiden sehen müssen, wie du es Vanni jetzt zeigst.» Sie sprach dann weiter über Gesellschaften, in denen Kinder in Vannis Alter nicht nur für jüngere Geschwister verantwortlich sind, während die Mütter mit Neugeborenen beschäftigt sind oder außer Haus arbeiten, sondern auch für die Pflege der Alten und Gebrechlichen, so daß häufig ein kleines Kind der einzige Mensch ist, der im Augenblick eines Schlaganfalls oder Herzinfarktes zugegen ist.

Wir blieben zwei Wochen da, eine schmerzliche und beunruhigende Zeit; nicht nur, weil der Tod immer näher kam, sondern auch, weil Margaret ihre Fähigkeit, alles um sie herum zu orchestrieren, verlor und darauf bestand, daß wir so mit ihr reden sollten, als ob sie wieder genesen würde. Ich habe einmal eine Fantasy-Geschichte gelesen, in der ein Zauberer Doppelgänger seiner selbst ausgeschickt hatte, um auf verschiedenen Kontinenten seine Befehle auszuführen, aber am Ende verlor er seine Willenskraft und die Macht, mit der er seine Doppelgänger in fernen Ländern am Leben erhielt, und sie kehrten zurück, kamen unbarmherzig durch die Regennacht zu einer tödlichen Wiedervereinigung. Um das Krankenbett meiner Mutter herum lebten Konflikte zwischen Menschen auf, die ihr in verschiedenen Lebensphasen wichtig gewesen waren, aber keine Freundschaft füreinander empfanden; die eifersüchtig auf einem Stückchen ihrer Zeit und Aufmerksamkeit bestanden und jeden Versuch, den Besucherstrom zu begrenzen, zunichte machten. Wenn sie genug Schmerzmittel eingenommen hatte, reagierte sie immer wieder auf die verschiedenen Besucher mit genau der Vertrautheit und Wärme, die sie brauchten, wie ein alternder Vaudeville-Star, der sich für eine letzte Verbeugung, ein letztes Lächeln noch einmal zusammenreißt.

Was sich vor uns abspielte, war die Fragmentierung, die sie 1955 beschrieben hatte, in jenem Brief, der nach ihrem Tod gelesen werden sollte: unterschiedliche und fragmentierte Beziehungen gerieten miteinander in Konflikt, und sie litt ständig unter der Angst, allein gelassen zu werden. Sie hatte Pflegerinnen rund um die Uhr, und fast immer war irgendeine zweite Person da, so daß sie auch nicht einmal für Minuten allein war, wenn die Schwester hinausging, um Tee zu machen oder eine Heißwasserflasche zu füllen; und doch ließ sich dieses Tohuwabohu von Missionaren und Kannibalen um das Bett herum und im Korridor kaum unter Kontrolle halten.

Ihre eigene Krankheit leugnend, drängte mich Margaret, abzureisen und wieder an meine Arbeit zu gehen. Ich frage mich heute, ob ihr Beharren darauf aus der Erkenntnis kam, daß der Impuls, an einem Totenbett gegenwärtig zu sein, eine Wiederholung der Anziehungskraft der Wiege ist. Frauen in unserer Gesellschaft erwarten, daß sie sich dem Druck widersetzen müssen, der auf sie ausgeübt wird, ihre Karrieren aufzugeben und sich ganz ihren Kindern zu widmen; aber daß man sie unter Druck setzt, sich den Alten zu widmen, besonders in Monaten oder Jahren der Krankheit, trifft sie ganz unerwartet. Dieser Druck, dem ein Mann nicht ausgesetzt würde, bedeutet indirekt, daß es für eine Frau geradezu frivol und selbstsüchtig wäre, ihren beruflichen Verpflichtungen weiterhin nachzugehen. Als Margaret über Frauen sprach, die zwischen Beruf und der Sorge für die Kinder hin und her gerissen sind, zitierte sie Harriet Beecher Stowe, die gesagt hatte, sie würde von ihrem Roman abgelenkt, weil «das Baby soviel schreit»; aber Margaret meinte, das wahre Problem sei, daß das Baby soviel lächelt, daß die Betreuung eines kleinen Kindes eine solche Kreativität und soviel Entzücken schenke, wie sie nur wenige Menschen bei irgendeiner anderen Art von Arbeit kennenlernen. Die Aufgabe, einem anderen Menschen sterben zu helfen, ist gleichermaßen eine Sache von Bedeutung und Endlichkeit, eine Aufgabe, deren Tragweite alle anderen als bloße Beschäftigung erscheinen läßt; und doch beurteilen wir ein Leben nicht nach seinem Anfang und Ende, sondern nach dem, was in der Zwischenzeit getan worden ist.

Ich glaube, die Bestimmtheit, mit der sie mich drängte, in den Iran zurückzukehren, wo meine eigene Arbeit in einer Krise steckte, war eine Bejahung der Entscheidungen, die sie ihr ganzes Leben lang getroffen hatte, besonders, als sie während meiner Kindheit ihre Arbeit nicht aufgab. Es war also auch mehr als Großzügigkeit Gregory gegenüber, als sie ihm zustimmte, es sei richtig, mich kommen zu lassen, als wir glaubten, daß er dem Tode nahe war. Gregory bat mich zu kommen und ihm bei der Vollendung seines Buches zu helfen – ein Ruf, der mehr besagte als Bedürfnis nach Fürsorge und Zärtlichkeit in einem Leben, für das «zusammen ein Buch zu haben», etwas über den ständigen Kreislauf von Zeugen und Sterben hinaus Bleibendes zu schaffen, der höchste Ausdruck von Intimität bedeutete.

Als es Zeit war zu gehen, versuchte ich noch einmal, gemeinsam mit ihr zu akzeptieren, daß dies wahrscheinlich der endgültige Abschied war, aber das konnte sie noch immer nicht. Als Barkev sie zwei Wochen später besuchen konnte, beklagte sie sich bei ihm: «Cathy denkt, ich liege im Sterben, aber sie irrt sich.»

In den Wochen im Krankenhaus hielt intravenöse Ernährung sie am Leben, verlangsamte den normalen Rhythmus, in dem das Leben ausgelöscht würde, bis der Krebs sie unmittelbarer zerstören konnte. Als sie eingeliefert wurde, war sie sehr schwach, dünn und ausgemergelt und lehnte fast jede Nahrung ab. Im natürlichen Lauf der Dinge wäre sie vermutlich so gestorben wie fast alle Lebewesen in der Natur sterben, nämlich indem sie langsam immer schwächer werden, weil sie keine Nahrung mehr aufnehmen können. Und doch war sie klar und beharrlich in ihrem Kampf, am Leben von einem Tag zum andern festzuhalten. Alles, was sie je über den Tod gesagt hatte – daß man ihn ins Leben mit einschließen und fähig sein muß, die Zeit des Todes bewußt anzunehmen –, ging in diesem beharrlichen Kampf verloren.

Margarets Annäherung an die Heilerin hatte aus der gleichen intellektuellen Neugier heraus begonnen, aus der sie in all den Jahren immer darauf beharrte, daß man zumindest die Belege für ESP und ähnliche parapsychische Phänomene in Augenschein nehmen sollte. Später scheint sich das zu einer Art von Ersatz für den Aktivismus entwickelt zu haben, der mit drastischen medizinischen Maßnahmen einhergeht: man hat wenigstens von Tag zu Tag das Gefühl, daß etwas gegen die Krankheit getan wird. Es bedarf einer ganz besonderen Art von Mut, außerordentlich selten bei Amerikanern, einfach auf den Tod zu warten. Tausende von Dollars werden in diesem Land für Behandlungsmethoden ausgegeben, die den Tod genausowenig aufhalten können wie die Dienste eines Heilers. Ärzte scheinen ebenso erpicht darauf, während des Sterbeprozesses am Körper herumzubasteln, wie die Patienten und ihre Verwandten. In dem verzweifelten Wunsch, sich sagen zu können, daß alles Menschenmögliche getan wurde, füllen sie die Zeit mit dem Stress, den die Behandlung mit sich bringt. Wir haben den

Mut zur Aktivität, aber selten zur Passivität. Besser, den Impuls zum Tätigbleiben in ein Ritual des «Heilens» zu lenken, das weder schneidet noch vergiftet, weder Übelkeit noch Schmerz verursacht. Im Gegensatz zu den Dienern der medizinischen Technologie, die eher distanziert und unpersönlich daherkommen, war die Heilerin eine warme, großbusige und unterhaltende Frau; eine fesselnde Persönlichkeit, die verschiedene kulturelle Traditionen in sich vereinte, immer bereit zu streicheln und trösten.

Margaret trug sich sogar mit dem Gedanken an eine Studie über Heiler und verschiedene Formen von Geistheilen; ähnlich wie Gregory, als sich sein Lungenkrebs als inoperabel erwies, davon sprach, er wolle sein nächstes Buch über das amerikanische medizinische Establishment schreiben – und über iatrogene Krankheiten, das heißt über Krankheiten, die durch Ärzte verursacht werden. Dies ist schließlich die traditionelle Reaktion in meiner Familie. Wenn man sein Leben stets in Partizipation und Observation gelebt hat, dann kann man Langeweile, Irritation und sogar Schmerzen dadurch lindern, daß man versucht, die kulturellen Muster zu verstehen, die in einer gegebenen Situation verborgen liegen. Auf der anderen Seite ist es nicht leicht, vielfache Erfahrungsebenen unbegrenzt aufrechtzuerhalten. Barkev und ich waren besorgt, daß Margaret langsam nicht mehr zwischen Wunschdenken und Realität unterscheiden könne und sich durch Selbsttäuschung – ihr Beharren wider alles Wissen, daß sie nicht sterben würde – verwundbar für Täuschung und Ausbeutung mache. In den letzten Tagen vor ihrem Tod, so erzählte man mir, erkannte Margaret, daß sie tatsächlich im Sterben lag, und wurde zornig, insbesondere auf die Heilerin, die immer wieder Heilung versprochen hatte und nun plötzlich, im Moment der Hoffnungslosigkeit, mit anderen Verpflichtungen beschäftigt war.

Ich erfuhr von Margarets Tod im Iran. Die Unruhen dort hatten bereits einen Punkt erreicht, an dem es unmöglich war, das Land schnell genug zu verlassen, um rechtzeitig nach New York zu kommen, und die Menschen in unserer Umgebung waren mit anderen Todesfällen und mit der Furcht vor wachsender Gewalttätigkeit beschäftigt. Wir hatten in Teheran eine kleine Gedächtnisfeier. Das Begräbnis selbst fand in New York statt, in St. Paul's Church, der Kapelle der Columbia University. Wie sie es gewünscht hatte, wurde sie eingeäschert, und in der Tat hätten Freunde und Familie den Gedanken an diesen zerbrechlichen, verwüsteten Körper in der Wintererde unerträglich gefunden. Sie wurde auf dem Friedhof der kleinen episkopalischen Kirche in Buckingham, Pennsylvania, begraben, der sie als kleines Mädchen angehört hatte.

Als wir später ihren Grabstein bestellten, bat ich darum, daß er den anderen ringsum so ähnlich wie möglich sein sollte, nur mit ihrem Namen und den Geburts- und Sterbedaten über einem Satz von ihr, der in ihren Schriften über dreißig Jahre lang immer wiederkehrt: *«To cherish the life of the world.»* (Dem Leben der Welt in Liebe zugetan.) Als Luther Cressman, ihr erster Mann, einen Rosenbusch an ihrem Grab pflanzen wollte, erlaubte das die Verwaltung nicht, weil der regelmäßig beschnitten werden müßte.

Gregorys Sterben, 1980, war ganz anders, denn er und seine Familie hatten eine Zeit durchlebt, in der sie seinen Tod jeden Augenblick erwarteten, eine Periode, in der er von der konventionellen Medizin bereits abgeschrieben worden war. Lois, die in Esalen für ihn sorgte, spürte zu Beginn des Frühlings, daß seine Vitalität nachließ und er sich immer weniger bewegte. Obgleich sein Lungenkrebs in der Remission blieb, bekam er eine Lungenentzündung und scharfe Schmerzen in der Seite, die wir mit dem Krebs in Verbindung brachten. Diese Schmerzen wurden erst nach seiner Einweisung ins Krankenhaus als Gürtelrose identifiziert. Von Tag zu Tag wurde ihm die Krankenhausversorgung unerträglicher, und er wartete ungeduldig auf den Tod, neugierig auf die Art des Loslassens, das ihn befreien würde.

Nach zwei Wochen im Krankenhaus entschied Lois, ihn da herauszuholen, und die Zen-Gemeinde von San Francisco brachte uns alle in ihrem Gästehaus unter. Die Zen-Studenten teilten sich mit uns in die Pflege und saßen meditierend an seinem Bett, rund um die Uhr, rhythmisch atmend. Es waren keine Schläuche an Gregorys Körper befestigt, und als er die Nahrungsaufnahme verweigerte und die Sauerstoffmaske von der Nase wegschob, ließen wir ihm seinen Willen. Ich war während des größten Teils seiner Krankheit da, nach meiner Rückkehr aus dem Iran noch nicht voll in neue Pflichten eingebunden. Die Ruhe des Zen-Zentrums und die Monotonie der gleichbleibenden Aufgaben bei der Pflege wirkten heilend.

Im Kontext der bedachten Details, die zum Zen-Ritual gehören, fand jeder von uns seine eigenen kleinen Rituale von Gruß und Abschied. Als ich während der letzten Nacht vor seinem Tod in dem dunklen, friedlichen Haus allein bei ihm wachte, als er noch eine Hand drücken und liebevolles Da-Sein bestätigen, aber nicht mehr sprechen konnte, las ich ihm jene Passagen aus dem Buch Hiob vor, die er so liebte, in denen Gott von den geheimnisvollen Wundern der natürlichen Welt spricht, und ich hielt eine Blume hoch, wie man vielleicht vor den Augen eines sterbenden Christen ein Kruzifix emporhält, den einzigen Ausdruck der natürlichen Ordnung, die er so verehrte, den ich – außer unseren Körpern – finden konnte. Es dauerte noch einen halben Tag, dann wurde sein Atmen allmählich langsamer, und dann erlosch es. Lois schloß ihm die Augen, wir badeten ihn und kleideten ihn an und wachten noch zwei Tage lang abwechselnd an seiner Seite, während Besucher kamen und das Gefühl seiner Gegenwärtigkeit langsam nachließ.

Nach drei Tagen gingen unsere Zen-Freunde mit uns zum Krematorium in den Raum mit den Brennöfen, und wir bedeckten seinen Körper mit Feldblumen und Abschiedsgeschenken, einem *Bagel* von Nora als Erinnerung an ein Gespräch am Frühstückstisch in Esalen und einem Taschenkrebs, den John und Eric, sein Sohn und sein Stiefsohn, am Abend vorher in der Bucht von San Francisco gefangen hatten – ein Symbol für die liebsten Augenblicke der Kindheit und all die «erschreckenden Symmetrien» von Geist und Natur. Unsere Zen-Freunde sangen. Dann geleiteten sie Lois zu dem Kontrollschalter des großen Ofens, und wir gingen hinaus auf die Wiese und schauten zu, wie die dünne Rauchfahne zum Himmel stieg.

15

# Epilog: Abschied und Wiedersehen

Die Stimmen meiner Eltern sind mir immer noch sehr gegenwärtig, ich höre ihr Echo in so vielen Dingen, die ich sehe, denen ich begegne. Sie zeigten, daß das Wichtigste, was es zu bewahren gilt, ein über Einzelpersonen weit hinausgehendes, alle mit allem verknüpfendes Grundmuster ist, und ihre Stimmen sind nun Teil dieses komplexen Gewebes geworden. Als Kind war es manchmal schwierig für mich, die Unterschiede und Ähnlichkeiten zu entschlüsseln und meine eigene Stimme harmonisch und doch eigenständig darauf abzustimmen. Die Geborgenheit der frühkindlichen Welt existiert nicht mehr, aber meine Hauptinteressen sind ihren ähnlich geblieben, ihren Analogien, die vom Mikrokosmos zur größeren Welt Brücken schlagen, von Pere Village nach New York, von der verzerrten Kommunikation einer schizophrenen Familie zum Pentagon. Letztlich dieses Spiels der Analogien wegen glaubte ich, meine eigenen Erinnerungen mitteilen zu müssen.

Margaret und Gregory werden von vielen Menschen in Anspruch genommen, nicht nur von denen, die tatsächlich einen Anteil an ihrem Leben hatten, sondern von vielen anderen, die sie nie kennengelernt, sondern nur ihre Schriften gelesen, ihre Stimmen vom Tonband gehört oder ihre Bilder auf der Leinwand gesehen haben. Jetzt merke ich, daß ich eine gewisse Verantwortung für das Weiterleben ihrer Schriften und Ideen habe, wenn ich auch weiß, daß meine Eltern ebensowenig mir allein gehörten wie die Fotografien und Aufzeichnungen aus meiner Kindheit, die das

Besondere so festhielten, daß es eines Tages hinausgetragen werden könnte als Angebot bereichernder oder erhellender Modelle.

Im Verlauf der Zeit werden Margarets und Gregorys Namen und Gesichter immer mehr von Gruppen und Einzelpersonen in Anspruch genommen als Repräsentanten von Ideen, die ihnen etwas bedeuten, aber dies hatte bereits zu ihren Lebzeiten begonnen. In den sechziger Jahren sagten die Studenten zu Margaret: «Du gehörst zu uns; du bist im Grunde eine von uns», aber sie sagte nein, wenn auch mit Sympathie und Verständnis; ihr Standpunkt war unvermeidlich anders. Buddhisten in Boulder, Colorado, und Anhänger des heiligen Hindu Sri Satya Sai Baba in Bangalore sagten zu Gregory: «Im Herzen bist du wirklich einer von uns», und lachten unsicher über die Bemerkungen, die er über ihre Vorstellungen vom Übernatürlichen machte. In Manus nannte man Margaret *pilapan*, weiblicher Häuptling, und Mutter.

In Esalen spielte Gregory die Rolle des Skeptikers. Ein Medium tauchte auf und malte Bilder im Stil und unter den Namen der großen Impressionisten – Bilder, die, wie das meiste, was von Medien im Namen der mächtigen Toten produziert wird, von bemerkenswerter Mittelmäßigkeit waren. Zum Horror der Gemeinde beschmierte ein kleines Kind ein Gemälde von «Monet». Gregory verteidigte es und witzelte, dies sei ein viel eindrucksvollerer Beweis für das Weiterleben der Seele, denn offensichtlich sei Monets Geist in das Kind geschlüpft, um sich gegen eine Fälschung zur Wehr zu setzen. Aber nach Gregorys Tod veröffentlichten die Manager von Esalen einen ganzen Katalog, in dem sich Fotografien und bis dahin unveröffentlichte Schriften von Gregory mit Werbung für ihre Programme abwechselten. Selbst wenn er sie spöttisch kritisierte, waren sie der Ansicht, daß er voll und ganz das repräsentierte, was ihnen wesentlich war.

Margarets Name ziert nun eine öffentliche Schule und ein Stückchen Grün in der Nähe des American Museum of Natural History, einen Mädchenschlafsaal in einem Übergangsheim für Straftäter und ein ökologisches «Hoffnungsschiff», um nur einiges zu nennen. Gregorys Name steht an einem mit Sonnenenergie versorgten Bürohaus in Sacramento und an einem Institut für Familientherapie in Frankreich. Zusammen müssen für beide mindestens zwanzig Gedächtnisfeiern stattgefunden haben. Margaret wurde in einer außergewöhnlich großen Anzahl von Institutionen betrauert: in der Columbia University, den Vereinten Nationen, dem American Museum of Natural History. Um Gregory trauerte man mit einer ungewöhnlichen Auswahl von liturgischen Formen: tibetanischen, Zen-buddhistischen, hinduistischen und christlichen. Jede dieser symbolischen Handlungen ist gewissermaßen die Anmeldung eines Anspruchs auf einen Anteil an ihm.

Als Barkev und ich heirateten, ließ Margaret keinen Zweifel daran aufkommen, daß unsere Hochzeit nicht nur eine Privatangelegenheit war, denn solche «Passagen» haben die Funktion von Symbolen im Leben anderer Menschen. Sie fügte der Gästeliste die Namen vieler Leute hinzu, die ich nie kennengelernt und von denen ich nie gehört hatte, und sagte, dies sei ihre Chance, der Beständigkeit von Beziehungen zu Kollegen und Kindheitsfreunden Ausdruck zu geben, die seit Jahren alles mögliche über mich gehört hatten. Ich weiß noch, wie ich zur Toilette ging, um meinen Schleier abzunehmen, der mittlerweile total verrutscht war, und irgend jemanden mit diesem abwesenden Lächeln anblickte, mit dem man Fremde anlächelt, deren Spiegelbild man neben sich im gleichen Spiegel entdeckt – und dann merkte ich erschrocken, daß dieser abwesende Blick einem Gast auf meiner eigenen Hochzeit galt. Die erste Hochzeit, die ich je miterlebte, war Moana Holts Hochzeit, die meine Mutter als Baby im Arm gehalten hatte, als sie in Samoa vor einem Hurrikan in einem Wassertank aus Beton Schutz gesucht hatten, und Moana schenkte mir den Schleier der Zuckerbraut auf ihrem Hochzeitskuchen: so gehörte mir ein Teil dieser Hochzeit. Als ich dann heiratete und an diesen Moment dachte, holte ich mir alle kleinen Kinder zusammen und ließ mit ihnen und für sie eine Aufnahme machen, für den Fall, daß dies ihre erste Hochzeit wäre. Unter unseren Freunden gab es ein Paar, das eine im Absterben begriffene Beziehung auf unserer Hochzeit wiederbelebte, und ein anderes, das auseinanderging; und eine Gruppe unserer Gäste nahm eine große Tüte voll Essen mit zu einer Wahlveranstaltung für Kennedy, die an jenem Abend in der Bronx stattfand. Die Feier gehörte vielen Leuten, genauso wie heute viele Leute ihren Anspruch auf Teilhaberschaft am Hinscheiden meiner Eltern anmelden.

In diesem Land reden wir oft über Besitzrechte, doch seltener reden wir über die Anteile, die Menschen am Leben anderer besitzen; auch nicht darüber, daß Menschen ein Recht auf Teilnahme und Freude haben, besonders in den Momenten der Übergänge: das Recht, eine Handvoll Erde auf einen Sarg zu werfen, das Recht, dazustehen und einen Brautstrauß aufzufangen und von der eigenen zukünftigen Hochzeit zu träumen, eine Braut oder einen Bräutigam zu küssen und ein Neugeborenes im Arm zu halten. Heute denken sich Paare neue Rituale aus oder gründen einen gemeinsamen Haushalt so, wie es für sie selbst am bedeutungsvollsten ist, ohne darüber nachzudenken, ob Sinn und Bedeutung etwas sein könnte, das sie einer größeren Gemeinde schulden.

Wenn wir der Toten gedenken, sprechen wir oft davon, wieviel sie von sich selbst gegeben haben, und dabei denken wir gewöhnlich daran, wie sie sich gemüht haben, aufzubauen und Wohlbehagen zu schaffen. Meine Eltern haben auf andere Weise von sich selbst gegeben – in den Rollen, die sie in den Vorstellungen so vieler Menschen spielten. Ich habe Margaret einmal gefragt, warum sie es nicht ausbeuterisch finde, soviel von anderen anzunehmen, insbesondere von den Erwachsenen, die mich versorgen halfen, aber auch von den Freunden, bei denen sie auf ihren Reisen wohnte und die nie zu uns zu Besuch kamen, oder von denen, die Dinnerparties gaben, ohne daß wir uns für die Einladung revanchierten. Sie erwiderte, daß sie Menschen an ihrem Leben teilhaben lasse, indem sie ihnen das Gefühl gebe, sie ermöglichten es erst, unterstützten das aufregende Leben und die Leistungen; und der Gedanke, dafür mit gleicher Münze zurückzuzahlen, sei wirklich langweilig. In dieser Art des Sich-selbst-Gebens war sie endlos großzügig. Erst spät im Leben fing sie an, jene Schutzwälle aufzubauen, die die meisten Leute gegen Telefonanrufe und Interview-Wünsche errichten, und das erst, nachdem es unter Schullehrern und -lehrerinnen schick geworden war, Kindern die Aufgabe zu stellen: «Schreib an eine berühmte Person und frag sie . . .» Gregory hat nie wirksame Filter errichtet, und in seinen diversen Heimen, besonders in der letzten Dekade seines Lebens, wurden viele Stunden aufgebraucht von Leuten, häufig Fremden, die einfach vorbeikamen, um ihn etwas über seine Arbeit zu fragen. Beide waren sie, auf verschiedene Weise, für andere verfügbar und schufen so eine Erwartungshaltung in ihrer Umgebung.

Diese Erwartungen gehen weiter. Drei Jahre sind seit Gregorys Tod vergangen und beinahe fünf seit Margarets, aber die komplizierten Hinterlassenschaftsangelegenheiten sind gerade erst einigermaßen geregelt worden; Margarets Papiere in der Library of Congress und die von Gregory an der Universität von Kalifornien in Santa Cruz sind noch nicht vollständig katalogisiert. Das letzte Manuskript meines Vaters bleibt nach seinem Wunsch mir zur Vollendung überlassen, und Anfragen von Biographen, Lehrbuchautoren und Filmemachern treffen weiterhin ein. Ich könnte leicht meine gesamte Zeit dieser Korrespondenz widmen: mit Antworten auf die Anfragen und auf die Ansprüche von Leuten, die irgendein wichtiges Projekt mit den Namen meiner Eltern verknüpfen wollen.

Was sind dann also die Verpflichtungen, die mir durch die Rechte, die andere zu haben glauben, auferlegt sind? Wie reagiere ich, wenn der berüchtigte Star einer Fernsehserie entscheidet, sie sei dazu geboren, Margaret Mead im Fernsehen darzustellen, oder wenn eine Zeitschrift der *New Age*-Spiritisten es auf der Basis eines Telefoninterviews mit mir fertigbringt, über Gregory Batesons Religiosität zu schreiben? Wie reagiere ich auf die Biographen, die davon ausgehen, daß ihr Interesse an meinem Vater oder meiner Mutter ihnen ein natürliches Anrecht auf meine Zeit gibt? Verändert sich die ethische Situation, wenn der zweite Schreiber dieser Art auftaucht oder der dritte, und verändert es die Situation, wenn sie Anthropologie studiert oder Margaret oder Gregory zu Lebzeiten gekannt haben? Beim zweiten Filmprojekt? Beim dritten? Und ist es meine Aufgabe, mich mit Angriffen und Kritik auseinanderzusetzen, wenn sie geäußert werden, wobei manches konstruktiv, anderes aber auch kleinlich und destruktiv ist, und wenn Freunde und Verwandte spätabends anrufen, um ihren Kummer und Zorn darüber auszuschütten?

Das Gedicht, das meine Mutter 1947 für mich schrieb, begann so:

*That I be not a restless ghost*
*Who haunts your footsteps as they pass ...*

Ich will kein rastloser Geist sein,
der dir ständig auf den Fersen ist ...

Tatsächlich handelt dies Gedicht nicht von jenem Gefühl des Verfolgtwerdens, das manchmal mit einer komplizierten Hinterlassenschaft einhergeht, sondern von der Art von Verfolgung, die das Resultat eines Versuches gewesen wäre, mein Leben in eine bestimmte Richtung zu drängen. Und doch hat ein Großteil meines Lebens in den letzten fünf Jahren unter dem Druck gestanden – der mich in der Tat ‹verfolgt› hat –, mich mit derartigen Fragen verantwortungsbewußt auseinanderzusetzen.

Im Februar 1983 waren Zeitungen und Nachrichtenmagazine plötzlich voll von Berichten über die Arbeit eines australischen Anthropologen, Derek Freeman. Freeman behauptete, daß meiner Mutter bei ihrer Arbeit auf Samoa fundamentale Irrtümer unterlaufen seien – sie hatte die Friedfertigkeit der Kultur und die gelassene Einstellung zur Sexualität betont, die für die jungen Mädchen das Heranreifen wesentlich erleichterte –, weil sie die Gewalttätigkeit und den Puritanismus der Samoaner nicht erkannt habe. Mit dieser Argumentation griff er ihre erste Feldforschungsarbeit (von vor fünfzig Jahren) an, als ließe sich damit die sorgfältige Arbeit einer Vielzahl von Anthropologen während eines halben Jahrhunderts widerlegen, die demonstriert haben, auf welche Weise die Verhaltensunterschiede zwischen Menschengruppen von erlernten kulturellen Mustern abhängig sind. Diese merkwürdig personenbezogene Attacke gegen ein ganzes Theoriegebäude wurde noch kompliziert durch eine systematisch falsche Darstellung dieser Theorie, durch die der Eindruck entstand, daß die Kulturanthropologen die Biologie als Faktor menschlichen Verhaltens irgendwie total beiseite geschoben hätten.

Ich war mit anderen Problemen beschäftigt und hoffte zunächst, mich aus der Debatte heraushalten und sie denen überlassen zu können, die größeres Wissen über Samoa besaßen. Aber es wurde bald deutlich, daß die Sache den Boden der Wissenschaftlichkeit verließ, vor allem wegen der Sensationshascherei, mit der die Harvard University Press das Buch herausgebracht hatte; und mein Anliegen wurde es, nicht etwa die Einzelheiten der ersten Feldforschung meiner Mutter zu verteidigen, sondern die Ideen, die ihre gesamte Karriere hindurch von entscheidender Bedeutung waren und die es für mich auch bleiben. Denn gerade weil die biologischen Eigenschaften des Menschen das Lernen möglich machen, sind wir fähig, reiche und komplexe Kulturen zu entwickeln und letztlich Entscheidungen für die Zukunft zu treffen: zu wählen.

Es ist logisch anzunehmen, daß es genauso, wie viele Leute auf ihrem Interesse an Mead oder Bateson eine Karriere aufbauen wollten, andere geben wird, die ihre Chance in einem Angriff sehen. Der Wunsch, die Ideen, die einem verhaßt sind, zu personifizieren, ist nur das Spiegelbild der Heiligenverehrung. Schließlich war es Margarets eigene Entscheidung, ihren Namen und ihr Image so tief in die Gedankenwelt einfacher Menschen einzubetten; aber dadurch blieb die Debatte nicht auf wissenschaftliche Bereiche beschränkt, sondern weitete sich sehr schnell zum Politikum aus und wurde als Gelegenheit ausgeschlachtet, ein ganzes Spektrum liberaler Glaubenssätze anzugreifen.

Ich kann mir leicht genug vorstellen, wie aus dem Ressentiment gegen eine Arbeit im Schatten meiner Mutter für Derek Freeman eine fixe Idee werden konnte. Vierzig Jahre lang hat er sich wahrscheinlich jedesmal, wenn er seine Arbeit in Samoa erwähnte, Bemerkungen über ‹*Coming of Age in Samoa*› anhören müssen. Da er zu einer anderen Zeit und an einem anderen Ort arbeitete und seine ersten Gesichtspunkte in Gesprächen mit Häuptlingen gewann, war es unvermeidlich, daß er andere Schwerpunkte setzte; und im Verlauf von vierzig Jahren des Brütens entwickelte sich sein Bild in das Gegenteil von ihrem. Die Persönlichkeit, die er entwirft, ist gleichermaßen der ihren entgegengesetzt – rigide, verbissen, zum Konkurrenzkampf neigend.

Freeman unterließ es, die theoretische Ursache der Schwächen in ‹*Coming of Age*› zu identifizieren, und das war nicht die Bestätigung der Rolle der Kultur bei der Entwicklung von Verhaltensmustern, sondern die damalige anthropologische Erwartung einer alles durchdringenden Homogenität. Margaret arbeitete damals im Kontext von Ruth Benedicts neuen Ideen über kulturelle Muster, die sie glauben ließen, sie könne den Stil einer Kultur als Ganzes charakterisieren. Dadurch ließ sie zu, daß ihre Eindrücke von Samoa durch ihre anfängliche intensive Arbeit mit heranwachsenden Mädchen in einem weit abgelegenen, verschlafenen Dorf gefärbt wurden. Das ist so, als ob man sich ein Gesamtbild von der amerikanischen Kultur, ausgehend von der Sehweise einer Gruppe von weiblichen Teenagern in einer Kleinstadt vor der Erfindung des Fernsehens, machen wollte.

Natürlich hatten männliche Anthropologen schon über Jahre nichts anderes gemacht, wenn sie Kulturbeschreibungen konstruierten, die vorwiegend auf der Basis von Interviews mit wichtigen Männern zustande gekommen waren – bestenfalls eine mit Vorurteilen behaftete Teilansicht. Tatsächlich basierten die Ideen zur Adoleszenz in unserer eigenen Kultur, mit denen Margaret ihre Daten verglich, fast ausschließlich auf Studien über männliche Jugendliche. Erst als Margaret und Reo in Neuguinea am Sepik mit Gregory zusammentrafen, begannen sie die Methoden zu entwickeln, mit deren Hilfe man sich dem Problemkomplex der Kontrastmuster nähern konnte – der Kontrapunktik von Friedfertigkeit und Gewalttätigkeit oder Puritanismus und Freizügigkeit, die innerhalb einer einzigen Kultur existieren können; Methoden auch, mit denen man darüber nachdenken konnte, wie männliche und weibliche Sichtweisen kulturell so geprägt werden können, daß sie einander ergänzen.

Die Diskrepanzen, die Freeman fand, sind denen vergleichbar, die weibliche Ethnographen vielerorts entdeckt haben, wo ihre Vorgänger jahrelang geglaubt hatten, daß die Frauen sich ängstlich vor den Rasseln oder den furchterregenden Masken versteckten, die von den Mitgliedern der Männerklubs zur Schau getragen wurden, während doch die Frauen sich sehr häufig der Schau bewußt waren und den Männern liebenswürdigerweise ihren Spaß an der Vermummung ließen. Die jungen Mädchen von Samoa wußten vielleicht Dinge, die ihren Vätern nicht bekannt waren und die ihre Mütter vergessen hatten – welche erotischen Experimente sich nämlich da unter den Palmen abspielten; und gleichzeitig waren sie wohl auch blind für vieles, was ihre Eltern beschäftigte – für Dinge, die mit Status und politischer Macht zu tun hatten, wovon sie ausgeschlossen waren.

Margaret besaß genug Einsicht in die Grenzen ihrer Arbeit auf Samoa, um nie wieder ausgedehnte Arbeiten vor Ort allein zu unternehmen, sondern nur in Arbeitspartnerschaft mit einem männlichen Kollegen, der die Gesellschaft von einer Warte aus sehen konnte, die ihr verschlossen blieb. Das war die Möglichkeit, die sie in ihrer Ehe mit Reo Fortune sah; er war nicht nur ein Mann, dessen Arbeit die ihre ergänzen konnte, sondern auch jemand mit einer gewissen Intensität, mit rauhen Kanten, die ihr nach der Einsamkeit des Arbeitens im Feld und der Freundlichkeit und gelassenen guten Laune der jungen Samoanerinnen (die sie am Ende fast unerträglich fand) wie eine Erleichterung vorkamen. In ihrer Beschreibung des samoanischen Ethos gab sie der Vermutung Ausdruck, daß die psychische Gesundheit, die sie so bewunderte, auf Kosten von Intensität und Kreativität ging. Beim Nachdenken darüber, wie Leute versucht haben, das Vermächtnis meiner Eltern verzerrend auf einen einzigen Farbton zu reduzieren, war es sehr wichtig für mich, daran zu denken, wie sehr sie Debatte und Kontrast schätzten.

Die Freeman-Episode ließ mich mit dem Gefühl zurück: «Um Haaresbreite hätte ich das sein können.» Doch die einzig mögliche Antwort auf diese Art von Kritik ist vielschichtig, ein Versuch, über das Hin und Her von Anbetung und Attacke hinauszukommen, nicht einfache Verteidigung. Zugleich löste diese Debatte Leidenschaften in mir aus, von deren Existenz ich nichts geahnt hatte. Angetrieben von aufgestautem Gift, attackierte und verzerrte Freeman Ideen, die ich wirklich leidenschaftlich verteidigen will und muß; Ideen von zentraler Bedeutung für die Kulturanthropologie, die mir von meinen Eltern überliefert sind. Als wir uns vor den Fernsehkameras trafen, beugte sich Freeman während einer Werbepause zu mir und sagte höhnisch: «Sie sind wirklich eine *pukka*-Kulturanthropologin, nicht?» Das bin ich in der Tat. Voll und ganz. So sehr sich Margaret und Gregory in Denk- und Arbeitsstil unterschieden, gingen sie doch von einer gemeinsamen Basis aus – beide wollten Instrumente des Verstehens schmieden, die eine befreiende Wirkung haben sollten. Mein eigener Kurs geht eigentlich in eine andere Richtung, so daß es mich selbst überrascht hat, wie deutlich ich doch für diese gemeinsame Basis und die weiterführende Arbeit Stellung genommen habe, als ob dies tatsächlich die Klarheit bringen würde, nach der ich immer wieder gesucht hatte, als ich erwachsen wurde und Bindungen an ethnische und religiöse Traditionen auszukosten versuchte.

Als Vanni und ich im Oktober 1978 in die Vereinigten Staaten zurückgekommen waren, um Margaret im Krankenhaus zu besuchen, war es ihr deutlicher Wunsch, daß ich jederzeit gehen und «mich wieder an die Arbeit machen» konnte. Gegenwärtig ist die vernünftige und verantwortliche Verwaltung von Margarets und Gregorys intellektuellem Vermächtnis eine unvermeidliche Aufgabe, in gewisser Weise vergleichbar damit, wie die Erforschung der Arapesh für Margaret zur Aufgabe wurde, als die von Reo aus dem Landesinneren angeheuerten einheimischen Träger sie auf einem Berghang im Stich ließen, mit Ausrüstung und Verpflegung für sechs Monate und ohne jede Möglichkeit, zu der reicheren Kultur zu gelangen, die sie eigentlich hatten studieren wollen. Es gibt einfach Aufgaben im Zusammenhang mit dem Vermächtnis meiner Eltern, die nur ich bewältigen kann. Das Problem ist nur, für diese Aufgaben einen Weg zu finden, der für mich der richtige ist, und daraus nicht eine alles andere überschattende Lebensaufgabe zu machen.

Die Entscheidung, dieses Buch zu schreiben, war ein Versuch, diese Aufgaben zu definieren. Da ich mich Biographen nicht zur Verfügung gestellt habe, fühle ich mich verpflichtet, meine Erfahrungen mit eigenen Worten aufzuschreiben. Sie werden sich fremdartig und seltsam genug anhören, wenn sie später zitiert werden, aber ich habe wenigstens einmal die Chance, meine eigenen Formulierungen und Töne zu Gehör zu bringen; ich weiß nur allzugut, daß sie denen seltsam und fremd klingen werden, die ganz andere Erinnerungen im Herzen tragen. Beim Schreiben dieses Buches habe ich bewußt alles ausgelassen, was von anderen Autoren, Wissenschaftlern oder Journalisten heute oder in Zukunft gemacht werden kann. Ich habe keine Interviews geführt, was die Zeit anderer Menschen unnötig in Anspruch genommen hätte, wenn auch das Buch ganz unvermeidlich von Gesprächen beeinflußt wurde, die während meiner Arbeit daran Teil des alltäglichen Lebens waren. Ich habe mich nicht durch die riesigen Briefarchive hindurchgearbeitet, obwohl ich mich mit ihnen zu befassen hatte, um sicherzustellen, daß die Papiere verantwortlich gehandhabt und Wissenschaftlern zur Verfügung gestellt werden, die sie in Zukunft benutzen wollen – zweifellos werden sie viele meiner Interpretationen und Erinnerungen korrigieren können, aber vielleicht werden auch meine Irrtümer erhellend wirken. Ich habe nicht sämtliche veröffentlichten Werke von Mead und Bateson gelesen oder wieder gelesen, und ich kenne sie auch nicht alle, und wenn ich das täte, dann würde aus mir eine Expertin, keine Tochter. Ich habe ein kleines Buch schreiben wollen, ein Teilchen der wachsenden Bibliothek. Ich habe auch versucht, meine eigene Ambivalenz in dieses Buch einfließen zu lassen und Liebe und Trauer, Sehnsucht und Zorn dicht unter der Oberfläche liegenzulassen. Ich wollte damit deutlich machen, daß es hier keine Heiligen zu verehren gibt und auch keine orthodoxen Lehren zu verteidigen, aber sehr viel Nützliches und Wertvolles.

Ich habe eine seltsame, idiosynkratische Rolle im Werk meiner Eltern gespielt. Gregory erfand eine Stimme, die «Tochter» der Metaloge, in denen ich sprechen lernte, so daß die tatsächlichen Dialoge und Gespräche, die wir in der letzten Dekade seines Lebens führten, wesentlich dazu beitrugen, sein Denkgebäude einer größeren Gemeinde zugänglich zu machen. Am liebsten hätte er mich von meiner anderen Arbeit und meinen anderen Lebensformen weg und in ein Dauergespräch mit ihm über Ideen hineingezogen – das einzige, was ihm wirklich lohnend zu sein schien; aber der Dialog ist vorüber, und wenn ich heute über seine Ideen sprechen will, dann muß ich das auf ganz andere Weise tun.

Für Margaret war ich Kollegin, eine von vielen, mit denen sie ihre komplexen Massengespräche führte. Doch mir scheint, gerade weil so viele ihrer Gedanken in meine ganze Erziehung mit einflossen, mußte mein eigenes Glück in gewisser Weise als Beweis für viele ihrer Ideen herhalten. Die in all den Jahren immer wieder veröffentlichten Fotografien von Margaret als lächelnder Mutter oder Großmutter mit ebenso lächelndem Gegenüber waren eigentlich Beweisstücke dafür, daß es tatsächlich möglich ist, Kinder so aufzuziehen, daß sie stark und fröhlich und kreativ werden und ihrerseits für eine bessere Welt arbeiten. Das sind Behauptungen, denen ich zustimme, wenn auch niemand gleichermaßen stark und fröhlich ist und Kreativität ohne Konflikt nicht existiert. Wenn Leute mich fragen: «Wie fühlt man sich als Tochter von Margaret Mead?» dann ist das eine legitime Frage, deren Antwort für ihr eigenes Leben relevant sein mag, aber es wird gut sein, die Antwort einmal zu Papier gebracht zu haben.

Ich beende diese Schrift, umgeben von Echos der Lebensmuster von mindestens vier Generationen. Sogar die Gedichte, die Gregory immer wieder zitierte, gehen mehrere Generationen zurück.

William Bateson, Pionier der Genetik, trug seine eigene Genealogie zusammen, was auch Margaret tat – beide auf der Suche nach der Vorgeschichte des eigenen Intellekts und gelegentlichem Vorkommen von Geisteskrankheit und Alkoholismus, die sie über die Generationen verteilt fanden. Gregory machte sich Sorgen darum, ob die Kontinuität mit seiner Familientradition, die Margaret unbedingt bewahren wollte, für seine Kinder nicht eher eine Belastung statt etwas Positives wäre.

Auch in der Entscheidung zwischen Kunst und Wissenschaft sehe ich ein Echo beider Traditionen – Elizabeth, die Schwester meiner Mutter, die Malerin wurde; der Selbstmord von Martin, dem Bruder meines Vaters; die Kunstfrömmigkeit meiner agnostischen Vorfahren. Die genealogischen Erkundungszüge sind Spiegelbild der Notizbücher, in denen drei Generationen von Müttern Notizen über die frühkindliche Entwicklung ihrer Töchter gemacht haben, in der immer wieder geäußerten Überzeugung, daß es keine Erkenntnis ohne Selbsterkenntnis gibt – eine Entscheidung zur persönlichen Wissenschaft, in der auch irgendwie die Wahrnehmungsweise des Künstlers steckt. Ich ertappe mich beim Gebrauch von Formulierungen, die auch von Margaret stammen könnten, wobei ich nicht weiß, ob ich sie nicht tatsächlich zitiere.

Wie sehr sich auch Margarets und Gregorys intellektuelle Stile unterscheiden mögen, ist es doch wichtig, daß nach so vielen Kapiteln der Suche nach Gegensätzen die Themen unterstrichen werden, in denen sie sich einig waren – Themen, die auch für mich am wichtigsten bleiben. Für beide war das Erkennen von Mustern die alles überragende intellektuelle Freude, und die Weitergabe und Bereicherung von erkennbar werdenden Mustern war für sie das, was man am meisten beschützen muß – sowohl in der biologischen als auch in der sozialen Welt.

Rückblickend finden wir vielleicht in ein paar Generationen, daß wir die Dokumente menschlicher Vielfalt, die sie sammelten und bewahrten, noch höher einschätzen als ihre theoretischen und methodologischen Beiträge. Die ethnographische Arbeit, die vor dem Zweiten Weltkrieg von Margaret, Reo und Gregory und einigen Dutzend anderen Anthropologen geleistet wurde, wird eines Tages unsere einzige Möglichkeit sein, die ganze Bandbreite kultureller Vielfalt wieder aufleben zu lassen, die von kleinen präliterarischen

Gruppen gelebt wurde, bevor sie massiv komplexen Kulturen und Technologien ausgesetzt wurden. Wenn jeder die gleiche populäre Melodie summt und in der gleichen Sieben-Farbton-Skala träumt und um sich herum eine Welt sieht, in der nur die ganz Weltklugen sicher sind, daß es mehr als zwei alternative Glaubenssysteme gibt (und selbst bei denen reicht die Einbildungskraft nur für ein halbes Dutzend) – dann werden die Dokumente und Aufzeichnungen der frühen Feldforscher herausgeholt und mit dem Ziel der Wiederentdeckung menschlicher Freiheit und Kreativität studiert werden. Als Gregory aufgefordert wurde, sich zu dem Druck zu äußern, unter dem die Lehrer im kalifornischen Landesschulsystem standen, einen «wissenschaftlichen Kreationismus» zu lehren, da veränderte er die Basis der Debatte und erzählte von Kevembuangga, dem Kulturheros der Iatmul, der das Krokodil, dessen wild schlagender Schwanz ständiges Chaos verursachte, mit dem Speer tötete, so daß sich Land und Wasser auf natürliche Weise voneinander absetzten – eine Umkehrung der biblischen Idee, daß Ordnung von außen her geschaffen wird. Es war die vielfältige Anpassung der Galapagos-Finken, die Darwin erste Anstöße zum Nachdenken über Evolution gaben, einen ersten Hinweis darauf, daß die Artenordnung nicht für immer und ewig göttlich bestimmt ist.

Margarets Denken konzentrierte sich mehr auf das Individuum als Gregorys, in dessen Vision von der Ökologie des Geistes die Hauthülle um einen Organismus nicht mehr war als eine Gewebevariation in dem regelmäßigen Muster von Informationstransfer und kybernetischer Kontrolle. Aber beide erkannten, daß die Lebensfähigkeit des einzelnen in ständiger Kommunikation eingebettet liegt, und sorgten sich daher um den Schutz der Systeme, innerhalb deren solche Kommunikation stattfinden kann. Das bedeutet die Sorge um die Redwood-Wälder, die Prärien und ozeanischen Ströme ebenso wie um die Dorfleute in Neuguinea, um Grundschulen und kleine Gruppen denkender Menschen, die in Konferenzräumen Ideen austauschen und entwickeln – «Programme weitergeben», wie Gregory das auf Burg Wartenstein nannte.

Margaret fühlte sich weit fähiger zu handeln als Gregory, zum Teil aus einem andersgearteten Temperament heraus und zum Teil vielleicht wegen der Unterschiede in ihren Kriegserfahrungen. Die zwei Arten der Verletzung systemischer Muster, vor denen Gregory den größten Horror hatte, waren die Verzerrung von Kommunikation und die Beseitigung von Vielfalt, denn interne Vielfalt und eine Vielzahl sich ergänzender Informationswege sind das, was es einem System möglich macht, angesichts von Veränderungen zu überleben. Zu seiner Kriegsarbeit hatte es gehört, Falschinformationen einzuführen und Kommunikationsmuster zu stören, weil man hoffte, damit dem Feind zu schaden.

Margarets Kriegsarbeit verkörperte die andere Seite der angewandten Anthropologie: Sie hatte damit zu tun, das in unserer eigenen Gesellschaft verfügbare Kommunikationsnetz zu bereichern – bereichern dadurch, daß sie die Bemühungen um die Zusammenarbeit der Alliierten unterstützte, indem sie beide Seiten mit Einsichten in die kulturellen Unterschiede versorgte oder auch Planern ein stärkeres Gefühl für kulturelle Vorlieben in der Ernährung und in biologischen Bedürfnissen vermittelte. So fühlte sie sich fähig zu bauen und zu verändern, indem sie Alternativen eröffnete, eine Vielfalt institutioneller Formen schuf und das Selbstbewußtsein erhöhte. In bezug auf menschliche Probleme war Gregory der Ansicht, daß es Irrtümer gebe, falsche Voraussetzungen, die auf irgendeine nicht ausformulierte Weise verworfen oder mit den Wurzeln ausgerottet werden könnten. Ich glaube, Margaret war der Meinung, Irrtümer könnten korrigiert werden, indem man neue Metaphern und zusätzliche Schichten der Einsicht zur Verfügung stellt.

In einem Gespräch über Larry Frank sagte sie mir einmal, das Problem mit den Menschen, die Religion ablehnen, sei häufig, daß sie an den Teufel glauben, nachdem sie Gott aufgegeben haben, und daß zu viele Intellektuelle, darunter auch mein Vater, von einem Gefühl des Bösen bedrückt würden, ohne ein Vertrauen in das Gute zu besitzen. Am Ende seines Lebens hatte sich Gregorys Glauben an die Integrität und Allgegenwärtigkeit von regelmäßigen Mustern in der Biosphäre zu einer religiösen Vision entwickelt, aber er tastete innerhalb dieser Vision noch immer nach Möglichkeiten des Handelns, die ihre heilige Einheit nicht verletzen würden. Für meine Eltern blieb Wissen die Grundlage sowohl für Handeln als auch für ethisches Engagement. Gregory unternahm es einmal, Liebe zu definieren. «Man könnte sagen», erklärte er, «daß zumindest ein Teil dessen, was wir mit diesem Wort meinen, etwa so umschrieben werden könnte – ‹Ich liebe X› heißt, genauer gesagt: ‹Ich betrachte mich als ein System, was immer das bedeuten mag, und ich akzeptiere mit positiver Bewertung die Tatsache, daß ich eins bin, da ich es vorziehe, eins zu sein, anstatt auseinanderzufallen und zu sterben; und ich betrachte den Menschen, den ich liebe, als System; und ich betrachte mein System und sein oder ihr System als etwas, das zusammen ein größeres System mit einem gewissen darin enthaltenen Grad von Konformabilität bildet.›»

Das ist die Definition einer Beziehung als Wissen, erreicht und erhalten durch Austausch von Information – durch Gespräch und Gemeinschaft, ob auf der Ebene von Genetik oder Regierung. Wir lernen immer noch, systemische Kommunikationsmuster zu erkennen und zu schützen, die Weisheit der Erkenntnis in Taten umzusetzen, uns so zu verhalten, als wären wir alle Teil eines einzigen Ganzen. Im Angesicht des letzten überlebenden Mitgliedes eines Indianervolkes, im Angesicht eines Sowjetpremiers oder eines Kindes sehen wir die menschlichen Linien eingezeichnet, die Zeichen von Lernen und der Möglichkeit weiteren Lernens. Die Weisheit des Erkennens und Teilnehmens ist die gleiche, ob wir die Konturen eines Feldes oder das sich wandelnde Gesicht eines lebenden Sees betrachten.

Für mich besteht Erkenntnis jetzt in Schichten. Ich versuche nicht nur den inneren Zusammenhang in anderen lebendigen Systemen zu erkennen, sondern ich sehe auch die Gesichter und höre die Stimmen meiner Eltern. Mit der Zeit werde ich weniger über sie sprechen und schreiben und zu anderen Themen und Ausdrucksformen übergehen, aber ich werde immer noch vielen derselben Ideen nachgehen. Noch während wir einige ihrer Formulierungen als unvollkommen oder unvollständig verwerfen, schöpfen wir im Kampf gegen die unwiderrufliche Zerstörung unserer Art aus ihren Ideen. Und weil so vieles, was sie beide lehren wollten, über das hinausging, was sie als Wissenschaftler voll und ganz ausdrücken konnten, wünschte ich, daß wir auch weiterhin mit ihnen zusammentreffen könnten, beim Nachdenken über die Probleme, um die sie sich sorgten – sorgten als Künstler und Liebende, denn ihr Wissen war in liebender Fürsorge gegründet, und auf mancherlei Weise sind ihre Bücher voller Poesie.